資本論❶

山本哲士 tetsuji yamamoto

性的資本論 sexual capital

欲望/剰余享楽/ジェンダー

文化科学高等研究院出版局

知の新書
C01

資本論シリーズ（構想案）

0 感情資本主義と感情専制主義

A 第1冊 性的資本

第2冊 情緒資本

第3冊 知的資本

第4冊 文化資本

B 第5冊 象徴資本 象徴権力

第6冊 想像資本 想幻論・事幻論

第7冊 社会資本／パブリック資本

第8冊 経済資本

第9冊 情報資本

C 第10冊 国家資本

第11冊 制度資本 教育資本・医療資本・速度資本

第12冊 政治資本

D 第13冊 場所資本

第14冊 環境資本・自然資本

第15冊 技術資本・科学資本

E 第16冊 歴史資本・記憶資本

第17冊 身体資本

第18冊 言語資本

資本のマッピング

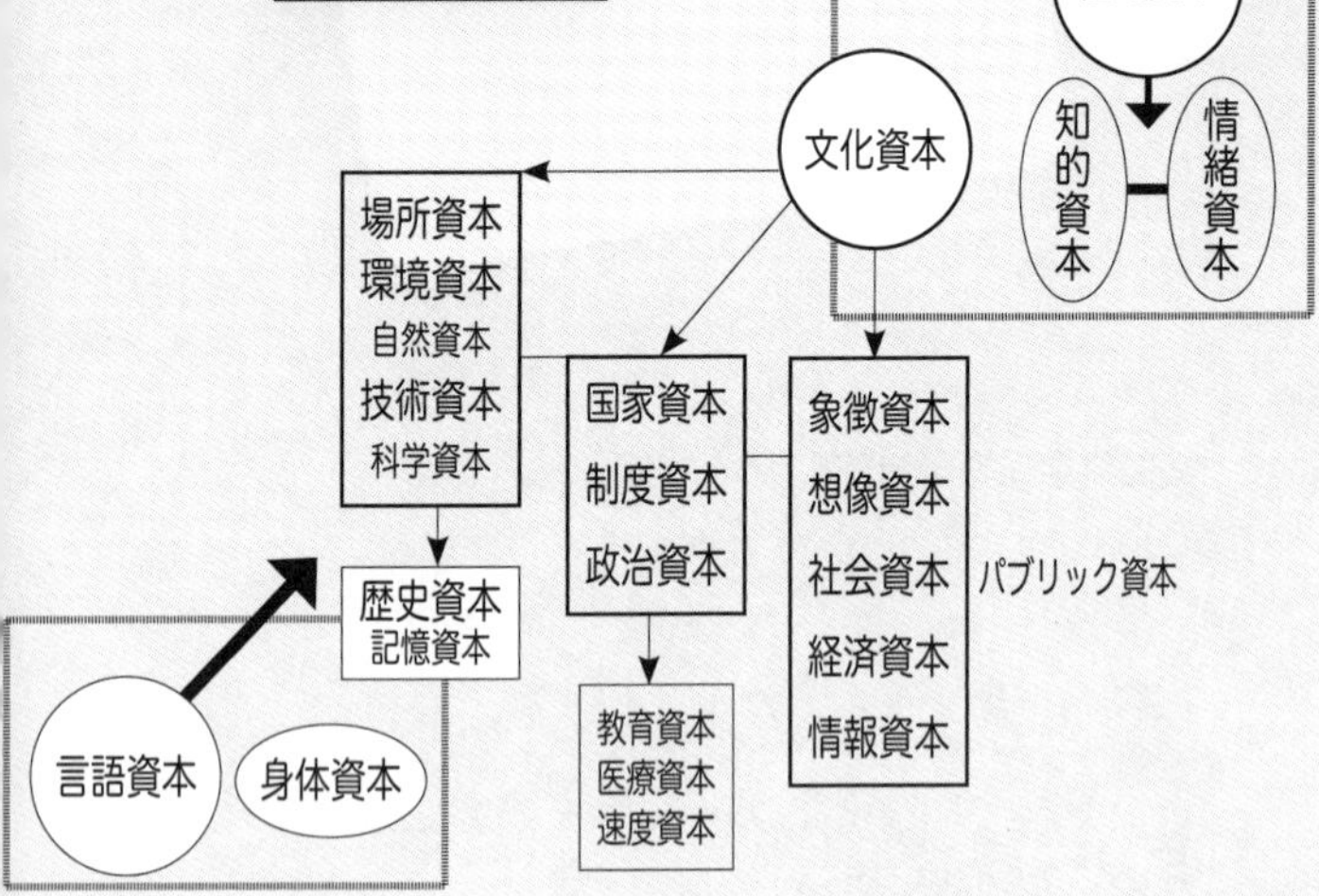

「資本」を理論生産する　初まりにあたって

「資本」とは、物事が実現されていく上での力である。「資金」「資財」なる状態は資本の一部の物理的現れでしかない。経済資本とは資本のごく一部でしかない。

「資本」とは多様なものであり、また個々人が領有している力である。

ところが、資本とは悪であるという理論効果が、一般教養的に浸透してしまっており、かつ実際世界にあって企業は、商品・サービスをなすのが経済であるとして、「資本」喪失の思考や経営に陥ってさえいる。資本は少数の金持ちが持っているものだ、資本は労働者を搾取しているなどの妄念が学術的な思考であるかのようにさえなっている。

何よりも、資本とは個々人の、諸々の実際行為においてシニフィアンしている力能作用である。ここが理解されていくには、理論的な見直しが資本主義の現実そのものを観ることと同時になされていかねばならない。資本を巡る経済主義と文化主義の粗野な思考・認識から離脱せねばならない。

マルクス「資本論」[註]とは、資本主義における商品世界の批判分析(価値形式、物象化・物神主義)と賃労働への搾取に対する批判という、資本家による労働者(階級)への搾取の解明であり、資本とは「悪しき」ものであると一般理解されている。この表層的な読み方、理解のされ方——つまり誤認の再認——は、資本主義現実をしっかり見ていないだけでなく、「資本論」の「資本

註： マルクスはDas Kapitalを書いたのであって、資本「論」を書いていない。＜資本＞はわからないとさえ言っている。日本では「〜論」というのは理論ではなく、それに「ついて」という意味合いになって多分に使われてしまっているのもここからきたような。＜理論＞へ練り上げねばならない。なすべきは「資本の理論」生産である。

——労働——土地」の三位一体（利潤—賃金—地代）、社会的労働総体の編制、蓄積様式、さらにもっとも根源的である「剰余価値」の領有さえ考察に入れていない、理解さえしていない粗末な批判思考として普及しているものでしかない。そこに加えて、資本論第一巻はマルクスが記述したが、二巻、三巻はエンゲルスによる編集であるゆえマルクス自身の理論では無いという文献主義が、資本及び資本主義をめぐる考察を不能化さえさせている始末だ。

『資本論』は、それに先立つ『経済学批判要綱』、そして資本論に並走して検証されていた『剰余価値学説史』の三つの理解領有なくして、認識されたとはならない。文献主義による厳密さなるものはさらに、初期マルクスと後期マルクスとを分離して、自然疎外の本質論にある前者を切り捨てるという愚行さえ、学問だと平然と主張している。

つまり、「資本なるもの Das Kapital」を何ら理解していないということが、マルクス主義学者たちによってなされてきた。そして、資本主義社会に安穏と暮らしている大学人賃労働者によって資本を悪として否定するマルクス主義的思考が、知的教養であるかのように暗黙に大卒人たちによって、企業や官庁・役所の中にさえ浸透している。〔雇用者＝資本に労働者＝被雇用者が従順に従属する経営として組織される。〕

一九七〇年を挟んでの大学闘争において、実際の無党派の活動をなしてきた者にとって、マルクス主義理論が何ら使い物にならぬことを実感し、さらに諸党派のマルクス主義実践が自己疎外／投棄を拡張させるだけであるのを実感していた。つまり、私たちの実際の実践 praxis 及び行為 action を説明できる「解ける理論」が存在していないことへの嘆きである。この嘆きと疑いを自らへ抱かなかった者は、壁に直面する闘争的実践をやり抜いていないと断言する。

わたしは、自らの闘い行為を解明できる理論を探していく。大学院へ拾われて、第三世界の教育現実を研究することから、まず社会主義とはなんであるのかをキューバを対象にし、ついで、革命とはいったい何であるのかをメキシコを対象にして実証研究していく。社会主義や革命に真の希望があるのか否かの歴史的検証だ。そして、その過程の中で、私はイバン・イリイチの学校化批判考察とパウロ・フレイレの教育論があるのを知るも、イリイチの思考が完全にひっくり返っているため、よく理解できない、ならいっそ本人の主催する研究所で学んだ方が早いとメキシコへ渡航する。その研究所で、膨大な教育批判の書にめぐり合い驚愕、貪り読みながら、世界中から集まっていた研究者たちとイリイチ本人との議論や対話から多くを学んだ。

そしてさらに、ミシェル・フーコーの権力関係論、そしてピエール・ブルデューの文化資本・象徴権力論があるのを西訳によって知っていく。

これらは日本へ邦訳されていなかった。原書を読む自己訓練を自分へはたしながら、「キューバ教育の社会主義的変容」(修士論文)、「メキシコ革命期の教育」(博士論文)の徹底した実証研究を私なりのアカデミズムへの対抗をかねて仕上げ、社会主義及び革命に何らの希望もないことへの批判省察を領有していくのだが、イリイチ、フーコー、ブルデューによる教育批判からの現代社会批判の理論を領有し、社会科学的思考の可能条件を探り開いていった。現代世界の考察は、マルクス主義によってではほんの一部でしかないどころか、見当違いでさえあることを確信し、生産様式、国家権力、労働、消費社会の根源からの見直しを始め、理論生産してきた。

労働搾取とされているが、経験的事実としてほとんど全員が給与を貰う「賃労働者」である。大学教師も国家官僚も役人も政治家も、医者も教師もアルバイト主婦・学生も、そして大企業の幹部・社長も・・・それを、皆、受け入れている。ハッピーであるかないかはどうであれ、自身が資本経営者である人以外にそこをはみ出している者がいない。搾取されているなら、そんなことが何十年も自分自身において続けられることはないはずであり、「社会」総体は賃労働の社会エージェントとして持続しえている。それを騙されているとか認識していないという批判の稚拙さ、自分自身の存立への省察のなさ。「労働搾取」なる概念は理論的に説明できても、実際感覚として知識人・マルクス主義学者の戯言でしかない。搾取だと批判している本人が賃労働者であり、その「搾取」現実を何ら自覚も変革していないで、享受して満足さえしている。この単純明快なる実際経験から考え直していかねばならない。

他方、学生として大学批判をなしてきた私自身は大学教師となるも、研究の大切さは大学環境においては実行できない実感から、イリイチの研究所(CIDOC)やパリの社会科学高等研究院(EHESS)のような高等研究所を日本で作りたいと、自分で「文化科学高等研究院」を立ち上げるべく、その研究資金調達のために企業との協働研究を初め、その見返りとして企業分析を提供していく中で、企業が商品経済をしているがそこに「資本」概念が不在であるのを知っていく。

単純にいうと、化粧品会社は化粧品=商品を作っているだけではない、「美」なる資本を作っている。家電会社は冷蔵庫や洗濯機なる商品を作っているだけではない、「暮らし」の快適さ・便利さという資本を作っている。自動車会社は、車=商品を作っているだけではない、「移動」

の快適さや速度という資本を開発している、ということに気づいていないことを、私(たち)は見出す。これはブルデューの「文化資本」概念が、構造化された構造としての文化資本を批判解析しているが、物事を作り出している「構造化する構造」としての文化資本概念が不在であることの理解・認識へと至った。そこで私たちは、資生堂の福原義春会長とともに『文化資本の経営』なる書を世に問うて、かつ英訳し世界へと伝えた*。二十一世紀にならんとしていた時である。富士ゼロックスの小林陽太郎会長がそこへ協働してくださった。文化資本を探究する知的資本の創造を私たちは世界の第一線の学者・研究者たちとなした。河北秀也氏のデザイン・プロデュースによって文化を言説探究生産できる『季刊 iichiko』(三和酒類)の文化誌(企業の象徴資本となる)の場を供され研究公開していくことができた。実際の文化資本アクションがなされたのである**。

資本のネガティブ作用は、剰余価値の領有における資本家側への利潤の占有であるが、資本のポジティブ作用は物事の「創造」「生産」「制作」である。商品は、美や快適さや速度などをめぐる知的かつ情緒的なものの物質的形成なくして生産物として作られない。しかもその時、労働者とされている個々人の力能=資本力なくして生産物・商品とはならない。しかも消費社会においてデザインの機能が資本として大きく作用している。かかる実際世界を理論的に把握・理解するためには、「資本」概念を根本から、既存社会科学に代わって作り直さねばならない。

ここがスタートであった。

* 福原義春+文化資本研究会『文化資本の経営』(ダイヤモンド社、1999)。この復刊がニューズピックス社によって2023年12月になされた。若い経営者、編集者、デザイナーたちによって再評価された書だ。

** さらに飛島建設との都市・建築に関する総合研究、東京デザインネットワーク(ソニー、日産、キヤノン、日立、NEC)による文化技術としてのデザイン研究をなした。三菱電機、INAX、などとの協働研究も。

資本概念の理論転移は、ブルデュー社会学によってなされた。しかし、そこに欠落していたのは、「構造化する構造」としての資本概念の理論化である。ブルデュー理論を日本へ導入紹介しながら、私は資本概念を、さらにスイスのプライベート・バンクから直接的に学んでいく。

私の研究所は、スイス・ジュネーブのプライベート・バンクの協力をえて、ジュネーブに国際学術財団を立ち上げる。資金ファンドは、福原資生堂が提供した。このスイス・バンクから私が学んだことは、マネーの使い方、マネーへの理解、そして資本スケールの大きさの違いである。「資本の動き」において、資本は利益を目的追求しない、なんらかの事業促進のために使われる。結果、利益が出なければその事業は衰退消滅するだけのことであり、また別の事業が企画され立ち上げられる。国家予算などのスケールを超えて資本が動いているのを実際に知る。そこにおいて関与する諸個人は、日本のように「しないこと」「できないこと」を慎重さであるかのように偽装していない、「できること」「すること」を即決的に推進していく。マネーは貯蓄して使わずに身の安全のために貯めておくことではない、物事の実現のために的確に速やかに使っていくことだ。しかもプライベート・バンクでは、その利率、手数料は自分の側が決める、銀行が決めるのではないし、人によって違ってくる。一律の日本と全く違うが、そもそも個人預け金額のスケールが違う。私が関与したころ、一人の預金口座の最低額は一五億円ほどだった。私の関与と日本人の情報とが加味されて、日本人用に作り直されたのが一人五千万円である。この差に、日本に資本不在であることが顕著にうかがえよう。つまり後者だとただの金額であるが、前者だとマネーだけでなく、その人の家族まで含んだ生活マター自体への関与となっていく。資産とは、文化・教育、社会情況、地球環境まで考えた総体なのだ。

私は、根源からの資本概念の転移に考察を向けた。スイス側に実際世界があっても理論があるわけでもない。国立銀行の最初の立ち上げはスイスであるが、それ以来の巨額資本の推移の経験則があるだけだ。そして、そのスイスが、世界の金融動向とともに締め付けを被って、どんどん規範的に衰退していく現実を目の前で見ていくことになる。プライベート・バンク機能は、EUからの監視と締め付けにあい、活動ができなくなっていき、最終的には、預金をしていると手数料を含め預金額はどんどんと減っていく事態になった。銀行での金利がなくなっていったのは世界的動向であるが、銀行にお金を預けておけば利息がついた時代ではなく、逆に預金が減っていく事態になったのである。一般性における「利子産み資本」の衰退、機能停止であるが、資産家たちの事業がらみの資本は回転している。つまり、資本は商品とは逆向きの動きをなす。

こうした動向、情勢から、私は社会的利潤率の現象の本質を資本論から学び直し、他方、「利子産み資本」なるものが、労働から分離され、マネーがマネーを産むという資本機能が衰退していく現実を実際に見ていくことになる、そして、さらに、『要綱』から、労働力能なる概念が、資本論で「労働力」へと転化された時、資本と労働の分節化によって資本領有が労働者から切り離されていく領有法則の根源で起きることを、逆から考えねばならぬのを発見していく。

『資本論』では、「資本／労働」の概念空間と「資本家／労働者」の人格的概念空間とが混同されてしまっているため、誤認が生み出された。『資本論を読む』においてジャック・ランシエールとピエール・マシュレとがすでに指摘していたことだ*。

原理は単純である。資本主義では労働力能としての「資本」が稼働してこそ、利益つまり剰余価値は生み出される。分裂させられた主人＝外存在に資金が投入されるのであって、資本は主要なシニフィアンに配置されていない。だが労働力能とは労働者の資本(＝技術や知性)であること、この資本をいかに形成しうるかが、企業経営における生産を可能にしている。なのに、利益＝剰余価値が資本家の側に領有されて、マネーがマネーを産む利子産み資本として活用される。その機能が社会世界における利潤率逓減法則によって機能しなくなった現在である。日本で言えば、給与が上がらないのは、個別企業の問題ではなく社会的分配として構造化されていることである。

私はそこから、マネーがマネーを産む資本の働きを「不届き資本」としてネガティブ作用と識別しながら、資本本来の創造・生産する資本を「和み資本」としてポジティブに配置して、現在世界を考えることにした**。労働と資本の分節化をなくすことであり、私自身がそうした活動を研究生産・文化生産として、研究所の経営、出版事業として実際行為してきた。

資本は、文化的な意味合いから、さらに場所環境において考察されることになった。

* アルチュセール他『資本論を読む』(ちくま学芸文庫、2012) に所収されている。
** 山本哲士『物象化論と資本パワー』(EHESC出版局、2012)

環境問題を考えることが実際世界に組み込まれていく中で、環境資本が自然資本と場所資本との関係において構成されることが見出される***。これも場所における文化技術の伝統や習俗、国つ神の構造として考察されていく****。環境空間を均質経済化して環境商品を作ることではない。さらに、主語なき日本語が主語のある日本語として学校文法化されていくのは、主語制言語様式が国家資本へと凝縮・統合されて、社会空間統治が国民統治、賃労働者社会経済統治として可能となる*****。そこに「言語資本」が考察された。こうした資本作用の諸々の場所がある。

そして、近代西欧の限界がさまざまな局面で露わとなっていくとき、日本の文化資本が一つの普遍力ある原理として近代西欧の普遍に代わって活用可能になりうることが、知的資本と情緒資本との関係構成から考察されていく、その途上にある。資本経済としての「述語制の資本」だ。

さまざまな局面における多様な資本の働きを、理論的に構成していかねばならない。それは経済が文化的でありかつ情動的で知的であるということを、教育やレジャーやツーリズム、さらには環境、歴史、自然、言語を含めて総体的に考える手立てをはっきりとさせることである。消費社会の促進における個人化の状態は、個々人の「自己」のあり方を前面に押し出してきており、また情報技術のワーク世界やその生活世界への浸透は、物事のあり方を根元から転じつつある。

おりしもそんな時代変化のとき、社会史研究や文化史研究の歴史学は、感情の歴史、感性の歴史を「記憶」の歴史とともに浮上させ、そこに感情資本主義の考察次元をうき立たせてき

*** 山本哲士『場所環境の意志」』(新曜社、1997)
**** 山本哲士『古事記と国つ神論』(知の新書 104、2022) 国つ神論 2013 の再刊。
***** 山本哲士『述語制の日本語論と日本思想』(EHESC 出版局、2019)
『〈私〉を再生産する共同幻想国家・国家資本』(EHESC 出版局、2018)

ている*。心理学的、セラピー的な感情・情動への考証は、エモーションの社会学を生み出し、仕事場、マスメディア、家庭におけるエモーションの作用を、文化的かつ社会的な意味において捉えなおしてきている。感覚、感情、感性、情緒の意味だ**。

これらを、私は、〈資本〉論として、総体的に整理し、理論生産をなしていかねばならないと配置した。物質経済主義と記号的文化主義を離脱する社会科学的・文化科学的な思考を活性化していくことである。それは、個々人の「私の世界」そのものである。〈私〉は世界的諸関係の総体である。そこを、〈資本〉から対象的に捉え直し、自分の自分に対する自分技術(文化資本をコアにした知的資本と情緒資本の活用)を洗練させていくことである。

ヴェーバーもマルクスもデュルケームもジンメルもモースも、エモーショナルな世界を考察していたのに、それに私たちは気づかなかった。感情と理性が暗黙に対立・分離させられていた。社会科学は文化理論から切り離されていた。この限界を超えて物事をクリアにしていくことだ。ビジネスも統治も教育も研究も家庭も、資本マネジメントなしになりゆかない。

〈私〉は、〈私〉を実現させる、あるいは不能化させる、資本の力を領有している〈資本者〉である。資本を切り離させられた「賃労働者」から離脱せねばならない。資本はお金ではない、「私の力能」である。膠着した思考は、資本はお金だと固執してそこから離脱できない。このプレ・ディスポジション pre-disposition された思考スキームの領有は、思いのほか強固頑迷である。新たな概

* A. コルバン他監修『感情の歴史(2016)』I II III(藤原書店)
ヤン・プランバー『感情史の始まり(2012)』(みすず書房)など。
** Jan E. Stets & Jonathan H. Turner(eds.), *Handbook of the Sociology of Emotions* (Springer, 2007), vol.2(2014),
Roger Patulny, etc.(eds.), *Emotions in Late modernit*y (Routledge, 2019) など。

念世界は、「難しい」とされて、理解回避・拒絶をわかったふうにして旧態を保存保守する。

　批判理論の限界とは、可能条件が示されないからではなく、批判から開削される可能世界を受け入れたくないことから、受け手側によって拒絶されていることだ。現実基盤が手持ちの知的思考を超えて動き出しているとき、その現実自体を観ること・了解することは、自分が所有している知的資本に損傷をもたらすと感じられている。意識化・解放への「怖れ」とフレイレは言ったが***、イノベーションを回避する強固な自己保存、それは変わる新しさへの責任を被ることの回避である。

　資本が何を意味して、いかに実際に諸生活の中で働いているのか、その理論的な可視化は「理論」が何を意味し、「理論」として何が語られ実際行為されるかを同時的に示すことである。膨大な考察が産出されている中で、そこにはまた膨大な穴ぼこがある。そこを埋めるのではなく、穴を浮上させて思考の対象へ向かう再道具技術化 retooling をなしていくことだ。

「政治的、経済的、社会的、文化的に関わる」などという文言は、もはや何事をも言っていない。その個別的な内実は、実は「資本」の〈動き〉がもたらす作用の効果、とその明白化である。

　資本を自分技術へ領有すること。自身の資本パワーを領有し、既存パワーに抗しうること。それには、資本の多彩な具体現実とその多義的な動き=働きを理論的に明らかにしていくことである。

　資本は、産業〈社会〉経済が中心の商品・労働集中社会として、「不届き資本」と「和み資本」とに分裂されてしまっていることで、「和み資本」の自分技術が見失われてしまっている。そのとき、

*** パウロ・フレイレ『被抑圧者の教育学』(亜紀書房)

不届き資本への批判言述自身が、「資本」本来の意味作用のあり方を見失い喪失させてしまっていることが大きな問題である。資本主義は専制主義とともに「不届き資本」を行使しているだけで、資本経済をなしえていない。資本主義が多様に問われているが、資本それ自体が何ら問われていないいま、資本喪失の「新資本主義」がただ大卒知性次元で社会規範的に政治促進されている。世界では感情資本主義が感情専制主義と手を携えて、産業的生産様式の民族国家統治の権力関係を再生産しているだけであるため、諸矛盾が戦争の脅威・勃発とともに露出する次元に退行している。

資本とはシニフィアンである。それが姿を消してきた根拠がある。資本エコノミーは、享楽のランガージュにその本源がある。資本言説を組み替え、新たに言説生産していくことだ。

近代を創成してきた「主客分離、主語制、社会、自我=自己主体」の原理に対して、日本には「**主客非分離、述語制、場所、非自己**」の文化資本原理が、言語や職人技術や芸術、慣習、心性に滔々と残滓しており、新たな世界の領導原理として作用しうる諸資本となっている*。

資本とは関係である、他の資本シニフィアンがあって自らの資本を作用しうる。個別的な実体(従実体)ではない。ここの概念空間は近代エピステモロジーの認識スキームによっては解明されえない。その転移への媒介的な理論はラカンを活用することである。そこで新たな学問体系が地盤転移から構成されていかねばならないのだが、「資本」はそこを開く。

資本は、この世界であらゆる場面において作用している、〈もの〉** のシニフィアンである。

* 山本哲士『哲学する日本:非分離・述語制・場所・非自己(2011)』(知の新書 101、2021)
『甦えれ、資本経済の力』(知の新書 001、2022)

** <もの>は環界と身体とから純粋疎外された述語界閾に想幻表出されているもので、「物」と心的なものとの媒介にある。
山本哲士『<もの>の日本心性:述語表出の界閾』(EHESC 出版局、2014)

目次

序として　資本主義／資本／SEXと性的資本

資本主義の物的状態の現れ方は大きく変貌してきている。

生産面での企業活動の総体において第三次産業の比重が増大し、加えて技術の実質的包摂において情報技術の社会的な浸透は経済活動地盤を根源から変えてしまった。また消費生活局面での大きな変化は言うまでもない。物質文化自体の変貌にまでそれはおよんでいる。

他方、社会主義はその真正原理を喪失し、ただ権力集中の専制独裁国家となりはてている。資本主義はもはや自らの真正原理を自らで作らざるをえず、しかし、もともと真正原理を持たない資本主義の本性からして*、そこで混迷を深めている。ゆえ、資本主義に対する旧態のままの論理で対象をかえただけの批判がいかにも資本主義を捉えたかのように言述される**。

混迷の根拠は、何より〈資本〉概念を喪失しているからなのだが、非経済的領域において考えられてきた多様な資本世界を、経済へ組み込んでいかねば資本主義／資本経済を捉えることにはならない。すでに、経済的領域でそれらは実際機能しているのに明示されていない。

社員・労働者の感情・精神、経営者の感情・精神を考えずに、経営はもはや成り立たない。女性社員と男性社員の違いや平等の問題に加えて、トランス・ジェンダーの存在におけるトイ

* リュック・ボルタンスキー『資本主義の新たな精神』(ナカニシヤ出版)
** トマ・ピケティ『21世紀の資本』、『資本とイデオロギー』(ともに、みすず書房) や、マルクス・ガブリエル、エマニュエル・トッドなどがその典型。

レの設置でさえ、もはや無視することができない。労働給与条件や職位の問題にとどまらず、女性のお茶くみワークの習慣化や社会恋愛の禁止や、セクハラ言動の問題など、仕事場の環境は、あまりの未熟さに覆われたままである。軽率な性的加害の犯罪も後をたたない。

他方、消費商品は女性的なものをターゲットにしながら、可愛らしい、綺麗な、エクセレントな情感・情動に訴えるものが氾濫している。感情商品、情動商品の多産である。

二〇二二年、Eva Illoz と Dana Kaplan の共著で *What is Sexual Capital?* (Polity, 2022) が刊行された。これは簡潔明瞭でありながらたいへん示唆に富むもので、それを押さえながら現在世界を読み解き直すことへ、私を導いた。そもそも「性の世界」は人類の存在において普遍的なものであり、かつ隠されていながら氾濫しているものでもあるのだが、表層と本質との間に大きな隔たりがあり、日常的感知において理論的思考がほとんどなされていない領域でもある。一般には、性=sex を語ることはいかがわしいことで、学術の問題ではないとさえされている。

『身体/セックスの政治』なる書を私が刊行したなら、そういう穢らわしい本を書くいかがわしい学者だと非難されたことがある。身体躾、女性性と男性性への識別化、欲望の身体主体化などの権力関係と真理生産、さらに欲望構造と政治との絡みなどを論じた理論書であるが、読みもしないで、「セックス」というと淫乱だ、なる固定概念が一般にあるようだ。あなたは親のセックスから生まれてきたんですよ、といい返したくなるほど、人間本質を考えないようにしている通常意識の知的世界が支配的であるともいえよう。あえてアカデミック世界への対抗的挑発をなしている私でもあるが、世界で、ジェンダー/セックス研究がいかほどに進んでいるかに比してあまりに貧相な日本の知的世界である。ジェンダー論を最初に書いた時には、フェミニズムから女性差別だ、と非難された時には呆れかえったが。経験領域と学術領域との区分が粗野なものに覆われている日本である。

イバン・イリイチの「経済セックス economic sex」、フーコーの「セクシュアリテ sexualité」、さらにラカンの「欲望 désir 構造」を社会科学考察の中に取りこんできた私として、このイローズたちの書は記述していながら考えられえていない次元を明るみに出してくれたゆえ、たいへん参考になる。本質的な性の問題と資本主義的な性表象との問題との関係にさまざまな考えられえていなかったものを明るみにだしてくれる。性＝sex から現代資本主義を考え、かつ〈資本〉論として言説生産していくことは、あらゆる局面に関係していく考察になり、資本論シリーズのイントロとして大学アカデミズムへの不敬として「いかがわしくふさわしい」と判断した。この「いかがわしさ」裁断知性が物事を曇らせたままにしているゆえ、それをとり払いたい。また、イローズたちが批判している、キャサリン・ハキムの「エロチック資本 erotic capital」を合わせて検討する。この表題にもいかがわしい誤解しかうまない日本だ。

女性言説から男が学ぶとき、大きな限界が必ず訪れるが、たじろいでいたなら男支配に配置されての愚鈍さを自らで脱出できない。自らの限界を知るためにもなしておきたい問題である。〈資本〉を、最も異質だと思われる次元の世界から考えていくのが、資本概念の転移において有効であろうと考え、資本論シリーズは「性的資本論」から論じ初めていく。

資本主義の変貌を考えるため

〈感情資本主義〉。emotional capitalism の訳語とされているが、正鵠をえている訳語であろうか？Eva Illouz がそれを明証に論じているのだが *、後期近代性 late modernity の特徴を捉えようという ** 世界の傾向の主要な軸といえよう。資本主義が大きく変貌してきたことの現れであり、〈消費〉資本主義の多様な考察論述の後に、物質文化 material culture 論 *** と並行してエモーション文化論が現在世界をうまく描き出している論述である。

資本主義は、晩期資本主義において、その真正原理を社会主義から学びとることができなくなり、自らで真正性を生み出していくほかなくなった。それは一言で言えば、個々人の「自由への配慮」である。個人化が消費社会で進んでいくにつれ、個人の感情の意味が社会史研究においてだんだんと明らかにされてきた学術成果をもとりこんで、感情・感性・情緒などへの配慮が、個人の尊重、自己性のあり方と重なっていく仕方が、経済効果へも自覚されて、マネジメントや労働や市場の顧客に対して重視され認識される。

資本主義 capitalism は、産業資本主義、国家資本主義、消費資本主義、自由資本主義、情報資本主義、などさまざまな相をなしながら変貌してきたが、その「〈商品―労働―市場〉集中社会」の基本構造には変わりはない。商品生産と社会的な賃労働と一つの国家内の国民市場との

* Eva Illouz, *Cold Intimacies: The Making of Emotional Capitalism* (Polity, 2007)
** Roger Patulny, etc.(eds.), *Emotions in Late Modernity* (Routledge, 2019)
*** Daniel Miller, *Material Culture and Mass Consumption* (Blackwell, 1987),
—— *The Comfort of Things* (Polity, 2008)
Chris Tilly, etc.(eds.), *Handbook of Material Culture* (Sage, 2006)
Voctor Buchli(ed.), *The Material Culture Reade*r (Berg, 2002)

構成は土台として地盤に置かれたまま、その現れにおいて表層が変貌してきている。旧態以前の、「一部の金持ちが特権利益を独占している」という資本主義批判の的外れは、何事も現在の経済世界の実際的な本質を言い当てたものではないどころか、「共産主義」の復活を主張する軽薄思想として、出版商業主義拡散している。

そもそも「資本主義」なる総称それ自体が、実に曖昧な概念であり、理論概念とは言えないことを、ことあるたびに私は主張してきたが、現在世界は、「産業的生産様式」を地盤にした産業〈社会〉経済であって、国家的統治の介入的管理によって規範機能しているものである。「資本主義的生産様式」などは、イデオロギー概念であって理論的概念ではない。とくに、現代日本は、資本主義というより産業社会の〈社会〉経済主導であって、資本家なる者もほとんどいない。大企業の社長はいわゆるサラリーマン社長、雇われ社長であり、ただの高給取り賃労働者であり、経団連などは高給賃労働者連合である。だが「高給取り」と言っても、平均年収四七〇万円の日本賃労働者の給与に比べてのことで、海外の資本家に比べ桁が違う低給与であり、某自動車会社の外人社長がその高額収入と乱費で捕まり、保釈中に国外脱出するという珍事件をまき起こしたような実状にある。社長退職後、会社から訴えられかねないゆえ何もしない。

他方、賃労働者たちは低収入にもかかわらず、福利厚生や社会保障に守られ、「労働疎外」どころか「労働疎外天国」にあって守られ、「搾取されている」という感覚などはもっていないし、また危険な労働に対する異様な高給とり労働疎外がなされ、他方で安価な非正規雇用の保証なきパート労働が、働かないよりも少しでも収入を得られれば、と蔓延している。ここは、もはや経済タームだけで理解することはできない、「ハッピー・ワーク」世界になっている。

現代世界の特徴の本性・本質を突いた私の考察は、いまだ難解だとされて、了解拒否されているが、世界の現実はそれよりもずっと進んできている。

ここを現実に即して理解に乗せていくには、どうも「感情」資本主義という考察から入っていった方が、受け入れられやすいのではないかと近頃思うようになった。それは批判理論の〈きつさ〉とは違う「緩やかさ」が現実認識・歴史認識に結びつくからだ。「いま、ここにある」自分自身を理解しやすい、ということだ。「山本の理論はもっともだと思うのだが、自分が苦しくなる」という感想をたびたび耳にした。〈自由の幻想〉を暴くと、その彼岸へと真正の自由の自分技術に行きうるのに、逆に、苦痛になっていくほど、身体化された屈折があるようだ。日常で、実に多様な細々とした出来事にあうのだが、私の自分技術は産業化された身体・意識とは逆ベクトルになるため、確かにハレーションを起こしはするが、私自身は困ったことはない。この辺の問題も、私にとっては知性の高度差のことであるのだが、どうも通常認識にある「常識人」には感情・感覚の次元のことで、知性や理論のことではないようだ。

つまり、理性・知性が、感情・感覚とは識別され対立させせられているため、さまざまな転倒現象があちこちで起きている。この古典的な対立設定は、人自身や人と人との関係の理解に、さまざまな不十分さをもたらしている。

客の入りが減少したスーパーが、宝探しだと、陳列する商品の中に10円の価格のものを置いた。すると開店前から行列ができるほど客の入りが多くなった。その経営者が言うには、「安く買えると、人は自慢したくなる」、それが宣伝波及効果になった、と述べていた。高い広告費をかけるより安上がりで、客寄せ効果が売り上げ総体をあげたという。これは、まさにただ10円という価格の経済マターでなく、発見し「やったー」という「喜び」、「得した」という感覚、さらに家族づれの間の共有感情など、さまざまな「感情としての商品」効果を、価格が価値を情感まで含んで表象することになっている。感情が経済マターへ効果を出している典型で、ただの「安売り」ではない。

冷静に世間を見ていくと、さまざまな感情を魅了する商品が溢れているのに気づく。「かわいい」という商品。一所懸命働いた自分へのご褒美に「贅沢を」という商品。手に入れて安心する商品。愉しい商品。便利だ快適だとされてきた商品も、ただ使用価値だけのことではない、感覚的な快適さや喜びだ。映画や音楽の商品などは昔からある。健康商品なども感覚的である。こうした「感情としての商品」――これをイローズは〈emodity〉と造語化した、emotionとcommodityの合体言表――を理論化していくことが可能であり、その考察は経済マターやマネジメントにさえ役立つ。またメディアから流れてくる映像、ウクライナへの武力侵攻に憤る視聴者は多い。怒りや反発、共鳴などのエモーションをネットワークは派生させている*。

* Luc Boltansky, *La Souffrance à distance* (métalité, 1993)
Eva Illouz, *The Emotional Life of Populism* (Polity, 2023)

感情資本主義と情緒emotion

近代化は何よりも「社会市場」を形成してきた。「社会」を市場として作ってきたのだ。つまり、資本主義経済を可能にすべく、労働者人口を農村から都市へと切り離し都市集中化させ、社会空間へ囲い込み、民族国家を一つの均一世界にする〈社会〉規則制度に従順に従う「社会エージェントsocial agents」として市民生活を営み、職業体制を分業構成し、官僚が統治する規範社会空間を配置して成り立っていく。物が欠如している〈社会〉に、「最低限のより良いもの」を供する仕組みを、個々人の生活の幸福として「社会秩序」を作ってきた。経済マターだけの経済ではない。経済学が資本主義社会の考察において力をなくしてきたのは、〈社会〉編制を考慮していないからで、社会学がそこを批判考察的に埋めてきたが、感情に対しては心理学が動員されて経営に活用されてきたにとどまっていた。

イローズは、「感情労働」として、労働者の感情をコントロールできる仕組みが、「労働者の気持ち」をくみとる労働者のためのものとして経営管理に導入されたことを指摘している。「ハッピー・ワーカー」の形成になっていく。

イローズによる「感情資本主義」とは、

①「感情労働」、

②「親密性」への経済要素の介入、
③ そして「感情商品」の産出、

という三つの界から論じられる。そこには、いろんな解析の明証さと理論的考察の可能性とが開かれていて、なかなか興味深い考証になっている。だが、同時に理論的な不鮮明さも残されたままであり、とくに、個々人が資本主義において労働者も顧客＝消費者も「コントロールされている」とするマルクス主義的な思考が残滓したままである。

さらに、「感情」と訳されている翻訳語上の問題は、同時に欧米の諸概念の混同とも重なって、曖昧さが大きく残されている。

emotion/sentiment/feeling/affect/sensibility/passion/sense など、翻訳語の混乱とともに、感情・感性・情緒・情感・感覚・情熱・愛情・情動などの日本語は、その微差にますます曖昧さを増長させている。欧米の非常に優れた社会史研究の数々の翻訳は、不統一でバラバラ状態である。

つまり、感情資本主義が考えられていく可能性条件が作られていない。

だが一般に「感情資本主義」なる問題設定は、非常に重要な現在社会理解のみならず人間理解、経営＝マネジメント理解、経済理解などへつながる本質的な考察である。実際世界の理解と、大きく転換する現実世界の理解を深めていくべく、論点を整理しながら現実社会の考察が実際アクションへつながるように述べ明らかにしていこう。

「愛」という人類的存在の問題にまでそれは関わっていく。

最初に問題設定しておくが、資本主義なる概念世界では、何よりも「資本」それ自体への考察が驚くべきことに欠落している。マルクス自身も「資本」とは何であるかわからない、関係世界であろうと述べているにすぎない。資本とは、資産、資財、資金であるかのような理解が蔓延しているのみならず、企業人にさえその認知構造には「資本は悪である」としたマルクス主義的理論効果がうろついている。マネーに関わることはどこか後ろめたい汚れだとさえ。

根源的な問題は、資本が労働から分節化され分離されているために、資本は悪、労働は善であるかの認知がなされたままでいる。ここは、もっとも本質的な了解の水準にあるため、結論で述べる。最初にあるものは最後で述べないと、了解されない。

そして、〈社会〉概念が自然化されしまっているため、社会空間がいつの時代にもまたどこの世界にもあると普遍であるかのように作用させられたままである。とくに社会制度としての教育制度=学校制度や医療制度=病院体制が普遍とされたままであることに繋がっている。「産業サービス制度」が、商品資本主義生産と普及を可能にして、産業的生産様式を組み立てているのだ。教育も医療も商品サービスであり経済世界である。それが目的に反する逆生産をなしている。

つまり、その結果、イデオロギーを超えて感覚的に、実際的に、「賃労働」社会体制が、類的であるかのようになってしまっている。資本を喪失したままの「労働者」が〈社会人〉であり、人間権利を有しているとされた世界のままで、物事が考察されている。これは多くの誤認を輩出させる。感情資本主義論においてさえそれが暗黙に残滓したままである。

そこで、わたしは最初に、「感情資本主義」と「情緒資本」とを区別し、対抗的に考察する道から、事態を明証にしていきたい。つまり、「感情資本」ではなく、「情緒資本」と「知的資本」との相互関係の可能条件を開きたい。ここを「情緒資本主義」とはしないでおく。原語は、ともに emotinal capital であるが、その曖昧さを日本語の概念化として組み立て直すことだ。そうでないと「資本アクション」を生産的に開いていくことが閉じられてしまう。

しかも欧米の感情的世界と日本の感情的・情緒的世界には、大きな文化差異があるゆえ、ここは慎重に考えていかねばならない。日本での感情労働論は疎外された労働状態をネガティブに述べているが、イローズたちはポジティブな表面を指摘する。つまり、本来のタイトル＝テーマは、「感情資本主義と情緒資本」であるのだが、かかる理論設定は、読者への開かれ方を概念的に閉じてしまうため、「感情資本主義」として問題開示を呼びかけることにした。

イローズも述べているが、「感情資本主義」とは消費面からのアプローチである。そして「情緒資本」とは生産・創造面からのアプローチになる。「性的資本」、ロマンチック・ラブなど親密性やセクシュアリティに関することは、イローズと違って、感情資本主義と情緒資本の双方に関わると配置する。日本の感情労働論はネガティブな旧態のままの論述である。

感情資本主義は、すでに現実具体面で広く進行している。日本の遅れは、そこへの認識すらないことだ。仕事場が気持ちいい、過ごしやすいなどの情感、働きがいがある、楽しいなど。他方、仕事がつまらない苦しい、生活が不安という世界でもある。この商品はかわいい、ブランド品を持っていて優越感を覚える、観光でほっとする／感激するなど、感情・情感で人々は経済活動へコミットしている。これは、いわゆる「主観」のことではすまない事象である。

〈資本〉capital

資本概念のマッピング総体を、もう二十年前に私は組み立てているのだが、日本の世間では、ブルデュー社会学以前の状態のままである。

私が、もっとも基本的に配置している資本概念は、

x　文化資本、象徴資本、想像資本、社会関係資本(社会資本)

y　国家資本、言語資本、教育資本(学歴資本)

の二つの系列である。前者の系は、経済資本へ直接的に関わる資本であり、後者は、非経済マターとして「制度」に主に関わる資本群である(実際には経済作用をなすが)。ともに、経験的現実において感知されうる資本であるが、理論的概念として組み立てている。

そこに対して、より理論的に、

Z　歴史資本、環境資本、自然資本、技術資本、場所資本などがある。これは実態的な様態を指示してはいるのだが、非常に概念的に構成されるべき理論言説水準でのことになる。

このような資本概念を活用しうることになったのは、ピエール・ブルデューの「文化資本の三つの姿」（身体化された文化資本、学歴のような制度化された文化資本、美術館など文化的財産）の論考を読んだ衝撃からであった。

近代学問体系を超えていくべく、新たな学術・理論を現代思想の文化主義的、記号論的流行に対して社会科学的、歴史的に考証すべく、私たちは理論誌『acte』の第一号にこの訳稿を掲載した*。同時に既存社会学の権力所有論を批判解体すべく「象徴権力について」を掲載した。

さらに、資生堂や富士ゼロックスの福原義春・小林陽太郎氏との協力を得ての企業との協働研究において「文化資本経営」を提示していった。これは、先のブルデューの文化資本概念が「構造化された諸構造」として批判考察されているだけに対して、「構造化する構造」としてのポジティブ概念へ理論転化して企業実際の経営を探究し、その現実を通過させたものだ**。同時に、大学に代わる高等研究機関を機能させるべく組み立てた企業との協働研究生産の実行である。

つまりすでに述べたが、資生堂は化粧品なる商品生産をなしているだけでなく、「美の生産」としての文化資本を形成しているのである。コピー機や電化製品は、ただ複写機や冷蔵庫・洗濯機・掃除機などを作っているのではなく、生活の便利さ・快適さの生活文化資本を形成して

* actes, no.1「象徴権力とプラチック」(日本エディタースクール出版部、1986)
** 山本哲士『文化資本論』(新曜社、1999)

生産しているがゆえに、人々に広く受け入れられたということである。これは、どの企業であれ、文化資本を基盤にして資本形成開発をなし、それを商品へ落として経営を成り立たしめ、それを可能にする社員たちの文化資本力能を高め活用してきたことを意味する。

「資本」概念は、それまで生産諸手段の所有と、マネー・タームとしての剰余価値の蓄積における利子の経済概念として考えられていたに過ぎない。資本は資財、資金のことで生産財として機能し、これはいまだほとんどの人の思考に一般化されている。さらに、そこには剰余価値の再生産に投下され、労働者への支払われない剰余として資本家の側に「領有される」とみなされてきたマルクスの理論としてである。そこから、資本家が労働者を搾取する「悪」としての資本だと、資本は悪者扱いされている。資本が労働から分節化され分離されてしまっている。

資本形成が悪だとされるなら、個々人の経済生活はここまで豊かにはなっていまい。そして周囲を見渡して、雇用されていない者はアルバイトや非正規雇用を含めてほとんどいない。皆「賃労働」者として搾取されてきた、と一概に平然と言えるのは、自分が賃労働者であるのを棚にあげた大学教師たちであり、その粗野にして軽率な概念を自分の思考にしている大卒知性である。

ここは理論的には、ピエール・マシュレとジャック・ランシエールによって、「労働―資本」概念と「労働者―資本家」という人格概念という異なる概念が、マルクス自身の思考において も混同されていると、すでに一九六五年『資本論を読む』において批判明示されていたことだ。

ブルデューの『ディスタンクシオン』において、経済資本と文化資本との相関関係が実証的・理論的に展開される。これが世界的に決定的となって、新たなマネジメント論においても導入されていく*。だが、ブルデューは「構造化された諸構造」としての文化資本を論じているに過ぎない。イローズたちは簡潔明瞭に、資本概念の学術的な経緯を述べているが、私にはそれはあまりに素朴である。〔ブルデューによる文化資本と経済資本の対立は階級領有された消費世界での差異の配置であって、経済生産の経営に活用されている文化資本ではない。〕

つまり、マルクスは資本論へ堕する前に『経済学批判要綱』において、「労働力能」の概念でもって、資本と労働との領有関係と剰余価値生産の循環を克明に論じている。この「労働力能」という労働資本かつ文化資本が、「労働力」と理論概念転移されて、労働と資本の分節化／分離が実定化されてしまうのが「資本論」であり、それは『要綱』次元から捉え直すとさまざまな資本の働きを論じているのがはすかいに見えてくる。私は、ここを〈物象化〉理論への批判考察から、利子産み資本を「不届き資本」、労働力能などポジティブな自分技術を高める資本を「和み資本」と、仕分け、〈資本〉概念を救出した。スイスでの金融世界や企業活動の仕方から、確信をもって理論識別した。つまり、資本は利益を目標とはしないのである。この詳細は、拙書を読まれたい。もう、このレベルになると誰もついてこれないが、スイスの実情を見ていないと分かられない資本の動きがある。資本が経験領域からも脱色させられてしまっている。

ブルデューによって資本概念が文化領有領域や教育・言語領有領域に拡張された一方で、公

* Ahu Tatli,etc.(eds.), *Pierre Bourdieu, Organisation and Management* (Routledge, 2015)
Asimina Christforou & Michael Lainé(eds.), *Re-Thinking Economics: Exploring the work of Pierre Bourdieu* (Routledge, 2014)

共建造(道路、橋、下水道、建築など)に関わる「社会資本」概念が、社会関係一般を含め広く考証されていた**。ブルデューの「socail capital」は、地縁関係や同窓学校など「社交」領域での界を言うゆえ、「社会関係資本」ないし「社交資本」と言った方がいい。

Hodgson は、一九七〇年代に、資本の意味は、継続的対象、財産、個人的態度、社会関係へ拡張され、資本はその説明力を喪失したと批判しているが、的外れである。全く逆で、経済概念、金銭領域に純化される概念こそが曖昧であり、非経済的とされる領域においてこそ経済的関与として多様な資本が働いているのは、企業を実際分析すれば即解ることであり、かつ理論概念としても遥かに高度である。どこの国でも二流思考が分かったかのような論述をはり、それが既存思考の人々を「安心」させる情感的な論述でしかない。事実を見れなくなっている。

イローズたちが主張しているよう、資本概念の拡張は純粋に定義的なことであり、経済学者たちさえ時代において資本をメタファー化してきたし、経済現実の本性を存在論的仮説で異なって論じてきた。日本でも「人的資本」とか、一般にも「からだが資本だ」という言い方がされる。だが、あらゆる分野に多義的に作用している資本とは、「すべてではない」というすべての「穴」において考察されねばならない。メタファーで論じていても意味ない。

ブルデューは『国家貴族』(1989 年)を記述したあと、《国家資本》の概念をコレージュ・ド・フランスで講義していた(1989 ~ 1992 年)。それが刊行されたのは二〇一二年 ***、六五〇頁を超え

** Nan Lin, *Social Capital* (Cambridge Unv. Press, 2001)
John Field, *Social Capital* (Routledge, 2003)
David Halpern, *Social Capital* (Polity, 2005)
Antoine Bevort et Michel Lallement(eds.), *Le capital social* (La Decpuverte, 2006)
社会資本論は多様に産出されたが、文化資本論は美術館論などで深化されてない。
*** Pierre Bourdieu, *L' État* (Seuil, 2012)

る大著であるが、英訳は二〇一四年にすぐ刊行されている。私がこの著をこなして国家論へとまとめ上げ、フーコー国家論とともに既存の国家権力概念を理論解体したのが、二〇一七年である*。国家〈資本主義〉論、国家独占資本などの旧態依然の考察ではない。またまた表層理解で、既存の社会科学範疇へブルデュー理論をおさめこむアカデミズムの愚鈍さが日本でははびこる。〈国家資本〉とは、ブルデューを踏まえその先へ考察を進め深めていくと、それは「主語制言語様式の国家への統合・集約」であることが見えてくる。言語資本から考えられてこそ意味がある。バナキュラーな言葉が「国家語」化される時になされた言語資本の入れ替え、配置換えがなされた近代／近代国家／民族国家である。日本語には主語はない、なのに学校文法は平然と主語があると教えている、そこには「国家資本」の統治的働きがなされているのだ。

さらに、企業との協働研究から私は、「情緒資本」と「知的資本」のマネジメントの重要性を企業へ提言した。知的資本があまりに低すぎるからだ。商品論さえない。

他方、イローズは「感情資本」をマルクス主義者ながら明証に提起し、そこに止まらず、大胆に「性的資本」なる概念をも生み出した。ここは大いに学ぶ意味がある。

資本論として、まとめておく必要を感じたゆえ、お決まりの私固有の一冊の大著に納めるのではなく、1章ごとを種別的な資本として論じて新書形態で刊行していくことにする（そのマッピングは2頁を参照）。最初に理論的論述へいくと、また難解だと敬遠されるゆえ、わかりやすい事

* 山本哲士『ブルデュー国家資本論』(EHESC出版局、2017)
——『フーコー国家論』(2016)。『ミシェル・フーコーの統治性と国家論』(2021)として新訂刊。

象への考察として、「性的資本」から述べていくのがいいだろう。と言いながらも、ラカン精神分析論を折り込まないとしっかりした理論考察にはならないゆえ、難解さは極限まで。ジェンダー論の批判整理をも兼ねることになろうが、「労働の性的分業」の次元からの脱出である。

性に関わっていない個人存在、人間存在、生命存在はない。しかも、生物的・生殖的な身体様態だけに性＝sexはとどまっていない、心的かつ想幻的に表出表象される。いやそれだけではない。

SEX

「セックスsex」なる言表は、性的行為/性交のみを指しているかのように日本では一般になっている。だが、パスポートを見ればそこにSEXの項目があり、日本語訳は「性別」と記されて、私のはMとなっている。これはmaleのことであり、女性はfemaleという、生物的な識別である。文法での〈sex〉は、英語では多分に中性化されているが、フランス語では名辞における男性冠詞/女性冠詞の性別が必ず記号表現される。少し見回しただけでもセックスを性交と同義にはできないのに、日本語でそうなってしまったことには、知的にかつ情緒的に、本質的な文化マターが隠されてしまったことが大きな問題である。知性のない知性が通常で働いているとき、対象のみならず何よりも自分自身を観なくなることが起きている。「親のセックス」界なしに〈私〉は生まれてもいないことを隠匿させている知性である。知の様態にsexは最も関わっているのに。

他方、セクシュアリテ研究が盛んになってきたのは一九七〇年代の後半である。哲学的にはフーコーの「セクシュアリテの歴史」の刊行(第一巻、1975)が大きな波及を世界へもたらした。そして社会史研究や民俗研究において検証が多様になされた。

だが、日本語訳において、sex と sexualité/sexuality はいまだに訳語は画定されず、sex と sexuality とは理論的な混同のままに放置されている。理論的な問題構成は、セクシュアリティからセックスが離床して、欲望主体化がなされる意味が、ほんの一部をのぞいて大学人たちにさえ領有されていない日本の知的風土である。この資本論第一巻は、またいかがわしいものだと、多くに敬遠・拒絶されて無視されていくであろうが、あえて「資本」概念に挑戦するものとして、この「性的資本」から書き出すのは、物事の規制世界が本源的にあるからだ。人間(中性概念)ならざる「男/女の存在」としてもっとも本質的であるからだ。

セックス/性現象は、個人的なものであり、ペア的なものであり、共同的・類的なものであり、かつ社会的な物ごとであり歴史的な変遷を遂げてきたものである。いわゆる「対幻想」にとどまらない。正常/異常の識別に使われたり、病的・倒錯とされたり、快楽・欲望とされたり、禁止されたり抑圧・解放されたり、差別されたりと、あらゆる場面において出現しているものである。

これらに対して、〈性的資本〉として考えることとその意味とを理論生産していくことによって、経済世界を政治世界とともに根源から捉え返すことが可能になる。性の政治/権力、性の経済はそれなりに論じられてきたが、「性的資本」の概念はなかった。

仕事場の労働主体と家庭内の性的主体として領域的に識別されてきたが、仕事場および労働世界における〈性的資本〉は非常に大きな役割をなしている。また、多くの多様な商品は欲望・快楽をかりたて充足と欠乏とを個々人に身体的・心的に、性的に生み出している。セックス無しの経済は実はありえない。性別労働として男が外へ仕事に行き、女が家庭で家事をするという一種の歴史的固定は、根源から問い返されて然るべきである。

また日本は、女性の社会的地位として世界一五三か国で一二一位（世界経済フォーラム発表、2019年「ジェンダー・ギャップ指数」）という低開発状態にある。欧米のドラマを見ると、ほとんど女性がボスの地位にある（パブリックな表象）のに比して、日本ではあいかわらず、仕事場でお茶汲みさせられ、テレビキャストの脇に飾りのように置かれているか当たり障りないコメント役である。

他方、ポルノ映画はもはやウェッブで性的画像を自由に観られるようになり、それ専門の映画館はなくなっていった。また売春はいまだに姿をかえて、法的に禁止されても性産業として機能している。男のための女性のクラブだけでない、女のための男たちのホスト・クラブも機能している。性的ワークの氾濫は一九八〇年代以降、世界的に急増している。

こうしたあらゆる領域に機能しているSEXを、性差別から見ていくのではなく、〈性的資本〉として考え観直していくことによって、現代世界の本質および自らの世界が掴めていく。

性的資本 sexual capital

性／セックスの問題を考えることは、人間概念の中性的 neutral な特徴を離脱して、〈男／女〉を問題設定することから、本質とその歴史表象との関係を考察するのを意味する。ジェンダー論がそこを最初に切り開き、男女の性別労働論の限界を超え、性別化それ自体を問い返した。〈genderless〉〈sexless〉の観点は、人間の身体・心的構造とその文化世界を考えにいれていなかったのだ。

そのとき、文法や記録の〈sex〉識別次元には、文化が考慮されていないことで、gender 文化を欠落していることが批判考察され、ついで sex と gender との識別から gender が差別的だと批判され、さらには逆に sex 概念があまりに生物学的だ、ジェンダー規制を被っていると批判対象にされたのだが、その批判的有効性が再吟味されたのが〈性的資本〉の概念であるといえよう。

身体化され個人的に所有されている性的能力は、いかに社会世界へ配置され経済領域へ伝導転移されているのか、その経済的な価値可能性に性的資本がいかなる条件の下で構成され構造化されているのかが、イローズ／カプランたちによって問われた。

性的資本の二つの領野 area が、人々に共有されている差異としてまず問題配置される。

第一に、〈生産 production〉としての経済領域 sphere で、労働諸関係に表象される。

第二に、家庭内領域で〈生殖＝再生産 reproduction〉として考慮される。

この〈生産〉と〈再生産〉の識別は、日常意識では識別化されない「社会の場」と「家庭の場」としてイデオロギー的に現象識別されるだけで、理論把握されないまままいろんな問題を抱えており、イローズたちは存在論的に新自由資本主義によって曇らされていると批判している。だが、大学人言説の粗末さからもたらされていることの方が大きい要因ではないか。

社会科学的には、経済生産過程における生産物の「生産と再生産」に加えて、労働力の生産・再生産を学校教育が担い、さらに生産諸関係が社会空間において（イデオロギー的国家装置において）「社会的再生産」されると捉えられ、アルチュセール以降「再生産の視座」が理論的に認識され、ブルデューの再生産理論としてさらに「文化的再生産」まで含んで実証的＝理論的に明証にされた。これはさらに、子どもを産み育てる「生殖」機能を包含したマザーリングの「再生産」概念として働いてきた*。

現在では、物的生産の諸領域と社会的再生産の諸領域として識別されているが、まだ断片的で曖昧な論述が多い。自分で言うのもなんであるが、世界水準の成果を総体的にクリアに理論化している地平についてこれる論者があまりにいない。しかし、そこでおさえ切れていなかった肝心なものが、イローズたちが〈性的資本〉概念の視座から明らかにしてきた次元である。私の論述で語られていたが「考えられえていなかった」概念世界とその視座からの実際現実の抑え方だ。

性的世界は、「性的労働」と「家庭内の「贈与 gift」セックス」及び「他の労働諸形態」との識別が

＊特に Nancy Chodrow, *The Reproduction of Mothering: Psychoanalysis and the Sociology of Gende*r (University of California Press,1978)

曖昧だ、とイローズたちが指摘する領域である。それが新自由主義的な性的資本の領域である。

つまり四つのカテゴリーをイローズ／カプランは識別した。

①生殖・再生産のドメスティックな領域における性的資本——純潔

②身体の剰余価値としての性的資本

③身体化された性的資本

④ネオリベラルの性的資本

①は〈Sexual capital by default: Chastity and domestisity〉と言うのだが、「純潔」という「性的行為が欠落している」事態が性的資本の役割として、父権主義の男たちによって女性身体が記されコントロールされ、婚姻市場において機能していたことを言う。「セクシュアリティの社会的価値」として歴史上最初の指標となった「純潔」だ、とイローズたちは指摘した。宗教的父権主義によって統治された資本は、純潔の道徳価値と不貞の禁止の道徳へと重ねられる。つまり道徳価値が経済的配置へと転じられた伝統社会での婚姻のあり方だ。

②は、〈Sexual capital as surplus value of the body〉で、性的身体が商品へ作られること。売春や他の性的ワークの形態である。売春は古代から存在していたが*、セクシュアリティの貨幣化が明白な直接性で現れたもので、現代のセックス産業になっている。性がマネーと交換される性的サービスは、恋愛の性的行為とも通常の貨幣価値とも異なる性格をもっていると、イロー

* シャノン・ベル『売春という思想』(1994)(青弓社、2001年)
Max Chaleil, *Prostitution: Le désir mystifié* (Parangon, 2002)
Joyce Outshoorn (ed), *The Politics of Prostitution: Women's Movements, Democratic States and the Globalisation of Sex Commerce* (Cambridge Univ. Press, 2004)

ズたちは言う。剰余価値概念が曖昧だと批判するよりも、性が剰余価値に関わることの問いかけだと、剰余価値自体の見直しが暗に示されていると考えていくことである。

③は、〈Embodied sexual capital〉で、セックス化された身体と性的自己 sexual self とから剰余価値を引き出す諸産業の大規模なセットで、〈scopic capitalism〉とイローズが名付けたことだ。「セックス販売 sex sells」がセックス産業のみならず、文化的イメージや文化生産においてなされる。性的な魅力や性的なノウハウが、関係性の系圏 realm において形成され維持される。のぞんでいない独身者たちがこの市場に巻き込まれている。

④の〈Neoliberal sexual capital〉は、イローズたちが固有に明らかにしたもので、性的なリクレーションが社会力能、自己有効性、自己評価認識の感情へと翻訳されて、雇用主たちが求めている先行学習に影響された企業家精神のスタンスを育んでいることだ。後期近代に拡大してきている、と述べられる。いささか分かりにくい点であるが、1節にて解明しよう。

これらはなるほど、新たな概念空間を社会的・経済的な関係世界に対して開いている。既存の思考では考えられえていないことを、社会生活の再生産と資本蓄積との間の歴史的傾向性において種別的に微妙に明白化し配置している。とくにイローズは、そこに「不平等・不均衡」が生み出されていることを指摘する。その批判はある意味マルクス主義的な残滓があるのだが、そこを超える本質的な考察を開いている点を学びとっていくことを可能にするものがある。

すでに『消費のメタファー：男と女の政治経済学批判』(冬樹社、1983)で私は、男女の性的関係をジェンダー論を踏まえて論じたが、そこで考えられえていなかったことを大いに示唆されたゆえ、要点を領有しておきたい。

セックスsex、再び

企業、家族、個人において、性の領域は実際に体験されているのに暗黙に隠されているが、その社会表象は氾濫しながらもしかし考えられていないし、男女において本質存在関係に関わっており、また他方で恣意的なおしゃべりがいかようにも可能な領域でもある。

セックスとは何であり、何でないかは、わかっているようで難しいテーマ・対象である。〈Sexual Knowledge〉をどう日本語に訳すべきか。性的知識、性知識、性的知などと訳してもどこかずれてしまうニュアンスが入り込む。「性・セックス」にまとわりついている経験知やさまざまな想念、実際的なことは、多様な論述とともに、学術においても理論においても定まりえないで、いろいろな思い込みや理解を招きこむ。性別化／性的差異の根源が問われる。

「性的行動 sexual behaviors、性的アクト acts、性的能力 competence を通じての欲望から、公的同一性としてカウントされることへと流れている連続体が性的経験の系圏」であると示されたとき、行為の非常に広い人間的地形が二つ「性的なるもの the sexual」として示されている、とイローズ／カプランは言う。第一は、身体の「セクシーさ sexiness」と魅力さという一般に言われていること、つまり他者へ欲望可能 desirable にされる身体特性 property で、個人へより魅力を感じさせ顕示させて性的成功 sexual success をより多くもたらすこと。セクシーさあるいは美しさとして再認され、性的通俗性 sexual popularity を拡大し快楽の最大化 pleasure maximization をもたらすこと。第二は、より広い意味で、性的経験や性的表現の系圏で、人々をうっとりさせるもの。この二つはリンクしているが分析的には識別すべきだとイローズたちは言う。(p. 34)

〈sex〉とは、「人間的な思考、意志、行動、表象のカテゴリーが、不透明で、接近できず、理解するのに抗うもの」とした歴史家 Valerie Traub の見解へとひき戻される。(p.33)

性なるものは行為ではなく幻想だ、とした思想家の本質的な的確指摘に、実は何ごとも明らかに言われていない、ということに対応しよう。

さらにペアリングや性的アレンジが多様さへ出現しながら、現実世界では、しかし異性愛 heteosexuality が制度化された規範性として強固に保持されて、差別を生み出している問題がある。

人類はすべて、sex を持っている。セックスを為している doing sex。しかし、セクシュアリティをすべてが有しているわけではないし、性現象は時代において異なり、自己の形成においてそれぞれ異なる。我々が何であるかに、それは深く関わっていることにかわりはない。とくに近代人は心身の良き状態、自由の価値や実際行為《プラチック》、個人的自由における個的自律性と自己実現において社会的・経済的関係をそこに規制させられている。個人の成長過程、社会生活での生存、婚姻市場や家庭維持《ハウスホールド》、経済市場での諸関係において、性的〈subjectivities〉(性的主体性ではなく**性的従体性**)、性的経験、性的相互関係の行為・感情・思考をなしていることから逃れている人はいない。そこで〈性的資本〉は社会地位や経済利益を獲得する上で働いているのだ。

●概念空間の基本を転移しておくこと

考察を進めていく前に、翻訳語として誤って流通している概念をいくつか転じておきたい。まず「主体」「主観」「主語」と訳されている<subject/sujet>は、subway/submarineというように、下、従属することであって、「主」なる概念ではない。「**従体**」「**従観**」「**従語**」とわたしは言い換える。それにかかわるのだが、<practice/pratique>は、「実践praxis」という目的意識的な主体の行動・行為ではない。「**実際行為**」「慣習行為」である。つまり「主体的実践」なる概念空間は理論的に無い。原書にはないマルクス主義邦訳語によるイデオロギー的汚染でしかない。そして、<appropriation>は、対象に持たれることであって、主体が持つこと=「我有」でも「占有」でもない。「**領有**」と訳す。「所有proprietary」概念とは反対のベクトル作用である。

古典思想から現代思想まで、反対の意味作用をなす概念空間として翻訳されてきた、井上哲次郎以来(『哲学字彙』)の完全な間違いである。細かい用語まで含んでまだまだ多々あるのだが、基本概念としてそこはおさえておいてほしい。日本哲学および学術が停滞してきた最大の根拠は、近代邦訳語の間違い＝誤認の再認累積から必然である。経済活動や統治技術において、この誤りは深刻な停滞を理論次元から捉えられた実際世界で招いている。何よりも、日本語構文の主語のない言語様式への自覚と認識の欠落・不在が根源的な誤認を累積している。

日本語に主語があるという「デタラメ文法」が学校文法で規範的に教えられ続け、国文法の専門学者まで「主語があるのが省略されている」と訳のわからないことを平然と学問として論じる。こんな、日々自分自身が使っている言語を間違いで粉飾している国がまっとうになるわけがないのだが、「主語制言語様式を国家資本化」してこなければ日本の近代発展はありえなかったのも事実である(事幻化＋想幻化)註。すると、「賃金をあげよ」と主張するのは労働運動ではなく、むしろ政府が企業へ「お願いする」という擬似的社会主義の次元にまで日本はきている。これは、国民感情への呼びかけるデモンストレーションであって物質的処置ではない。目の前の自分の給与は上がったとて微々たるものでしかない。先進国日本の平均給与は約四七〇万円、世界ではるかに下の順位である。感情資本主義の安楽全体主義は、個々人はもとより、生産企業組織から消費家庭、社会制度、国家にまでしみこむように働いている。

つまり、「感覚」「感情」「情緒」などの次元は、主観・主体の問題では無い。述語的働きなのだ。感情資本主義を考えていく上で、ここを誤っては何も深化されない。そして、「資本」への了解

註 現実界の真理とは、「話すこと」が現実界と繋がらないことであり、シニフィエとして外に存在するものが事実であるかのように幻想fantagieされ、現実界を回避するのだが、吉本の「幻想」概念は現実界を把捉するためのもので、これは「想幻化」が「事幻化」とともに、「社会」現実であるかのように作用させていることを解き明かす、と概念転移させたい。現実界を考えない通常の認識ではなく、現実界の不可能に立ち向かう思考概念である。

は何事も進んでいかない。つまり現実を理解しえていないゆえ作り変えできない。

さらに、「幻想」に対して「**想幻**」—想像界から幻想疎外がなされるゆえ、「**事幻**」—出来事の「こと」が幻化されるゆえ（『古事記と国つ神論』『ミシェル・フーコーの統治性と国家論』の appendix にて問題構成した。）、「物象化」に対して「**物幻**」—〈もの〉が「物」へと想幻されるゆえ、と反語へ転じたい。反語は、所属・包含関係が逆になる註。シニフィアンの作用が遡及的に構成されているからである。根本的に、象徴界／想像界／現実界から、これらを考え直し配置換えしていかねば、物事の実相へいたりえない。これらの理論生産は、第3巻の「知的資本論」において詳細に論じられるが、本章ですでに使用していく。

対象及び自分自身を正鵠につかむために、概念コードを自分へ向けて自分で転じないと思考は旧態のままに滞留する。大切なのは抽象化ではなく、概念転移で「**自分技術**」をみがくことだ。

本書では、自分の当てた訳語を常に自分へ問い返すこととして原語を併記する。言説を定位するとき、構文がすでに規範化されている状態においては、名辞の概念世界を転じることが、大きな意味作用になる。この限界の規定制を名辞の「繋がり」で突き抜けねばならないのだが。

日本から考えるという次元において私なりに格闘してはいるのだが、述語制理論の言説が生産されない限りありえないゆえ、その具体化へ向けつつも、まだ欧米の卓越した思考世界を掴みながら問題の理論配置＝転移をしていくのが、この「資本論」シリーズの大きな役割である。

性的資本論は、隠れている物事（不可能の現実界）を明るみに出していく初発の作業になろう。

註：「社長の山本」は自分のことだが、「山本の社長」は他者のことである。反転によって意味作用が転じる。「幻想」は外部の上へと疎外され固定しているニュアンスだが、「想幻」化は下からその想像界において想像的にシニフィアン作用されている関係。さらにシニフィエされていくものは幻として消えていくか象徴界へ事幻転移される。事幻は「こと」状態へとシニフィアン作用されること。想幻化と事幻化の相互性から物象化・幻想化なるものを理論転移することだ。

第1節

性的資本の四カテゴリーと、その先へ

イローズ／カプランの論述から

何を考えていくべきことなのか、イローズ／カプランたちの問題設定をまず確認する。その結論からおさえよう。問題の焦点がはっきりしていくからだが、厄介さも抱えこむことになる。

根本は、「性的資本」を「身体の剰余価値」として考えるイローズたちの次元の向こう側へいくこと。つまり、「支配階級によって性的諸可能力 sexual capacities や階級化された諸主体（＝従体）の労働パワー labor power が搾取されている」(p.106) という捉え方の先を切り開くことである。

さらに、性的資本とは「純粋にパーソナルな資質財 personal asset で、消費文化を通して、個人ないし職業の諸関係における間個人レベル inter-individual level での合理的自律諸従体によって使われ営まれている」という、経済学が信じこんでいるようなことではない。

むしろ、セクシーさ sexiness さらには性的なノウハウの美感的諸コード aesthetic codes がジェンダー化され階級化されていることで、〈新自由《ネオリベラル》な性的資本〉は階級構造の一部となって、諸個人の毎日の親密な生活において諸個人に蓄積されているものである、とイローズたちはとてもマルクス主義的タームの中で、マルクス主義を修正し直すことにおいて問題構成した。

つまり個人所有していることではなく、既存秩序によく適応された労働者たちを生産することで、性的な諸欲望が親密な諸関係や家庭内消費におけるプライベートな域にあるとされている。それ以上に、ネオリベラルな性的資本は、ある主体＝従体たちのみが使うことのできる、性的自由 sexual freedom をプライベートに愉しみ、人的資本として使用することができる、という、つまりセックスを持つ having sex ことによって、ある一部の者たちはより雇用可能性がある者だと、自らを作れる確信と自己価値 self-worth を獲得している、ということである。

例えば、近年、テレビの解説者やコメンテーターに出演する男「大学教師」たちの派手な髪染めやファッション、テカテカの表情・頭髪や髭の手入れなど、昔の野暮ったいスーツ、ネクタイの真面目な大学教授という表象ではない、それは芸能人以上の表象でテレビ出演仕事の可能性への性的資本のアピールである。女装して自己アピールした東大教官までいる。丸と四角のメガネをかけてもっともらしいことを言っている人も。私などは「よせやい」と思わずその自己主張に煙たがる古いタイプだが、自分ではキモノを文化的に取り戻す主張をもって普段着て遊んでいる。それらには、トランス・ジェンダー表現自由の社会的な反差別までもが派生的に表象されてもいる。

この光景は、もう女性のセクシーさを男社会が欲望するとか、性産業が資本蓄積しているとか、性が階級構造を促進しているとか、貧しい女性が隷従されて性を売っている、しかもそれが中産階級の女性にまで拡大している、といった歴史的状況を抜け出て、現代文化においてセックスが自由 freedom、自己実現 self-realization、力能化 empowerment、創造性を集約していることであり、それは現代資本主義の理想像であり、また働く生活の柱にさえなっている、ということの現れだ、とイローズたちは言う。

《neoliberal sexual capital》の概念でもって、生殖／再生産、生活自体が、資本主義システムの維持と資本増殖において直接的に包含されていることが改めて明らかにされ、主体＝従体のスキルと実際行為とが自己投資され、情熱をこめられて、創造的な働き生活をできるその内部における直接的生産諸手段であることを示すことができた、と彼女たちは言う。このネオリベラル状態の解明が、自分たちの最も主張したいことである、と。特に中産階級従体における社会現実として、男も女も、自らの生活言語とアイデンティティを開発して、雇用される可能性employableを、特に創造的専門性creative professionsとして拡大せねばならなくなっている、と。性的資本は、女性に求められるセクシーさ、男性に求められる性的パフォーマンス、それはまた両者に求められることでもあるが、かかるエロティックな魅力を示していることであり、ジェンダー階層秩序を反映しかつ再生産する男と女との間で交換される物事だけでなく、資本家的再生産の全体性を含みかつ含意している、と。(p.106-8)

ここには、マルクス主義的言述の理論的考察と理論効果とが混在されてしまっているのだが、性的資本を生産諸手段、階級化、再生産総体としてポジティブに捉えているその働き作用の解読として、聞くに値することが含蓄されている。<subject>を「主体」と訳しながら述べつつ、それを「従体」として読み返されるよう並述していくが、何がその転移次元へ浮き出してくるか?!

それは性的自己sexual selfが外在化され、政治において表現されるだけでなく消費者の制度的行動《アクト》consumer acts註において表現され、もはや公的圏域の下に埋もれていることではなくなっていること、自己真実を見つけるための閉じた自伝的見直しの企図ではなく、性的同一性の公的表明として非連続的なさまざまな実際遂行ともなっていること、からきている「従体化された」様態である。性／セクシュアリティに関係するまた性の交換に対する社会経済的な不正義や性的少数者たちの周縁化と活性化の問題にもはやとどまらずに、性的資本は、個人の内的感じ方や心的可能力において、働く生活が短期間労働に支配され、プロジェクト型の雇用になっており、明確な構造や組織設定やコミュニティをもはや欠いている状況からもたらされている。

そこにおいて、これまでのように性はプライベートなことで、社会空間に組織されたり、階級関係のマクロレベルには関わっていない、とされてきたことでは解析されない、というのだ。しかし、ハードで高度な質を求める雇用は非常にプライベートなことであったように、個人のセクシーさや遂行的能力の優位さは、合理的行動者の存在が意識的にとることではなく、中産階級が自らの優位性を示すべく、文化的で創造的な労働に関与していくときに領有しているものとなっている。つまり、自分の利益獲得のために原子的行動者が自らの投資を計算して自分の能力を最大限に発揮しようとする、そこになされる形式的な訓練や獲得の長期間の、競争的職業市場における暗黙知や身体化された可能力のことではない、という閾での物事である。

いささか、わかりにくい論述の差異化がイローズたちによってなされているのだが、単純に言

註: <act>は、actionでもbehaviorでもpracticeでもない。アルフレッド・シュッツの現象学的社会学において「制度的に」構成規制されている行動であると明示されたことは、社会学の常識である。翻訳においてまったく無視されているから「実践」概念が横行していく。

い換えると、既存の経済学的な労働論では認識されない、性的資本の個人化された領域が、ただの個人マターに止まることではなく、階級秩序的に社会経済編制されてしまっている。非常に個人的ではあるが、社会的つまり資本主義的システムとして作用している、という論調である。

ここをクリアにしていくには、まず、性的資本の四つのカテゴリーを要点的におさえて、そこに潜む理論生産の鍵を、一つ一つにおいて見出し検討し直していくことだ。

そのとき、イローズ／カプランたちに欠落している「考えられていないこと」や、考察の理論的な「穴」について問題を拾い出していく。彼女たちの考察は、それ自身を読めばいいことだから、そこで意味されたことの正確な把握は別ごとであり、本考察では意味なし。簡明平易な原書だ、自らで読まれたし――知的思考をなす者がこの程度の大学一、二年生水準で読めるものを「しない」知的低下が日本では蔓延常態化してしまっている。この次元から脱しないと停滞を克服できない。〈性的資本〉のシニフィアンを理論的に探り当て、その意義を見出すことが肝要である。

性的資本の要綱：四カテゴリー

すでに概要は序論で述べた。詳しく読み解きながら理論生産に関わっていく要因＝穴を見つけ出していこう。意味されたものをおさえつつ、見えないシニフィアンを探っていく。

そこへ向けての問題設定がまず三つある(P.47)。規制的条件の確認と言ってよいか。

①セックスの配置 the location of sex

セックスが生産領域に所属するものとして知覚され、交換価値を持つとされたり、プライベート領域に所属するものとして知覚され、使用価値のみの非ワークの活動性にあるというロケーションがなされていることに対して、より正確に、性の位置を交換価値・使用価値の価値形態の視座から観て、公的生産領域とプライベート領域との双方において配置して検証する、ということだ。これはただセックスを「商品」形態としてみなす(還元する)ことだけに止まらない、「使用価値/交換価値」概念、価値形式そのものを見直すという問題閾を開いていくことになる。

②セックスのジェンダー化された本性 the gendered nature of sex

「セックスは、ジェンダー諸規範やハビトゥス gender norms and habitus に書きこまれたものを通じて台本化され経験される」。つまり、ジェンダー規制から外れてセックスは論述されえない。ジェンダーを本性=自然として前提にせざるをえないということは、ジェンダーの文化差異を地盤にして考えざるをえないことになるが、これはジェンダーを実体化することであってはならない。あくまで、規範ハビトゥスとして規制条件的に考察すべきことでしかない。本性=自然 nature という規整性は、ジェンダーなき genderless 状態においても「ジェンダーがない」というジェンダー規制を被るということで、そこに文化を切り捨てた生物的性別が想念を占めていくセックス体制が疎外構成される。これを無意識にしてジェンダー規制を考えないまま、セックス界域へ投射してはならぬ、というのを意味する。ジェンダー還元ではない、その規整性である。理論的に混同が多分に起きてしまう問題閾である。

③性的アクションの特別な地形 the particular terrain of sexual action

「性的身体の外在的な魅力さ external attractiveness of sexual body」あるいは「固有の性的経験の系圏 realm of intrinsic sexual experience」。つまり、性的なアクションがふるまう「性的なるもの」の外在化表象世界であるが、ネット上では女優がシースルーのような肌むき出しのスタイルで公の場に出る、そうしたものが折りなしている界域を「地形」的に捉えようということだ。ここの「地形」なるものは身体を分離せずに場所において規制されているものとして考えることを含意していると言えよう。性的身体の固有の場所的地形がある、ということだ。

「伊豆の踊り子」が、共同浴場から素っ裸になって、旅館の浴場に浸る青年主人公へ向かって無邪気に両手をふっている親密な姿とはまったく異なる、見知らぬ人たちがいる公的な場におけるシースルーの性的アクションである。パリコレにシースルーで再び登場したフローレンス・ビューは、自らのボディポジティブ・ムーブメントへの非難・批判に対して「興味深いのは、男性が女性のボディを公的な場で、誇りをもって破壊するのはいとも簡単なことだというのを見届けられたことです」「もちろん誰かを嫌な気持ちにさせたいわけではありませんが、私の乳首はあなたをそんなに怯えさせるものですか。大人になってください。ボディを、そしてすべての女性と人間にリスペクトを持ってください」と反論。さらに女優のジェシカ・チャステインは「なぜ一部の男性たちは、女性が自分の身体をあなたたちの許可なしに愛することを脅威のように感じるのかしら。私たちはあなたたちの所有物ではないのよ」と主張した。「ブルカであろうがTバックであろうが、女性は着たいものを着て、好きなように自分を表現していいと思うし、そうあるべき」だと、女性の自己尊厳を主張している性的アクションは男性の目のためではない。父権的に規制されていた地形に対して、自分の性的なアクションの地形を性差を超えて表出している。

これらは経済的な労働の価値形態にも関わる配置、文化的な規範規制としてのジェンダー、行為表象地形として「セックスなるもの」を配備する問題規制であるが、「善き」再生産と「悪しき」生産において社会的に分別される問題場から再考される。

善いセックスと悪いセックス——貨幣規準　ゲイル・ルービンから問題設定へむけて

資本主義システムは、家庭内セクシュアリティとして、性は家庭内に押し込まれるプライベートなものであるべきだと分離した。その「道具的合理性」は、「善き」セックスと「悪しき」セックスを識別し、後者は売春から金銭的結婚までの全域をいい、セックス／セクシュアリティは、「社会的身体」social body にとって構築的であり破壊的である、快楽的であり危険でもある、と考えられた。性的相互行為は、ある者にとっては単なる駆け引き・取引であり、他の者にとっては親密性と愛を基盤にした社会関係であるとされる。つまり、男女の相互行為においてあらゆる領域に関与して来るのだが、生産領域における性的な出会いは、あっという間に過ぎ去っていく市場交換としてであり、他方家庭内的領域では情感的に結びついた関係性が未来にまで渡って方向づけられ、かつ「社会の社会的再生産＝生殖 social reproduction of society」に寄与するものとされる。セックスを善悪に分けることをイローズたちはルービンから踏まえている。

こうした善／悪や公／私への二分化や両義性は、精神的なものと物質的なものは両立できない通約不可能なものと二分される自由信念から前提にされ、常識的意識や現象となっているが、そこには精神的、芸術的、親密的ものは非利益の活動性にあるとされ、経済的規制から分離され、さらには生産と再生産＝生殖とを分離してこそ、社会的‐性的な生活は考えられうるとされている。つまり、「悪しき」セックス商売 commercial sex と「善き」家庭内セックス domestic sex という対立識別が、さらに社会空間において性階層秩序化されていく。

ゲイル・ルービンの名論考「性を考える」(1982) では、一夫一婦制、異性愛、関係基礎、非商業的な性が、文化的に非規範的性とされる同性愛、乱行的、商業的な性に対比された。ルービンが描いた有名な円がある。良き性と悪しき性とが12項目にわたって同心円上で描かれている(図1)のは、対比が相対的なものでしかないことでありながら、ある境界線の壁を超えて悪しき性が画定されていく(図2)。今や、魔力にかけられたものではなく、批判認識としては当たり前のようになっている識別であるが、当時としては画期的な整理であったろう。

家庭内セックスと違って、悪いセックスである商業的セックスは貨幣化され、経済利益を目的にする。ただ性行為をなすだけでなく、愛情代替サーービス、情動的慰安まで含めた実際的

図1．セックス・ヒエラルキー：魔力にかけられた円 vs. 外部の境界

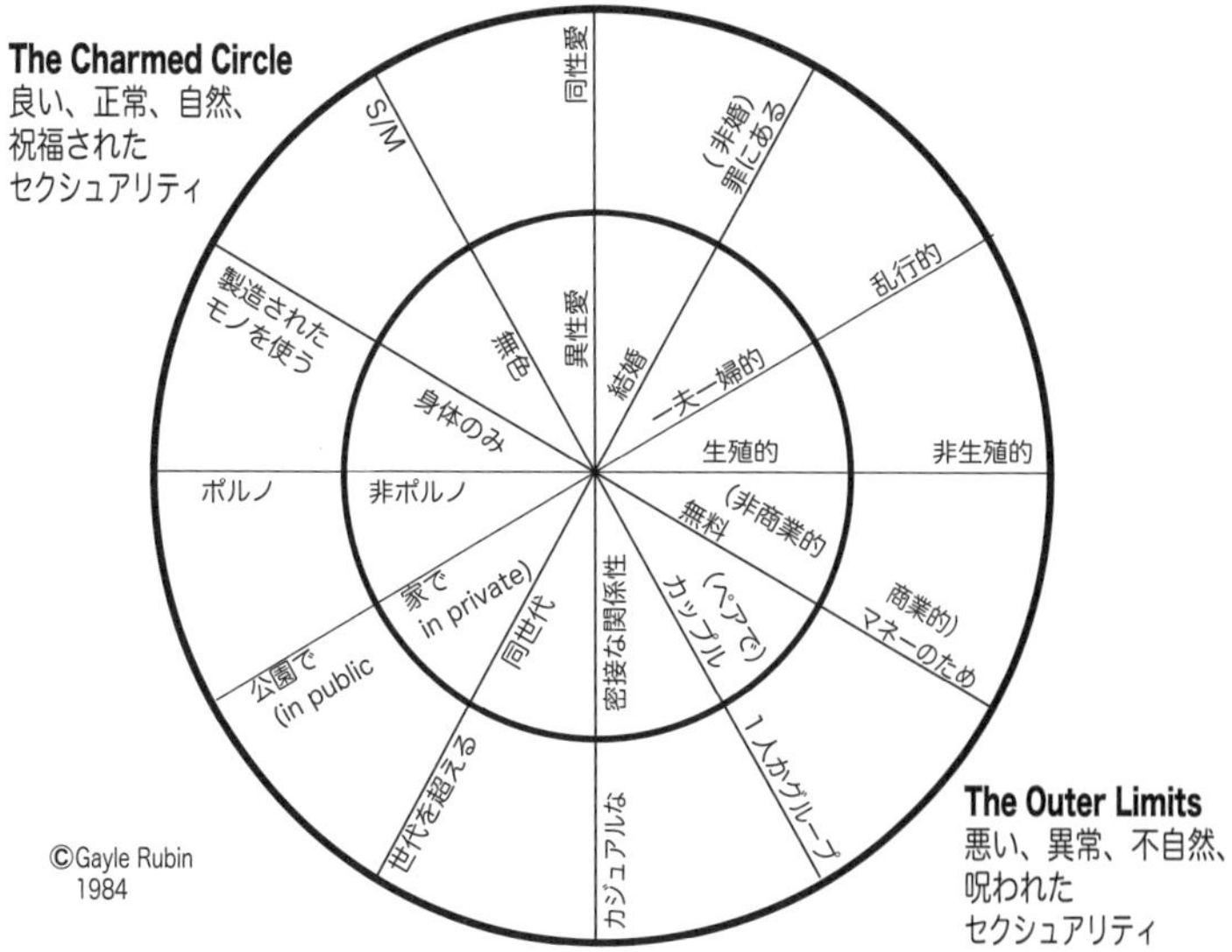

訳註：円の外側に記述された項目と違うものを括弧で記した。

図2．セックス・ヒエラルキー：ラインが描かれる場所を超える闘争

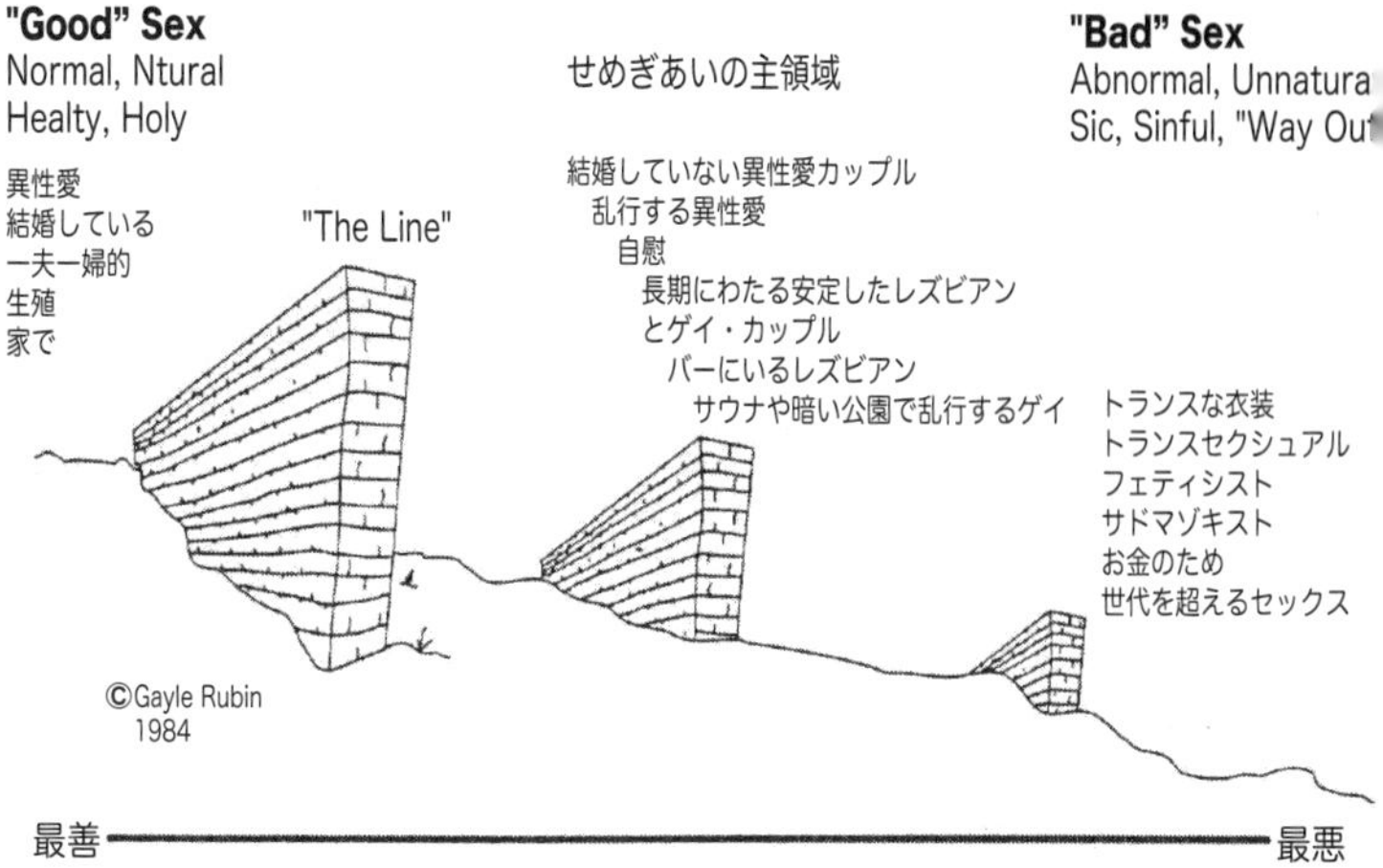

出典：Gayle S. Rubin, *Deviation*, Duke Univ.Press, 2011. p.152-3. 原書には 1982 年の手描きの図も載っている。

な性的サービスの「セックス化された労働 sexed labour」ないし「セックス・ワーカーの性的労働 sexual labor of sex worker」が、貨幣資本を生み出すということだ。この性的慰安ないし快楽満足は、生産領域での仕事の円滑化に寄与するだけでなく、家庭の安泰にまで作用するとされる。ただの欠落欲望の充足ではない次元へときていることを、イローズたちは問題に乗せていく。つまり社会の経済的諸機能に関わる性作用だが、すでにマンデヴィルは、売春がビジネスに有効でありまた貞淑な婦人の謙虚さを守るためにも有効であるとし、資本主義的生産のスムースな機能としてプライベートな性的充足は意味あると考えていた*。「合理化された善きセクシュアリティ rationalized good sexuality」は経済生産に焦点を当てることを優位化してきたのである。他方、「善き」セックス good sex は資本主義的生産をサポートするとみなされ、セックスは資本主義生産にとって、善／悪どちらであろうと主要に重要なものとなったのだ。

つまり、再生産の非市場領域において、教養化され、栄養を与えられ、再生産され、一人前の主体＝従体になるという機能である。

ここで、イローズたちは、家庭領域を「非市場」として経済が市場だとしている誤認にあるのだが、市場とは生活全体であって、経済マターではない。つまりセックスは、生活市場を経済化された市場に変容させる役をになったということが、彼女たちに自覚されずに認識されたことである。それが資本主義生産においてセックスが重要になってきたということの意味である。

* バーナード・マンデヴィル『蜂の寓話：私益すなわち公益(1714)』法政大学出版局

もう、ここで売春だとか商業的セックスだとか、性労働だとかを、言表として記述しているだけで、「いかがわしい」という道徳判断が入り込んでくるのも、セックスの善／悪を相反二律化して実定化している判断がなされているためだ。だが、一部のフェミニストたちが主張したように、家庭内の性的関係も隷従的強制で、支払われない売春的な性愛サービスだと、男の身勝手さへ、無知愚鈍へ向けてなされたが、性主体は労働従体化から理念的・信仰的に分離されたが、理論的には相互交換している。アントニオ・グラムシさえ言う、「しっかり働くために男はプライベートなセックス・ライフを充実せねばならない」と(「アメリカ主義とフォーディズム」)。

つまりセックス／セクシュアリティは、市場取引を通じて経済資本へ価値を生産するだけでなくプライベート領域においても同様であり、主体＝従体を維持し洗練させるのである。女性の経済的依存状態における性的、生殖的＝再生産的、情動的な労働が可能になされ、父権主義的資本主義の機能と保存が可能になっている、ということだ。生殖的、ロマンチック愛的、関係的な「異性愛」の紐帯内でセクシュアリティの規整化 regulation of sexuality は、生産の資本家的様式と資本蓄積の鍵となってきたのである。我々の社会における「労働パワー／セクシュアリティ labor-power/sexuality の再生産」は、女性とその労働の費用によってなりたっているということだ。

女性が資源になって男に価値ある物事として交換されるという偏向であって、これは対等な交換形態ではない。そして、女性に対しての公的領域と私的領域は排他的な対立として関与してくる。ここは、階級構造とジェンダー形態とをともに考えた方がいいと、イローズたちは強調するのも、ネオリベラルな性的資本は男女に同じ仕方で操作してくるが、性的資本の蓄積に伴う実際行為はジェンダーによって分割されるからだ(p.57)。そこには、私的領域における性的経験が生産領域において有効になってきていることが、セックス・ワークとしてでなく、「規範的」な専門配置 normal professional settings に起きているためだ。ネオリベラル性的資本は、セクシーさを使用しない、エロティックな魅惑性より、特異な性的経験の質を使う、それは純粋に個人主体=従体レベルでセックスが経験されて、社会的・専門的な能力における自己の形成がスキルと財産に対してなされている。つまり、自分自身を学び、リスクをとり、自己確信と自己支配を通じての関係のマネージングをなす一般的な戦略に、性的資本が書きこまれているからだ。性的なエリアにおいて一般的な優位性がとられる、また性的生活から自己感知理解されるものをかき集めて他者よりも優位になることは、専門的生活において自らの性的資本を使うことの位置どりに関わっているからだ。

こうしたことが後期近代において起きているのは、社会的再生産=生殖(セックス、セクシュアリティ、家族、親密な関係性)の領域が、経済生産と雇用の領域にめり込んできたからで、それは性的資本がネオリベラルな資本主義によって形成されたというだけでなく、それがさらに進んでいくことを正統化さえしていると、イローズたちは結論づける。これを示す、四つのカテゴリーだ、ということだ。

この問題的提示において、すでに理論上の不鮮明さと新たな可能性とが混融しているのだが、古典的な概念構成と新たな実際事象との関係から、新たな概念と理論生産をどうしていかねばならないかが、イローズたちのスキームからはっきりしないまま、現象が古典タームで裏付けられてしまうための混融がなされている。

生産工場・仕事場と家庭、生産領域と消費領域、会社人と家庭人、働く夫と主婦、社会的労働と家事労働、男と女の性的分業、公的領域と私的領域、などすでに分離対比されて考証されていたことが、「性的資本」の概念を導入することによって、微妙に問題構成をずらしていきながら考えられえていなかったことを言述化し、かつ見えていなかったものを浮上させているのだが、資本主義を支えているという概念世界のままにそれをなしているため、すでにシニフィエされたカテゴリーへ書き込まれてしまい、多分に理論効果の現象指摘で終始しがちになる。雇用に役立つネオリベラル性的資本という賃労働服属の優位化指摘しかしていない。

ここには、もっと根源的な理論生産の要が実はある。それは、**資本の領有法則における性的資本の意味作用**である。イローズたちが指摘していながら考えられえていない理論閾だ。「資本」概念を転移しないとそこは見えてこない。これを定めていく上でも、今しばらく四つのカテゴリーを彼女たちに従ってフォローしていこう。

性的資本の四形態：および理論的補足

1 不履行による性的資本：純潔 chastity と家庭内状態 domesticity

良きセックス／悪しきセックスの規範的な二元対比はジェンダー役割の仮定へと重ねられる。男女がいかに行動すべきかが、そこに定められる。十八世紀に男女のセクシュアリティに対する一般的な態度が大きな意味ある変容をなした。女性は、「セックスしないもの」と非セックス化され、純潔な性が自然的で、生まれつきのものであると科学的にも信じられ、それが男への優位性であるとされた、そこには、二つのイデオロギーがあるとイローズたちは言う。

第一は、マネー次元を通して金銭づくめの非道徳的な女性から、道徳的な女性は処女であると分離される。性的節制のキリスト教的イデアによって形成された父権制は、非純潔の女性から純潔性を切り離し、マネーのためのセックスから婚姻の正統な枠組における生殖のためのセックスを切り離した。第二は、女性全てはバージンであり、性的に従順であり、情熱さえないのが自然であるとされた「純潔性」は、階級と道徳の指標となり、ブルジョア階級の婚姻市場の資本として使われた(十八、十九世紀)。純潔の性的道徳において、ブルジョアの女性は婚姻において経済的安全を保証され、性的快楽よりも生殖を実際行為することであった。これは、一時的な貨幣取引と長期の経済状態の貿易との違いへアナロジー化された。強固なジェンダー化された道徳経済において、「デフォルト＝不履行による性的資本」とは、「良き女性」は純潔である、という理想を維持させたのである。性的純潔性が道徳的に後おしされたのは、その取引の経済的性格は金銭づくめではないという事実によってである。(p.59-60)

この「クリーン」な話は、ジェンダーのみならず、階級、人種、地方にも関わって、十九世紀に、性的活動性に主要な変化が起きた。十八世紀初め、イギリスの庶民女性は、気ままな性的行為をなしていたが、共同体からの圧力で、自分たちの子孫への責任を負い、まだ結婚していないカップルにもそれは課されていた。しかし、十九世紀、都市化、工場労働、賃労働の興隆に伴い、働き生きるパターンに変化が起きる。資本主義は、労働階級の女性たちが男にもっと依存するようしむけ、性的に抵抗力のない状態へと置かれていく。つまり、女性は自分自身や子どもたちを自身の労働によって支えられなくなったとき、結婚や共住に頼らざるをえなくなる。かかる社会では、男は女性の従属を要求し、成功する妻は、不必要な鉄面皮さやいちゃつきや性的知識のひけらかしによって、自分の安全性が脅かされないように注意する。かくして女性の経済的自律性と性的行動との間に強い結びつきができていく。産児制限が不在のなかで、労働階級の不安さと貧しい女性は、形成されてきた中産階級の道徳的、宗教的、政治的なパワーとともに、性的な世間体を作り上げ、セクシュアリティに対するビクトリア朝の言説と信念は宗教に硬く結びつけられて、性的制限や自己管理に考えを集中していく。

二十世紀になると、ノーマルな性的体験・満足が、結婚の成功、自己性、さらに広く社会的能力にとって鍵となっていく。すると夫婦間の性的満足は社会問題となってきた、特に中産階級において。もし純潔な女性が性的経験を欠いており、男の方は商業的セックスの雰囲気の中で親密さも思慮もなく性的に社会化されている、とフロイトが指摘していたように夫婦間のベッドは不幸なものとなり、男はほとんど性的能力がなく、女はしばしば不感症になる。個人の幸福が危うくなるだけでなく、社会の運命も危うくなるこうした状況で、性の商業化と道徳性とが対立させせられ、売春と、男からの好みを探す中産階級の女性と、女優のような華やかな世界に属する女性とが、性的好みがマネーと交換される経済的回路へ全て統合され、上品な女性は家庭内単位の役割を実行するが、セクシュアリティが道徳的立場にポーズをとっている危険さをその底に保持したままにだ。(p.61-2)

セックスが社会的に履行されることは、ブルジョアジーが社会の生産的メンバーになっているだけでなく、プチ・ブルの商店主が節約的であるのを保証する。夫婦間の良きセックスは、労働者階級をより効果的で従順にすることができる。主要なことは、経済主体=従体の合理化されたセクシュアリティと資本蓄積への従順さと有効さとを結びつけることである。

家庭における性的充足は資本家的生産に重要であると認識されたが、純潔性は女性の生活において結婚後も大きな部分を占めた。小さな社会集団において、純潔でないという性的中傷

性の歴史的変化は、以下の書に詳しい。
Hera Cook, *The Long Sexual Revolution: English Women, Sex, and Contraaception, 1800-1975*, Oxford, 2004.
Faramerz Dabhoiwala, *The Origins of Sex: A History of the First Sexual Revolution*, Oxford, 2012.

を受けないよう性的評判をプライベートな個人として守らねばならない不安に女性はあった。性的純潔性は、婚姻可能性 marriageability と雇用可能性 employability において大きな役割を果たしていたのだ。

イローズたちは取り上げていないが、後に述べるゲイル・ルービンはフロイトと同時代に性的逸脱に対する膨大な性科学の言説が記述されていることを指摘している。それが理論的に稚拙であろうとも、正常な良き性を実定化させる言説群として働いたと言うのだ。

◆理論的問題　良き性を画定することにおいて、性の不履行である女性の純潔性がイデオロギー的に機能しながら、労働体制を資本主義的に編制していくうえで役立ち、夫婦間の性的充足の安定がその秩序に要された、という解析である。性と家庭と労働という関係性において、「不履行の性的資本」が果たした役割だが、いろんなレベルが混在している。これは支配体制だけの問題であるのか、ということだ。フーコーと社会史の歴史理論との問題が背後にある。

基本的な用語は、〈marriageability〉で、結婚可能性において純潔という性の不履行が性的資本として機能していたということである。セクシュアリティと婚姻市場との問題ともなる。

セクシュアリティの歴史理論は、権力概念の転移をもたらし、権力支配の「支配」概念自体が問い返された。この権力関係と婚姻市場との関係が曖昧なまま残されている。

性をめぐる曖昧さは知識としての性革命と実際の性行為との間で、問われないままであったが、森崎和江とあまりの男主張の谷川雁の対立は学生の間で話題にされていた。こういうあいまいな状態こそがイデオロギー的プラチックの作用である。社会史のセクシュアリティ研究とフーコーの「セクシュアリティの歴史」以後である、性を理論的に考えられるようになったのは。そして、この知的資本の遅れをイリイチのジェンダー論考を機にして、「経済セックスとジェンダー」として私が編集したのは一九八三年、同年に『消費のメタファー：男と女の政治経済学批判』を仕上げたとき、ボードリヤールの「消費の社会」の痩せた曲線、およびゴッフマンの Gender advertisement を同時に考察した。経済的な社会労働編制とジェンダー表象の社会学的考察である。そして一九九〇年『ジェンダーと愛』においてフロイト的精神分析をもり込もうとしたが、ジェンダーは女性差別だという知的市場の低開発的反応に嫌気がさして以後、表立って論じるのをやめる。ただひたすら海外の膨大なジェンダー研究文献、精神分析的女性考察を読み続け、実際に会って会話したのは、ジャネット・セイヤーズとミシェル・ル・ドフ。そしてナンシー・チョドロウは日本へ招いてセミナーを開いた。

2 身体の剰余価値

性的サービス sexual services を提供することで報酬をうける類の労働を主に指す。それはほとんどがセックス産業／性産業 sex industry における労働で、売春、ポルノ、エロチック・ダンスなどである。イローズたちによれば、一九七〇年に五百万ドルから一千万ドルであったハード・コア・ポルノ市場が、一九九六年には、ポルノ、セックス雑誌のような類の市場は八〇億ドルにあがり、二〇一八年には六〇億ドルから一五〇億ドルに見積もられるという。誰でもが他人に見られることなくアクセスできるようになった二〇一九年のウェッブ・サイトのポルノのビジターは四二〇億人と言われ、一日に一億一五〇〇万人が訪れているという。(p.64-5)

だがイローズたちが言うように、表立たないが歴然とオープンになっている性産業の多面的な実態を探ることでも、セックス市場において自らの性的労働力を売ることに含まれている人間的・政治的・経済的・社会的な意味の課題・問題に挑戦していくことでもない。

考察すべきは、性的ワーカーを統治している社会的な規範やその経験の仕方に起きている緩やかな変化に、何が問題構成されているのかである。

近代においては、マネー交換が、善きセックスと悪しきセックスとを区分する規準であった。その社会的想像性において、婚姻関係に関わる親密な関係性や生殖のためが容認され奨励された。のちに、よりカジュアルなセックスとしての二人の愉しみが広がっていったが、これらは資本のマトリックスの外部にあったことだ(次節で述べるハキムの考察への批判)と言う。反対に、マネー稼ぎのセックスは悪しきものとされていた。貨幣的な性的資本の直接形態は、貧しさにある女性、男性、子どもが被害を受けやすい剥き出しの状態に置かれた売春であった。身売りされたり、強制されたり、監禁されたりの悲惨がそこにまとわりついていた。

しかし近年では、悲惨な売春というより性的サービスとして、中産階級が自分の好みや意志で、生活費を含んだ自分のゆとりを持つべく、好きな時間に好みの客と、自由な性関係をなし、エージェントはそれを異常さや危険から守るように機能しているだけで強制していない。暗い悲惨なイメージではないものに商品化されている。顧客の方も、相手と友達のように気さくにならないとセックスを買わない。通常のサービス経済として、自身のセクシュアリティを磨き、性技術のプロとなり、市場アピールを高め、自らは「性の教育者」であるとその仕事に誇りを持っている、という調査報告が多々ある。感情的知性があり、スキルがあり、文化資本を領有している、というように、性的な商業交換は規範的サービス・ワークに並べられているのだ。あるセックス・ワーカーにとって、セックス・ワークの交換は同等の様式であり、「極端な社会的非価値化の落とし目を経験することなく、自身のセックス・ワークから性的資本を蓄積することを自分でマネジメントしている」(p.68-9)。

売春行為をめぐって女性の搾取・差別だという主張と自己采配の自由だという主張とのフェミニズム内での論争は未だ強くなされているが、個々人の自由なアクティビティである傾向が強くなっていると同時に悲惨さの人身売買的状態の現実があるのも実際である。

ソ連崩壊後、ロシア、ウクライナ、ベラルーシなどから中産階級の若い女性や専門職(教師、医師など)の女性たちが、スイスやレバノンへいっせいに流出した。生活費稼ぎであるが、本人たちは明るく自由にクラブの仕事をしながら、客との好みでセックス・サービスも自己選択でなす。スイスのクラブ・マネージャーたちがいうには、一晩で数千万円の売り上げがあった賑やかな状態から、今や閑古鳥が泣いている閑散とした状態になっているのを嘆いていた。それは、十万円のシャンパン・ボトルを買って女性を連れ出す。セックスは、クラブ外の女性の私事であって、店は関係していないという関係になるのも、非合法状態を回避するためだが、この労働／非労働の関係性は、性的ワーカーが、自らの性的資本を領有しているがゆえに、セックスの労働力だけを働かせるという様態にはなっていない。それは、出勤時間が決まっているが、自分に顧客がつけば労働時間の拘束性は解かれる。そして店側への収入と自分への収入とが、管理上分離されている。前者は、店の接客サービス・ワークであるが、後者は自分自身の性的資本によるワーク・サービスである。後者への強制力・規制関係は、店側にはないが、保護をかねての危険回避の間接的監視下にはある。屈強なボディー・ガードがいることを店は入り口にディスプレイする。

「性的資本はセックス化された身体 sexed bodies によって創造され、相互行為のサービス・ワークにおけるワーカーたちのセクシュアル化された労働 sexualozed labor を通してなされる」(p.70)と、イローズたちは、微妙に言表をかえて示す。「セックス化された身体」と「セクシュアル化された(過酷)労働」という概念空間の違いである。つまり、レイバー labor が性現象化されていること、身体がセックス化されていることの相互関係から、相互行為の「サービス・ワーク」とされている。労働とは異なる、セックスにおける「身体」と「ワーク／行為」の特異性である。

アキコ・タケヤマによる東京のホスト・クラブでのレポートが引用されているが、ホストの微妙な言動によって自分の感覚的経験と認知的解釈が全て取り囲まれた状態が述べられる。男の性的資本の作用である——現在これは阿漕なマネー稼ぎとして告発されている。他方、サン・ロペでのヨット・パーティやニューヨークの幻想的バーなどのセクシュアルな経済は、金持ちの男が「ガール」身体を使って、社会的な結びつきやビジネス関係作りへの優位さを誇示しているケース。そこで、モデル的容貌の、背が高く、身づくろいしてファッショナブルなガールズたちが贅沢な雰囲気を醸し出し、男たちが普段の自分よりも潤色されている感じを抱くことと、他の男たちより名誉ある印を抱くことが、雰囲気として作られる。それはただ美しい女性たちを見れていることでなく、ハイ・ステータスな快楽状態で、女性の身体や顔がVIPな雰囲気を作り出し、美の現前に「良き」状態を感じさせるものだ、という。テーブルへ男を誘うとき、客と恋を弄ぶようにし、ほんのわずかな売春行為の誘惑を仕掛けるのだ、と当事女性の声をレポートしている。つまり、これらは性交の過酷労働ではなく、セクシュアルな雰囲気作りのワークである。性交を要していないが、そこへのエモーショナル状態を想像表象させている。

ここにはもう性の直接な搾取も労働疎外もない。「身体の剰余価値としての性的資本の同等様式」におけるシフトがなされており、セックス・ワーク sex work といわゆる正統なワーク legitimate work において性的表面としての身体機能や性的現出が貨幣化されるということとの間が曖昧になり、通常のサービス・ワークに似たものになってきている。しかし、自分の身体を遂行させるセクシュアルな行為を通じて貨幣資本を生み出すそこには、新たな問題が、エモーショナルな過酷労働として、烙印マネジメント stigma management と自己ブランディングの事項で起きており、それは通常のサービス・ワークと同様の問題ともなっている。つまり、ルーチン・

ワークの方にむしろ、セクシャル化されたものごとが求められてきているのだ。（p.73-4）

◆理論的問題　「性的資本」が、「セックス・ワーク sex work」ないし「セクシュアル化された労働 sexualized labor」の内容において生産される、という論述であった。そして、人間労働の所有者のように機能している男たちによってほとんど蓄積される。「性的サービス sexual services」と「労働のセクシュアル化された諸形態 sexualized forms of labor」は貨幣化された取引 monetaized transactions の一部として交換される。（p.74）　だがセックスの交換は商品交換ではない。これを同じと見るか識別するかに「交換（価値）」とはなんであるかの問い直しが要されている。

セックス・ワーカーのセクシュアルな労働から（あるいは他のサービス・ワーカーたちのセクシュアル化された労働から）剰余価値が生み出される、という状態である。また、セックス・ワークはサービスやワークの創造的タイプと類似している、通常のサービス職業のように、セックス・ワークはエモーショナルな投資と自己ブランド化能力をそれらのコンテクストに求める。

事象としてはある程度わかるが、理論的には非常に不鮮明である。いわゆる工場労働などの「労働から労働力が疎外される」様態と「身体からセックスが疎外される」様態との相同性と本質的な違いがはっきりしていない。また、雇用関係において、雇用規制のレギュレーションが非規定的に生起している、そこに労働と資本との分節化の領有法則様式が、異なるセクシュアル化の疎外表出においても起きている、それを「身体の剰余価値」と安易に概念化しているが

――「剰余」概念があまりに表層的――、セックス化された身体によるセクシュアル化されたワークには、感情労働次元を超えるエモーショナルな行為と「剰余享楽」の心的疎外表出が構成されていることへの対象化の不十分さである。そこから、性的資本をただ貨幣資本を獲得できるものへと還元してしまう傾向が強調され、「セクシュアルな振る舞い」「性的ワーク」の資本作用が指摘されながら理論化されていない。しかし、そこが次項で示されはするので、急ぐまい。

3 身体化された性的資本 embodied sexual capital：望ましいもの desirability／セクシーさ sexiness／性的ノウハウ sexual know-how

性的出会いが、売買の取引ではなく、性的関係性の部分として、性的資本が他の物事よりも望ましいものとして求められ、パートナーをより魅了するものとされる。

性的領域の研究アプローチの意味が検証される。

性的希求の結果は快楽ではなく、ナルシシスティックな見返り、特権がエロティックな優越性をなせる望ましいパートナーによってもたらされることにある。征服の自己愛的陶酔がゴールである。人々がハッピーか悲惨であるかは、マネーと性的魅力の二つのシステムからもたらせられる、というのだ。(p.75)

社会的成功としての地位競争が、「欲望の社会組織化」として、性的相互行為の種別的な社会ネットワークにおいて性的分野として考えられている。その社会変化とそこでの合理的選択に、結婚による上昇をなすべく、デートの相手選択がなされる。性的成功をおさめた者は、性的資本を他よりも多く所有し、セクシュアリティの自律化がなされた歴史社会状況において、擬似自律的な社会領域として性的領域は知覚され、性的資本が行為者たちの間に不平等に分配される。こうした中で女性との関係がうまく成功するための技術本や指導本が大量に売れている。性的資本は、行為者たちが探そうとしている何かとなったのだ。(p.76-7)

性的資本が、ある特別な領域で成功の多少を形成する資源だとするなら、その最も豊かな者とは、魅力的である仕方またパートナーと多くのセックスを有している仕方の土台の上に、最も多く性的資本を蓄積した者であるということになる。この論理に従えば、望ましいもの自体は、その人の立場、その人の社会的サークル内での社会的・性的な成功を強固にし、欲望可能性と成功に関係するものに常になっているということだ。セックスが地位競争に向けて方向づけられているとき、この領域での行為者たちは、「理想的な身体的なもの」へ近づくことによって自らの性的資本を最大化するのを求めている代行為者であると知覚し、身体を鍛え、正しい着こなしとアクセサリーを持ち、正しい姿勢、ボディ・ランゲージ、バナキュラーなもの、話すパターンに適合している。成功が成功を育み、性的領野での注意をより多く受けるほどに、より多くのことが他の物事においても魅力的であると感じられるようになっていく。

性的領域アプローチを取り上げるほとんどの研究は、種別的な性的領野における「セクシーさの身体化された標準 embodied standards of sexiness」に最も大きな位置を当ててきている。しかし実際には、性的資本は、パートナーを引っ掛ける能力であるが、そのほとんどは演者が正しい愛情気質を持っていることに関係している、と調査されている。学生たちの実際の物語は、エモーショナルな敬遠や解消が流行の現実であるのだが、それは、軽やかさの遂行がさらに必要だと考えられていて、ノーマルなもののことでなく性的なチャージに関わることであり、敬遠されればされるほどもっとエロチックな状態にならねばならぬと思われている、どちらになってしまうかは、感情的なものではなく自身にセクシーさがないからだと思われている。

性的成功と社会的交換の価値づけとの関係は、性の社交性の問題かあるいは魅力的身体や性的ノウハウの問題かが混在してアプローチされるが、性的資本は個人的に身体的態度によって蓄積されると考えられている。性的に望ましいものの毎日の経験が社会価値にいかに配分されるかが考察されるのだ。

この「身体化された性的資本」は、ジェンダー化され、人種化され、階級化される。身体化された資本とはなんであるかを考えるときに、それらの規定制が重要であり、かつ文化産業においていかに形成されるかを考えねばならない。文化的なセクシュアル化の社会的広がりのある過程を考慮するなら、セクシュアル化された想像界の生産と消費を歩く人生がいかなるものであるか、そこにおいて「セクシーと考えられているものは誰であるか」の問いが重要である、とイローズたちは配置する。だが、「身体とは何であるのか」は経験的に見られているだけだ。

文化におけるセクシーさ sexiness の視覚的生産は美学的になされており、「セクシー」の意味は、「望まれるもの、誘惑的であること、だがつまらぬものではない」と、そこに中産階級の知覚による評価がコード化されている。中産階級の好みの判断による、セクシーさの美学的標準がイメージ・パワーとして示される。他者によってセクシーと考えられる性的資本を持っていることで、女も男も、誘惑的なものへのある感じ方を持っている、というのだ。

「身体化された性的資本」は、消費する多様な性的ライフスタイルの諸商品・サービスによって支えられている。その諸商品は消費者たちの身体をセクシーに現れるようにする。中産階級の女性たちの間での一般的な女性美容外科手術の大衆化が盛況なのは、「the clean-slit ideal」と呼ばれた社会拡大している規範化の一部である。このイデアに応じて、メディアで助長され、医者によって促進される、美学的に好ましい陰部の無毛、滑らか、クリーン、の最小限の見てくれがなされる。処女膜形成手術はまだ稀であるが、多くの女性は望ましい女性性の理想に達し自己評価を増大させるべく、このイデアに準じて隠毛を除去する。他の性的レジャーの商品は、社会的理想を促進する、諸個人は性的に能力があり、堪能な性的パートナーとなるべく求められている必要なスキルを発達させれば価値ある存在になれる。性的能力 sexual competence は、パートナー同志の身体化された性的遂行を通じた、親密な諸関係のプラーベート領域においてのみ演じられる。性的な(競い合いの)能力は個人的な(容量)才能 capacity であるのも、それは純粋に経験的なものであり、記号的な可視性ではなく、自分の身体から離れられない通常の性的主体=従体のためのものだ。しかしながら、性的な自己援助の生産物の大規模産業は、大衆文化において、「義務的」な性的機能の要請を満たし、良きセックス・ライフの獲得の仕方を教えることを増殖してきた。(p.83-4)

性的に満たされることが絶対的に必要であるとなっている世界で、ベッドでよい状態になることは女性にとっての価値ある資源だとなってきた。二十世紀前半では、医療と心理学のエキスパートを通じて、女性のセクシュアリティは受動的で潜在しているものとしてではなく、母性的で世話する本能であることへ統合されていた。しかし一九六〇年代になると、この教育学的な役割は、大衆文化的なものとなり専門エキスパートのものではなくなって、女性のセクシュアリティは肯定的に称賛され、男も女も自分自身の快楽を引き受けることを勇気づけられ、多様な商品を使うことによってそれを働かせるようになった。性的スキルが商品であることは消費が階級や文化的好みの背景に依存しているのを意味する。BDSM(bondage, domination, sadism, masochism)は、自己意識の仕方による自己改造・自己開発の自分技術であって、その実行者の文化資本に基礎づけられた種別的領域の性的資本である、という(p.85-6)。

消費領域での性的商品・サービスは、性的関係自体においてセックスが消費されるだけではなく、新たな経済において、大きな消費文化は大量のエロティックな幻想ワークを創出し、共同意識を構造化し資本主義を再生産して、セックス資本の高度集中化をなしている。これはポスト・インダストリアルな薬剤ポルノ体制で、我々の性的主体性＝従体性を統治し、薬剤とポルノの企業利益になるよう我々を仕向けている、と言われている。雑誌「プレイボーイ」の出版と戦後消費資本主義との連結がそのいい例であった。

性的ワーカーだけでなく、性的消費者もまた、ともに大きな資本を共同創成しているのだ、と言うイローズたちは、セックス遊具のグローバル市場が二六六億ドルになっていると示す。

セクシーさと欲望可能性は、消費の系圏において多分に引き起こされている。身体化された性的資本は、生殖的ではないし単なる商品(性的生産物・サービス)にも還元されない。セクシーさと性的なノウハウは同じような心を持った人々に共有される性的好みの表現である。文化資本に相似して、その性的資本の形態は価値化の集団的な、階級化された図式に基礎をおいている。成長する文化のセクシュアル化を反映して、セックスは文化と自身のノーマルな生産の意味ある部分となってきた。

◆**理論的問題**　性が資本を直接的に生産し、セックス・ワークが間接的に再生産＝生殖領域において「セクシュアリティの規制化を通じて、自らの労働パワーを商品化する従順な賃労働者たちを集団的に作り出している」(p.86)。この生産領域と同様のことが消費領域でなされていると、イローズたちは示したわけだが、生産領域と消費領域は分離されたまま、資本主義の利益のためだと素朴に還元される。つまり「再生産」構造が加味されていない。

そうではない、生産労働者＝商品・サービス消費者は、生産＝消費の水準で、性的資本を自らの力能として領有し活用しているということでもあるのだ。そのように説いていながら、資本作用を「資本主義の利益」と安易に還元しても意味ない。

ここでのキイワードは〈desirability〉である。「望ましいもの」であるが、性的な「欲望可能性」としてのそれである。性的資本が形作っているもの、としてよいであろうが、「望ましい」性的資本でもあるということである。「つまらない」「くだらない」「獰猛なもの」という感覚を排除した「誘惑的」なセクシーさとして表象される美学的なものだ。その社会的な働きが、パートナー探しや地位競争に関わってくる。性的資本と欲望との関係になるが、次の雇用可能性と欲望可能性との関係が考察されてから、理論配置していく手立てを見出そう。身体化された性的資本は「欲望の主体化＝従体化」と言うセクシュアリティ配備とその心的な構造化においてなされている。その「欲望構造」の理論的な複雑性がイローズたちには考察されていない。

性的資本は、自己表現のための自律性・尊重・能力として種別的なネオリベラルな望ましいものとなっている。この欲望可能性は雇用可能性とリンクしているということが、次に検討される。

4　ネオリベラルな性的資本：自己領有と雇用可能性

雇用可能性 employability とは、高度な競争的雇用市場において雇用主を魅了させる個人的な達成度・スキル・特性の束である。公的領域と私的領域とがくもらされてくると、ワーカーたちは一人の男・女ブランドとして制度規定行動 act することを求められる。つまり、もはや被雇用者として労働力を売るということではなく、全体的な存在者として経済価値を引き出すことができる者となる。自分の独立したブランドを構築し自身の雇用可能性においてコンスタントにそれを投資することである。雇用主に対してより良いポジションをとるのは、正しい外見だけでなく正しい態度 right attitude にある。十分に雇用可能な個人とは、予期できない未来に適応する能力をもって、十分にセクシャルである者である。セクシュアルでプロフェッショナルな創造的階級のハビトゥスを整えられる文化的商品を生産するセクシュアルな自分である。

セクシーさと良き外見は、女性にとってハンディーとなってきたが、それは美／セックス／グラマー／ファッション産業のためのディスプレイする仕事に従事することにあった。それが通常の仕事においても意味あるものとなってきた。仕事場のセクシーさの貨幣化の彼岸に、雇用のための性的経験が有効になるとは、セックスの経験次元が「雇用のために資本化される」ということである。性的なからかいやハラスメントではない、仕事においてプロフェッショナルであることが、性的経験のプライベート領域と公的な職業的領域とにおいて連結されていることだ。

セクシュアリティと雇用可能性との連結を、イローズたちは四つの方向性として理論的かつ経験的に調査されたものとしてあげる。

①自己尊重 self-esteem、それは自己確信 self-confidence を増強させ、(競争的)能力 competence へと投影されていく。性的に経験された存在は、規範的な性的ライフスタイルを減少させ、自己確証 self-assured を感じさせ、後に使うためにこの感覚を蓄積させる。

②セクシュアリティがある種の「支配」を表現する、特に一晩の出来事として。

③セックスが社会的競争能力 social competence 遂行の仕方となり、サービス経済において多く求められるスキルになる。諸々の性的な出会い sexual encounters が社会スキルのマスターの或る量となり、そのスキルと誘惑性 seductiveness が労働領域へと簡単に移動させられる。

④良いセックスがより大きなジョブ満足をもたらす。前の晩、セックスが上手くいった者は翌日の仕事の雰囲気がよくなる。

イローズたちは、セックスが翌日にポジティブな効果をもたらすなら、収入の増加をもたらすと推測され、ワーカー雇用可能性に寄与すると考えられる、と仮定するのだ。

それには、セクシーさ sexiness と主体的=従体的な性的諸経験 sexual experiences とを識別すること。前者は、与えられた状況で或る者が有する性的パワーで、性的資本としてのセクシーさは常に時間とともに消えていく、とくに女性にとって。それは女性の経済的・性的価値が男たちによって男たちのために構成されているからだ。それは、まだオープンに商品化されていることが社会的・専門的なペナルティを課せられるためだ。他方、後者は自己へ内部化されており、長く続くものであり特別にジェンダー化されていない。性的経験は他の人々にも起きていることであり、その経験と出会いは性的従体性に結びつけられており、記憶の中に長引かされていく。セクシーと経験的なものとは異なる次元の性的資本であり、それをネオリベラルな資本主義の個人的経験であるとし、雇用可能性を強化していると考える。

後期近代性では、セックスの資本化は、セックス・ワークとセクシュアル化された労働によってなされる(第2カテゴリー)だけでなく、消費者ライフスタイルの選択としてなされ(第3カテゴリー)、さらにネオリベラルな性的資本として「セックスに関係づけられた情感的状態 sex-related affective states」が個人的に蓄積された合算として、自己価値 self-worth や自己決定の諸感情 feelings を奮い起こし、リスクを取ったり、ユニークさや自己実現 self-realization、創造性、野心に関係する。このセックス関係づけの情感の束は、「ネオリベラル「パフォーマンス／快楽」装置」とも呼ばれている。それはネオリベラル主体をコンスタントに面白がらせ、実験させ、創造させるのを余儀なくする。これはセックスの系圏のなかで、専門的成功を伴う女性の性的代行為性 sexual agency に属する前もって決定されたジェンダー事項である。自己確信を高めるのは、女性の外見ではなく大胆さである、自律性、尊重、自己表現能力のネオリベラルな欲望可能さを引き寄せることにセックスが扱われる。セクシーさが要求され、力を増した性的主体＝従体が発展させられる。ここでセクシーサとは存在する仕方、過程であって、所有ではない。これはセクシーなるものを性的経験の系圏へ織り込んでいることだ、とイローズたちは言う。

「見かけ appearance」(見てくれ、外見、見せかけ)ベースの「セクシー」パラダイムは、経済的有効性でもあったゆえかつては批判されていたのに、性的自律性 sexual autonomy の遂行能力によって、性的に創造的で表現的であり、知的な振る舞いであり、特別にジェンダー化されずに資本化している。これは階級や階級関係において、ジェンダー以上に性的資本が関係していることであり、性的諸経験や出会いは、現在および未来の雇用可能性においてすでに新たな次元で階級化されているのだ。わずかなある者たちは、性的能力や経験において経済的リターンを得ているのである。それは、良き、関心をもち、リスク挑戦的な、危険を恐れない「中産階級」で、個人的な交換価値を雇用市場において個人的ユニークさの意味として遂行出来る者たちである。中産階級のハビトゥスは特異性とリスクを取ることを構築しており、性的資本を雇用可能性にしている。実質と外見との関係の仕方が分離していない表出様態になっている。

伝統的に、中産階級の権威や社会的特権は、専門的配置の中で編成され再生産されていた。それが今は、安定したキャリアの道、ジョブ安全性の享受にある。雇用が不安定にあるとき、中産階級主体は、自身の内的な情感、その性的な資源をもった、能力を自らの権威として取り戻すしかないのだ。教育資格（学歴）よりも機能する。

セクシュアリティと職業的企業精神主義とのリンクに関する研究調査はまだ十分ではないが、現在の資本主義ワークは個人的自由と非疎外の形態としてエロティック化されているゆえ、労働感情のタイプは情熱的なものになり、特異性は生産様式になり自己同一性は生産諸手段となっている。セックスとセクシュアリティが、ライフスタイルのニッチ商品、改良されたスキルとテクニック、個人的コミュニケーション、良き状態への通路、創造性・経験・遂行可能な特異性の明証さ、として対象にされてきている。〔性が非関係ではなくなってきている。〕

こうした時代変異の中で、一人のセックス・ライフはその人の内部的なもの、凝集的で固定されたユニークなコア的自己 unique core self であり、セックスとセクシュアリティの遂行的理解への道を与えて、同一性が社会的に構築された流れとしている。性的同一性は、流動的なものとなってきており、性的領域は、性的快楽、同一性、経験が自己ブランド化において開かれ、自由で、力を与えられたものに関与していく地点で商品化されているのだ。ここをイローズたちは、ラディカルな性的同一性の出現によってもたらされた侵犯的潜勢力だとみなすような性的領域アプローチの次元にとどまっていてはならないとして、ネオリベラル労働力形態としてしかもそれが異なる職業的優越さとなって、「極端な自己商品化 extreme self-commodification」がなされていると捉えるべきことを主張した。そして仕事場では多様性の政策が徐々に取りこまれてはいるが、まだジェンダー規範の二元性が残存したままで社会的な差別が変わっていない現実を指摘する。性的な自己ブランド化 sexual self-branding は個人間の系圏に制限されたまま働く生活や組織環境に残っている。〔関係創成は、商品化においてだという指摘と言えよう。〕

これら四つのカテゴリーは、性行為をめぐる性的なものを論じているのではない。また、男の魅力とか女の魅力とか、スターへの憧れとか、そういう次元で働いている性的なものを論じてもいない（これは次節で論じる）。「性的なもの」の実際行為の社会的なあり方、経験、表象を明らかにしている。ジェンダーではなく、「セクシュアリティ配備 dispositif de sexualité」（フーコー）された世界を「性的資本」として論述したものだ。かつ、ブルデューの界 champ 資本の種別性に対して、性的資本は理論的な差異があると主張しているが、現象の違いを示せているだけで、理論的な差別化がなされているわけではない。だが、理論可能性を開いている。

つまり、性的資本の文化資本／象徴資本／社交資本／経済資本などがありうるセクシュアリティ配備になっている、と見てよい。性関係があるという一つの社会的仮象の創出と言える。

イローズたちの考察は事象的に明解な論理性（概念的領域を仕分けている）にあるが、まだ叙述的でしかない。限界づけてはいるが、多様な性的ヴァリエーションに対する一つの整理である。

イローズたちが示した四つの性的資本は、理論的な対象次元が違うことである。

家庭内、恋愛など、ペア想幻の場所

個人身体化されたワークのこと

身体が外界の社会的な場へと性的表象されること

社会経済的な場での性環境(労働市場における雇用可能性とセクシュアリティの関係)

である。つまり「性／セックス」の、ペア界次元、自己界次元、共界次元、社会界次元の水準が違いながら、相互交通している。

一対一のペア的な(男・女、男・男、女・女)性が、自己化される、共化される、社会化される、という雰囲気界／環境に問題配備されているが、共同的世界で起きていることだ。ペア的関係はジェンダー二元論ではない。そこに「トランス」がなされていても、基本はこの性的差異における界次元の違いが、共同界にいかに配備されるかである。もちろん、「性的差異」自体も問い返されてのことで、固定させるべきものではない。

つまり、理論的な問題次元では何も明証化されていない。外表象と内的な作用との違いや関係の場が識別されておらず、しかしロジックは概念言表とともに作用している。イローズたちは、外在的規定を資本主義構造へと折りこんで限定づけていけば理論化だとしているが、それはただのマルクス主義的還元でしかないものに滞留している。性的資本の社会経済的な表象に多分にとどまっている。もっと、本質と歴史的編制との関係において理論生産せねばならない。

性的労働と性的資本——資本と労働の分離をこえるべく

性的ワークが経済利益としての貨幣資本を、一般的労働よりも大きく生み出している、という指摘はその通りであるが、そこに「労働／ワーク」と「資本」とが分離されたままである。性的ワークが可能になるのは、性的資本が領有されているからだ。魅力であれ、活力であれ、社交性であれ、そのセクシーさの性的資本があるからこそ性的ワークは経済利益を獲得しうる。どちらが先で原因かではなく、ワークと資本とが分離していないことが要で、そこがイローズたちには捉えられていないのも「資本」概念や「剰余価値」概念が曖昧であるからだ。

ここをキャサリン・ハキムは「erotic capital」として表象的であるがとらえている(次節)。

「〈資本〉と〈労働／ワーク〉との分離」がもたらしている物事は、資本主義的生産の要になっていることへの批判考察であるが、本源的に「**資本と労働《ワーク》の非分離**」にこそ「資本」の本来の作用があり、それは文化界／環境界をとりこんでいる。資本から分離された労働／ワークは「社会」を構成して場所を消し文化を消滅させ、「賃金」を得ることでしか生存できなくなる世界を作ってきた。だが、ワーカーには自らの「資本」があるゆえ、さまざまな仕事をなしえているのであって、そこが考えられえていないまま性的資本だけがそこに配置された。この分離すれば明快になるとしている批判理論の壁を突き破らないと、資本主義ならざる〈資本経済〉は考えられない。そして、「剰余価値」概念は、根元から見直されるべき理論転移を要しているのである。

第2節

エロス的資本と魅力的な人のパワー

――ハキムによる考察から

イローズたちに先立つ二〇一一年、キャサリン・ハキムは、*Erotic Capital* を刊行した*。結構読まれたようだ。私もロンドンで、タイトルにひかれて即購入した。非常に目立つ書でもあった。

近代生活においてセクシュアリティは大きな役割をもって、身体的かつ社会的な魅力が生活局面や職業において意味をなし、成功においては、「マネー資本」をもつだけでなく、「人的資本」が教育や仕事経験から重視され、「社交資本 social capital」が友人や親族・地縁、ビジネス関係で機能し、そして第四の「エロス的資本」が美、セックス・アピール、活気さ、ファッション・スキル、チャーミングで社交的な能力、性的競争能力を結びつけて、身体的魅力と社会的魅力とがミックスされて社会で機能している。文学、大衆文化、広告に浸透し、性的エンターテイメントも拡大し、それを一部の人たちは性的自由だと歓迎し、他方、多数はしかしそれを嫌う。だが、社会的、経済的、政治的、ロマンチックな生活において適用されている「エロス的資本 erotic capital」は、セクシュアル化され個人化された近代社会においては、男にとっても女とっても、より重要でより価値あるものとなっているゆえ、他の諸資本と同様に、それを経済的・社会的過程、社会的相互行為、社会的移動において分析することが重要だ、と煽動的な「エロチック erotic」概念から、問題を初めて全面的に大胆に押し出した論述と言えよう。

だが、〈erotic capital〉を字面通りの読み方で「エロチック」と日本語で表記するのは、性愛的・肉欲的で、色欲・好色・色情など、どこか卑猥さ／淫靡なものであり、しかも蔑んだニュアンス

* Catherine Hakim, *Erotic Capital: The Power of Attraction in the Boardroom and the Bedroom* (basic Books, 2011)

をもってしまっている。知的、理性的世界とは反するものだというニュアンスだ。だがハキムの内容は全く逆で、社会的なステータスをあげていく理性的なものである。当初は扇動的な言葉でそのままでいいかと思ったが、色々と人々に話をしていくとやはり誤認の方が先に概念的に先立ってしまうので、「エロス的資本」と呼称することにする。バタイユの『エロティシズム』で思想的なニュアンスはポジティブになってはいるが、ローマ神話の「エロス(エロース)」の神は、青年さらには少年で、愛や恋を意味するが、日本語表記の「エロス」も「エロ」の方に力点が置かれ「エロ本」とか「エロい」など一般的な日常語ではマイナス・イメージの方が大きい。「エロス」も、まだ性愛的なニュアンスが強いが、生きる力、愛の力の意味合いが知的な世界では幾分拡張してはいる。次の概念説明や行論で、「性愛的資本」ではないということは示されようが、ハキムの書を論じる限りにおいては、形容詞的に「エロス的」資本として、行論において少しづつ磨き上げていかれよう。最終的には、新たな概念言表を見出していくためにも。

この書を私は最初、軽く読みながしていた。フーコー以上のセクシュアリティ論はないだろうとくくっていたのと、ブルデュー資本概念のセクシュアリティへの現象的なただの拡張である、という理解の仕方で処理していた。今回、イローズたちの「性的資本」を提示され、これは改めて確認しなおさねばならないと考えざるをえなくなった。労働面へ力点が置かれていくイローズたちに比して、フーコーの方へ近いセクシュアリティとセクシーさや欲望の諸現象への問題配置が理論可能性として潜在しているのではないか、という再考である。

微妙な際どいニュアンスが価値判断的、差別差異的にあるので注意しながら、なるべくエッセンスのみを引き出すよう問題構成していく。

エロス的資本 erotic capital の六つの要素

第一は「美 beauty」という中心的要素であるが、民族の違いがあり、また歴史上の違いもあって一概には言えない。さらに内面性だともされるが、主要には身体上の美で、偉大な美は短期的であるが世界的に価値づけられている。大きな目、大きな口、ほりの深い顔に「今」では優位性があるが、時代によって違っていく。また身体にフィットしているもの、良い姿勢、色と形の気さくな着こなし、適切なヘアスタイルとファッションなど。だが流行は変じていく。

第二は、「**性的な魅力** sexual attractiveness」で、美とは全く切り離されて区別されるのも、美は表面に示された魅力であるが、性的魅力は身体そのもの、セックス・アピールであり、前者が写真に撮られる安定したものであるのに対して、後者は「動き」であり、話し方、行動で、フィルムやビデオに撮られるもの、また直接に観察されるもの。多くの若者がセックス・アピールするが、年齢とともに消えていく。男性の女性への好み(身体的か教養的か)、女性の男性への好み(筋肉的かエレガントさか)は、それぞれ対照的な対比で、個人の好みではあるが、やはり短期的でかつ世界普遍的な価値性を持っている。

第三は、「**社会的**／**社交的** social」に定義されるもので、優雅 grace、チャーム charm、相互行為における**社交的**(**社会的**)**スキル** social skill、人々にあなたを好きにさせる能力、「気さくで幸福 ease and happy」に感じられるもの、あなたを知りたい、時に欲望する、といった社交的関係である。ある者はパワーある地位でチャームでありカリスマ的だが、そうでない人もいる。ある男女は全ての文脈において慎重な「いちゃつき flortation」を上手くなすが、他の者はそうではない、など。この社会的な社交スキルも価値である。〈social〉にはこの二つの意味がある。

第四は、「**活気さ liveliness**」。身体的適合、社会的エネルギー、良きユーモアのミックスで、他者へ向かう魅力であり、多くの文化では踊りやスポーツにおいて活気さは見られる。アスリートたちに、特別な引き寄せるものがある根拠である。

第五は、「**社会的なプレゼンテーション**」。衣装スタイル、フェース・ペイント、香水、宝石、ヘアスタイル、アクセサリーなど、その人の社会的地位や世界への関わりのスタイルを示す。君主や大統領の衣装は、権力と権威を公衆へ強調する機能であり、軍人や公人のフォーマルなユニフォームは、地位やランクや権威をしめすが、それをエロチックに感じる人たちがいる。一般人でもパーティへいくときの着飾りは見知らぬ人に自分の地位や富とともに魅力を示す。結婚式や葬式では着るものが違う。現在、セクシュアリティのディスプレイは経済的地位と同じ作用をなす。社会的表現で適切な服を切ることの能力は、魅力を高めることにある。

第六は「**セクシュアリティ**」それ自体である。性的な能力、エネルギー、エロチックな想像力、遊び上手、などであり、パートナーを性的に満足させること。性的に積極的な人たちで、多数は穏健的で少数は禁欲的な人たちという違いがある。ハキムは、これは**プラーベートな親密関係**のことで、他の五つは社会的に示されていることだと区別する。イローズたちは、そこを社会的なネオリベラルの局面だと強調するのだが、ハキム自身によってエロス的資本の社会的な有効性が示されたことを受けてのことだ。

男も女も同様に、しかし違う仕方で、これら六つの要素の組み合わせが、個々人のエロス的資本を決定していくのだ、とされた。個人的な表象に重点が置かれている。

ハキムはさらに民族文化や歴史を見ていくと、子孫を残す「生殖力の豊かさ」を第七のエロス的資本にあてているが、それは現在では重きがない、としている。

また、エロス的資本をワークにしているエンターテイメントなもの、さらに欧米での映画スターや歌手たちのエロチックなシンボルや実際の挙動、ファッションを示す。彼らはエロス的資本/性的資本において成功しているのだ。

これまで、社会現象や文化表象として取りあげられていたものをあえて「エロス的資本」だと括るのは、美学的、ビジュアル的、身体的、社会的なもののセクシュアルな魅力が社会の他のメンバーに、また相対する他者への魅力として、社会的なコンテクストになって作用しているからだ。そこで、女性は男性以上にそれを有し、また経済的/社会的/人的な資本が劣っている若者、エスニック、文化的少数者、劣位にある集団、国境を超える移民などが、エロス的資本を重要な「**資質配置（資質財）asset**」だと考えている。

エロス的資本は、現代社会でその大きな重要性と価値とを獲得している、それが他の配置と比較していかに価値化されているのかを探る、とハキムは言う。

●エロス的資本の特徴

エロス的資本は、非常に個人的なものであり、他の経済資本・文化資本・社会資本と違って、エリートや富裕者たちが独占できるものではない、また子どもの早い年齢から有し得るもので、教育を受けたり大人になってからのものではないし、制度的なもの、物体的なものでもない。エロス的資本はマネーや教育や良き人的関係などとして価値化されうるが、基本的に「**個人的配資 personal assets**」の多様なコンビネーションであり、人生を通じての個々人へ配分された決定的な資質配置＝有用財 assets、配資である。豊かな財産を持つ親であれ、生まれた子の健康や美しさやセクシーさを決定することはできないが、愛らしい衣装や作法教育を施すことはできる。つまりエロス的資本は、経済的・社会的なヒエラルキーの階級的優位性を表象しない。

エロス的資本は出生の階層や社会的な移動性や法外な富や家族に決定されない、そこから独立しているものだと、ハキムは述べる。イローズたちの配置とは逆である。

だが、他の諸資本と絡んで、エロス的資本を多く持つのは社会的に地位があり富んだ者、少ないのはそれを持たない者だというようになっていくが、それは本質的なことではない、派生的なことだとハキムは言いたいようだ。つまり、経済的、文化的、社会的な資本の高水準とリンクされるとエロス的資本は価値を強めてはきたが、それは部分的なリンクでしかない、マネーによって決定されるものではない、貨幣化されることとは別の領域であると考える。ハイ・ステータスの人たちが、最高のエロス的資本を選んでいるということであって、美とセックス・アピールが世代を超えて階級システムと通じるようになってきたことでしかない、と述べる。

成功した夫の背後には、妻の支えがあってのことで、その妻がエロス的資本を、公的な場所や外交的な社交関係で発揮しているが故になされたことだ。そこには、プライベートな生活がパブリックなパフォーマンスの部分になっている職業において起きている。エロス的資本が、ビジネスに関係づけられた社会化するパブリックなディスプレイとなってきた職業において、価値あるものになってきたからだ、と。

自分を魅力があると感じているかどうかはリサーチ測定できるが、エロス的資本を測定しうるかどうかには、もっと理論的な問題設定が要されるであろう。だが、「資本」を測定可能にしたとき、それは資本の外見の一部でしかない。ましてマネー換算で実定しうるものでもない。

エロス的資本は、パフォーマンスされるものである。女性性や男性性は、他から賞賛され羨望されるようにある芸術的な美的生産によって遂行される能力の現れである。特に、女性的美において、行動、声、マナーの女性的スタイルが再生産されるが、美は創造であり、アート・ワークであり、訓練され、学習され、そのエロス的資本を高めるようになされる。トランス・ジェンダーにおいてもホモセクシュアルにおいても、エロス的資本は発達させられ洗練され、魅力的身体が維持され、ファッションやアクセサリーなどへお金が費やされる。エロス的資本と経済資本は市場で出会わされ、雇用の力能としても排他的な競争力をもち、性的差異はエロス的資本のパフォーマンスにおいて、条件に応じた対応や拡大をなしうる。

進んだ経済においてはラグジュアリーやレジャー活動、外見、グルーミングに、より多くの消費がなされるが、エロス的資本への技術投資も増大し、美やセックスの標準もどんどん高くなっていく。魅力的な外見は年齢を超えて広がり、エロス的資本の発達と維持は生涯を通じてなされ、結婚のためだけでなく、離婚、再婚においても高められる。(二度離婚したマドンナが五〇歳になってもその年齢の半分の女性より若々しくセクシーな姿をドルチェ・ガバーナの広告で見せた、と例示している。) 女性だけでない、男の方もスタイリッシュで魅力的な外見を、他者からよく見られるために、特に女性に対してセクシーでかっこよくあろうと気づかう。お金や地位だけではない、と気づき初めているのだ。

よりよくあろうとする現れ方への挑戦に向けたのぞみは、広告におけるハンサムな男性、美しい女性のディスプレイとして使われ、美の標準の長期化をなすべく、エロス的資本の二要素

――身体的魅力とセックス・アピール――において市場で生産される。

身体改造が美の標準を受け入れるべく試みられ、魅力的外見に到達すべきテクニックが、トレーニングや美容整形や化粧などで、メディアにおいても宣伝され、望みと期待へのプレッシャーがかけられる。「もはや醜い女性はいない、怠ける女性がいるだけだ」と言われる。

家族や階級や地域に閉じていた結婚市場も、自己サービスのグローバルな出会いへと広げられ、そこではエロチックなパワーが大きな位置を占める。

知覚や判断や人への扱いにおける「魅力」は、小さなインパクトしかなかった時代から、大きな位置をしめ、賢さや能力、社会的スキルの主要な位置を占めるように七〇年代以降なってきて、良い外見good looksは人との出会いでの重要さになった。美しい魅力は、社会スキルの現れであり、より知的であること、そしてより良い仕事に就ける、ということだ。

以上が、ハキムの書、第1章の要点である。

「魅力さattractiveness」「魅力attraction」を、ハキムは「エロス的資本」としている。そしてそれは、「身体的魅力physical attractiveness」であるだけでなく「社交的魅力social attractiveness」であるとし、他者に知覚され、判断され、扱われる、情感的なものであることを示した。女性だけでなく、男性にも同様に求められているもので、性的であるより、魅力的という状態が優位にされているゆえ、「性的」資本とはせずに「エロチック」資本としたようだが、心的・内的な構造ではなく外在的表象を主にとらえている。女性の方に多くが被せられる傾向が指摘されている。生涯にわたって生活や仕事において、あらゆる局面で作用しているポジティブな作用として配置されている、と言ってよい。そして「個人的な資質＝有用財」であると、〈assets〉の概念を使う。資質であり、有用な財であり、その自己表現の力である。「配資」と言表しよう。

そこで、第２章では、「男と女の間の差異」として「欲望の政治」が論じられ、３章でエロス的資本が抑圧される否定的状態が批判考証される。

欲望の政治

「欲望の政治」として取り上げられていることは、性生活における性交の回数から見られる物事で、セクシュアリティの問題からはずれている。良き生活の判断規準において、性の比重は大きくないとか、女性よりも男の方が性的欲望が強いとか、婚姻生活で男性は性的に満たされていないとか、女性は外見を飾ることに関心の度合いが強いとか、などによって性的差異が説明される。欲望が性欲へ還元され、性回数が性生活であるとされるなど、正直、まだこれほど稚拙な次元に性に関する考察はとどまっていたのかという類のものでしかない。性やセクシュアリティは、性交の問題だけではないが、幻想の問題だけでもない。「欲望」も性欲だけの問題ではない、「他者性」や「主体性＝従体性」や享楽に関わる。

フロイトがなぜあえて「リビドー」なる概念を構成し、またラカンが欲望とは「大文字他者の欲望」だなどとあえて強調し、ドゥルーズ／ガタリが欲望は身体器官の外部にあるなどと言ったりするのか、「欲望の主体化（従体化）」（フーコー）という「セクシュアリテ配備」の歴史的編制とともに考えていかねばならない。ハキムのこの測定可能な性の考察はあまりに素朴すぎる。

男女の性的差異が構成されるのが、「欲望の政治」であるというのがハキムの見解ではある。

日常生活でのエロス的資本

姉妹で同じ境遇で同様に親から愛され学歴もほぼ同じ、家庭からの援助も同じなのに、「外見、パーソナリティ、スタイル」が違い、痩せているか太っているか、着る服の好みも違い、友達との付き合いも違う、その結果、成人になってからの生活状態が異なってくる。子どもの頃からの「美しさ」の違いが、平均的かそれ以上かの違いで、それを生み出していく。美、セックス・アピール、適合と活気、社交的スキル、セクシュアリティ、自己表示のスキル、といった六つのエロス的資本が異なっているからだ、とハキムは説く。見かけは、全ての人が容易に捉えることができ、現実世界で否応なく機能する。

学歴がなくとも、エロス的資本を磨き上げれば、インテリジェンスも身体とともに自分で鍛えられ魅力的な人物となりうる、というのがハキムで、生物的な決定のことではない。社会的エチケットや良いマナー、カラー・コーディネート、ドレス・スタイルなど本から学べて、美しい振る舞いをなしうる。適切な努力をすればいい、と。ただ、魅力の利益は子ども時代から始まっていると、指摘しているだけだ。魅力的でない幼児は、どこでも可愛がられる魅力的な幼児よりももっと努力と発展を期待されてしまうことになるとも言う。そこに、ある差別見解が入り混んでいるにしてもエンピリカルな調査は、その事実を示している。

魅力的であるとは、何を指しているのか。温かく陽気(冷たく暗い)、美人・ハンサム(醜い)、フレンドリー、自己表示力、社交的、積極的、上手なファッション、上品、説得力がある、オープンで、自己確信がある、リーダーシップ、チャーミング、知性がある、聡明、勇敢、笑顔があるなど二分対比的に「魅力がある」ことと「魅力がない」ことが、社会規制されている。それを「資本」化するとは、差別することではなく、日常の生活で自分技術を磨き上げていくアクティビティにおいて考えパフォーマンスしていくことだ、とされている。

エロス的資本のビジネス価値と生活価値

身体的・社交的な魅力は、エキスパート、知識、経験の価値をスペシャリストの領域で示し、雇用や給与にまで関わり、エロス的資本としての「**美の優位性** beauty premium」は、フェアではない差別的なものとして不幸にも作用しがちにあるが、それでも労働市場においては価値あるものとされ、自己表現は衣装に現れるし、遂行の社交的スキルを示し、社会的な暮らしにフィットするものとして現れる。しかも、女性と男性とでは、その価値づけが違ってくる。

良き外見(見かけ) good looks は、例えば弁護士において、裁判で有利に働き、顧客の信頼度を得ることになり、収入が上がってくる。マネジメントや専門職において良き見かけは明らかに優位な効果を出している。魅力と能力との間に関係がないにもかかわらず、エロス的資本は、労働市場において雇用を強化するものとして働いている。

魅力的な外見と社交マナーがある者たちは、それがない人よりも雇用可能性が遥かに大きいゆえ、人々はそこに関心をもち自分を磨き上げる。一九八〇年代よりも、現在はそれが増加している。十八歳から三十歳の若者においても、人的資本(文化資本)の知的能力よりも、身体的魅力の方への関心が高まっている。この美の優位性は、知性や社会階級や自己確信の差異ではない。しかも、女性よりも男性の雇用の方に重きが置かれている。魅力的であること、背が高いことが関わっているが、太っているかどうかはそんなに関係していない、と統計では示されている(p.169)。

現代経済では、物との接触よりも他の人たちとの接触が多くなり、日々のワークにおいて社会的スキルが本質的な位置を閉めるようになってきた。コンピュータに向かい合っていても、人との接触・交通となっている。社内の同僚との会話の気さくさやフレンドリーでチャーミングで協同的な配慮は、大事な位置を占めてきている。とくに、管理者や監督者にとって大きい。エロス的資本が、日本語のいうエロチックなものと矮小化されると、性的ハラスメントが派生してしまう。それは、社会的スキルや知的資本が貧相であることからまき起こされるもので、エロス的資本が低いことを意味する。

シンプルな笑顔、丁寧な言葉遣い、リラックスした雰囲気、柔和な振る舞いなど、顧客の受け入れ、対応で、重要な社会的スキルを要される——私はこれを「ホスピタリティ・オペレーション」としているものだが、ハキムは社交的(社会的)スキルだと概念化している。良きスマイルが大きな助けになるのは、政治家であれTVのプレゼンターであれ、同じである。(p.172)

ハキムはノルベルト・エリアスの宮廷マナーと文明化の理論からそれをエロス的資本へと組み込んだ。自己コントロール、エモーション・マネジメント、社交性の諸規則、この自己意識的な自覚は、慣習化されてプライベートな生活に染み込んでいるが、礼儀正しさ、チャーム、良きマナーの社会的相互行為のスキルはエロス的資本のエッセンスである。(p.173)

笑顔は、エモーショナルなワークである。それを多くの女性がになっているが、疎外され、価値を貶められている。感情労働が、男性よりも女性に負わされている。Arlie Hochschild がその批判を記したのは一九八三年であった**。だがハキムは、一概にそうとは言えないと主張する。今

* エリアス『宮廷生活』、『文明化の過程』(共に法政大学出版局)
** A.R.Hochschild, *The Managed Heart*, University of california Press, 1983(2003).

やストレスなしにキャビン・クルーは乗客と接するスキルを身につけており、高度なソフィスティケーションをもって遂行しえていると。作り笑顔をなす必要がなくなった水準での笑顔である。

良きマナーがなされている実例として日本が挙げられているが、学校生活を通して同じ価値の下での道徳的訓練、態度、行動規範がなされチームワークがよくとれ、公的な場面での現れ方に情感的な自己コントロールがなされ、過ちがなされたなら討議され分析され、礼儀正しさへと収束されていく、教養化された文化にあると——しかし、これらは、制度化された訓練としての自分技術の喪失、規範従属の他律依存の根源として、私には観察されるマイナスの躾であるのだが・・・・自律性のマナーへと自分技術を取り戻してのことと解したい。

社交的スキル social skills は見えないため、その価値が了解されていないが、ハイレベルのスキル化されたエモーション・マネジメントであり、よりフレキシブルでソフィスケートされた社会スキルとより大きな自己コントロールが求められる。自律／他律のバランスの取れた「社交的なもの」と、規範束縛の「社会的なもの」とを識別しないと誤る。社会的規範を社交的に自分技術で使いうると解したい。

衣装コード dress codes は、仕事場において規制される。職種や業態によって異なるが、一般的には仕事場ではエロス的資本は抑えられるが、男のグレーのスーツ、ネクタイ、などの画一性、またユニフォームの統一などで、制限される。他方、逆に、ホテル受付やキャビン・クルーなどでは上品なエロス的資本が要され、またクラブやカジノでは、エロス的資本の露出がなされる。冷たい従属の制服に対して、制服デザインのエレガントさが重視される。支配者は良い質の衣装を要求される、とマキャベリは述べていた。女性は男性よりも多様な衣装のコントロールが要され、イブニング・ドレス、レッド・カーペットではエロス資本は自己表現マターとして品評さえされる。仕事場におけるエロス資本のディスプレイでは、人びとが思っているよりもソフィスケートされたものを要請しているのだ。

プライベートなセクターでは、パブリックなセクターよりもエロス的資本が自由に機能している。官僚世界、役所では華麗な衣装は着られない。スマートに着こなし、姿勢をまっすぐ伸ばし、より笑顔でいることは、人々からの受けがいい。社会科学的な批判思考は、差別やフェアでないと美や外観による判断を否定するが、エロス的資本は、そうしたバイアスではない、とハキムは主張する。社会設計は「プライベートなもの」をプライバシーへ押し込め社会場で作用しないようにするが、パブリックな表出はプライベートさを尊重し活かす――このパブリックとソーシャルとの原理差異はハキムには認識されていない。

背が高い者は、背が低い者や平均的な背の人よりも、子どもの頃から優位性をもって対処させられていることは、ほとんど自覚されていないが、世界的にエロス資本が高く経済的利益があるものとして作用しているとハキムは指摘する。しかも、それはフェアな認知で、差別的なものとして批判されない。美の評価はまちまちになるが、背の高低は明白だと言う。美しい者は**名士 celebrities**（名声、有名人、セレブ）となることができ、名声はマネーを生み出す。映画スター、歌手、スポーツのスター、またモデルや政治家が名声を得る。ハキムは、マドンナ、タイガー・ウッズ、ビヨンセ、エリザベス・テーラー、ジョージ・クルーニー、シュワルツネッガー、クリントン大統領、レーガンなどをあげている。香水、デザイン服、アクセサリー、化粧品、ヘア製品などの広告に、これらのエロス的資本を使っていると示す。

こうした現象の列記は、論理的なものではないが、今まで気づかずにいた現代のエロス的資本の現れとして概括され、マネーに結ぶつくものと見出された「身体的魅力／社交的魅力」の現れである。年代的には一九八〇年代以降と設定されている。一種の消費社会的表象であるが、企業リーダーにも求められるものであり、また広く労働市場における雇用可能性や給与の高さへ関与することとして示されている。政治家や軍人にも求められる。

だがエロス的資本の外見は、ルッキズム lookism を招き入れる。容貌差別だ。心的な醜形恐怖症・拒食症を招いてもいる。宗教的・人種的差別も絡む。男バイアス、エリートバイアスをハキムは指摘しながらエロス的資本を抑圧してきた〈lookism〉として3章で批判している。註

我々は現実社会でたくさんの競争の場に置かれるが、勝者は一人の優勝者になる。モーター・レースやミス・ユニバース、最優秀俳優、そして大企業の社長、大統領、などなど（p.187-8）。高

註 ルッキズムは美と性、より一般的にはエロス的資本へのピューリタン的なアングロ・サクソンを保護している。それはある者の外見を社会から葬り、効果的にエロス的資本の価値を不法なものに作り出す。権利を父権的イデオロギーの罠に陥れる、とハキムは批判する(p.79)。ルッキズムがエロス的資本を機能障害させているのであり、表層的な差別批判は事実と根拠を見ていないで、父権・男偏見のイデオロギーを批判へ使っているだけだ、という立場と言えるが、差別作用がどうして働くかの理論解析はなされていない。

いエロス的資本はマージナルな優越性を職場や公的生活でえる。エロス的資本はビジネス価値を高めている。「勝者は一者である」ことの効果であるが、〈一〉なるものの存在は、ここでは何もまだ解明されていない。勝者の背後には無数の敗者が作られる。つまり「エロス的資本」は、卓越性から唯一性への外的資本形成をもって、他なるものへの資本シニフィアンを働かせているのだが、社会界配置において負の作用（差別・偏見）を逆生産もしていることは考えねばならない。

エロス的資本のパワー

チャーミングな生活をしている者は、魅惑的でポジティブな個性を持っている。自分に自信をもち社交的である。そこに、エロス的資本が社会的＝社交的相互関係において役割を果たしている、というのがハキムの主張である。

エロス的資本 erotic capital ―「ＥＣ」と略する―は、身体的魅力と社交的魅力のコンビネーションである。それはプライベートな生活、仕事場、公的領域のあらゆる活動において、生涯時間において継続され、諸利益を生涯時間にわたってもたらす。美しい子どもは、良き社交的スキルを早い時期から育み、より知的で、聡明になるよう仮定される。

ＥＣは、経済資本（マネーが語るもの）、人的資本（何を知っているか）、社会資本（誰を知っているか）と並んでいる個人的に配置された有用物（資質財）prsonal asset であるが、他の資本と違ってゆりかご時代から始まっており、生涯のあらゆるステージにおいて見えにくいインパクトであるが、根深いものである。

ＥＣはまた、複雑な個人的配資assets(資質)であり、美、性的アピール、社交的スキル、チャームさ、カリスマ性、衣装や外見の自己表現のスキル、フィットネス、活気さ、そして成人の私的生活における性的パフォーマンス、生殖、といったたくさんの局面facetsからなる。(P.189-190)

魅惑的な人物とは、友人、恋人、仲間、常連客、顧客、ファン、追随者、支援者、スポンサーなどを引き寄せる。

ハキムは、「男の赤字male deficit」という言い方で、男は自分が得たものより多くのセックスを求め、性的な不満足にいつもある、と設定している。性欲の赤字状態だ。女性は、母親業もあって男より性的欲望はないが。魅力的であろうとするのは男よりも強いのは、見られるのを意識しているからだ、といささか時代表層的な見解を述べるが、男セクシュアリティは価値がなく、男のエロチック・パワーは女性のＥＣよりも低価値にあるのは、多くの女性は性的欲望によって揺れ動かないからだ、と説く。そしてほとんどの男は自分の性的赤字が結婚によって永久的に完全に解決されると思っている。

商業的な性産業は、男赤字があることによって、商品の欠乏として男たちを市場価格へと巻き込み、女性のＥＣが高くなるほど価格が高くなる、という状態で機能させている。そこで女性は他の職業よりも、高い報酬を得ることができる。男の性赤字が、女性のＥＣの交換価値をより高いレベルへと押し上げている。これが広告やエンターテイメント、商業的性産業においてハッキリ見える。男がセックスにお金を払う、そして女性は何処でも男より高いＥＣを有している。父権的考えをもった男は、女性のＥＣを低いレベルに置いて、それは世界の自然的なもので男が支払う必要はないとし、仕事場ではそれを切り離させ、プライベートな異性愛関係を支配する。この古臭い考えは、もう市場経済においても仕事場においても、機能しない。

ＥＣは豊かな近代社会において、その重要さを増している。

セクシュアリティとマネーのもつれをほどくことはできない、マネーと愛もだ、とハキムは言う (p.195)。「性的経済 sexual economics」を《sexonomics》とハキムは呼んで、セクシュアリティは本質的に雌的資源であり、雄セックス male sex 赤字に負っている、そして女性は男性よりもエロス的資本を大きく有しており、雌的セクシュアリティの価値はより増大する。性的な出会いは通常、女性によって決定され常に交換され、男性は女性に物質的贈り物をあげ、尊重し考慮し、関係を持つようにし、性的アクセスのための返礼にさまざまなサービスをなす。エロス的資本は優れた良き状態であり、より金持ちになれば、それをもっと多く求め、それを持つためにより多くを支払う、と説く。

長期的な結婚市場と束の間の性関係であるスポット市場とがあり、男の赤字が後者において埋め合わされるが、それを満たすのは女性のセクシュアリティとエロス的資本であり、直接的でキャッシュで支払われ、通常の労働より遥かに大きな収入になる。

などなど、いろんな諸現象や実例が列記されるのだが、社会スキルとしてのエロス的資本と性的なサービス・ワークとが混在しているのは、イローズたちが「性的資本」として概念化した次元が識別なく羅列状態にあるからだ。人や文化の数ほど性現象はあるということであって、論点がはっきりしない。ハキム自身、愛、世話、愛情、マネー、時間、努力などにおいてプライベートな生活と家庭生活との内部の諸交換がクリアに認識されていないからだ、と述べている。商業的な性的サービスとプライベートな性的関係とが安易に比較されるが、その異なる二つの市場活動があるのは事実だ、とも述べる。若者たちの一夜の関係などは、何も調査されていないとも。

エロス的資本の理論的な可能条件

性的現象をただエロス的資本だと述べていても意味ない。概念的に把握するには、身体的魅力と社交的魅力を自らのエロスとして自己性において社会的諸関係において表現する力能、としておけばいいぐらいのことしか、ここでは述べられていない。そこに、男性的なものと女性的なものとでの違いが歴史文化的に構成される。マクロレベルで、政府や国際機関、大企業などで男支配がなされているが、個々人の男にその権能が与えられているわけではないし、プライベートな関係においては女のエロス的資本の方が男よりも高い。こうした事実を踏まえながらセクシュアリティを一般的に考えるのではなく、個人的アセットのエロス的資本として自己性の性的表現として考察する、ということだ。ＥＣとして「assets」が、ハキムの概念空間に配置されている。教育的資格能力がなくとも、エロス的資本によって経済的にも成功しうるのは、個人的〈assets〉が資本作用しているからだ、というロジックである。個人の失敗と成功とにおいてエロス的資本は大きな作用をなしている。ここをもう少し追求しよう。

性的資本とエロス的資本の違いにおける理論的問題設定の開け

洗練された女性は、好きなように生き、自分の個性を持って、自分の態度を持って、喧騒から離れ、卑屈にならず、他人からの肯定を必要とせず、他人の目も気にせず、自分の心を直視し、自分を堅持し、定義されずに生きている。そのように勇敢に どんな年齢でも、自分の心に従って、輝かしい生活をして、自分のペースで、一歩一歩、生命の内面の豊かさと気高さに向かっている。それを、なぜ、性的資本だとかエロス的資本だと言わねばならなかったのか、個人資本や自己資本としなかったのはなぜか？　セクシーさなるものが大きな作用をなしているからだ。

概念を中性化せず、性的差異とその表出を考慮に入れ、かつ男女の本質存在の社会的・歴史的な現れ方を「セックスとセクシュアリティ」から捉えていく。それによって、実は、《享楽

joyfulness》の次元が経済的・社会的な局面において考察されているのである。だが、イローズにもハキムにも「享楽」次元からの考察がなされていない。

「エロス的資本」は、性的欲望、性欲、性交というエロス面を表象把握している傾向にある。だが、「性関係はない」と編制されている社会的な表象世界において性現象の関係を取り上げていく。現象の指摘、つまりは性現象の羅列は理論ではない。つまり仮象であって存在ではない。想像界の社会表象であって現実界の複雑さではない。ここがハキムの限界である。性的現象として意味されたものがいかに社会及び自分の生活に意味するものを作用させて価値を作っているかが示されているが、なぜそうなるのかは何にも語られていない。

「性的資本」の方は性的ワークの面に軸がある。「性関係がある」という次元から問題が設定されて、「性関係がない社会世界」にセクシュアリティが作用していく様態を問題にしていく。エロス的資本がシニフィエを論述していたのに対して、経済作用が性的資本のシニフィエによって構成されている界を論述している。ともに「シニフィエ」としての資本表象作用だ。

この二つはどちらも、社会的な場面や文脈における性表象の役割を重視するが、そこは性的現象であるのに「性関係はない」としている社会面をはさんで、鏡像対照的な「対象」を考察しているとみなされる。しかも、「エロス的資本」「性的資本」における《資本シニフィアン》はまったく概念配備されていないゆえ、「資本の作用」が表象でしか論じられないことになっている。

個人資本の構成

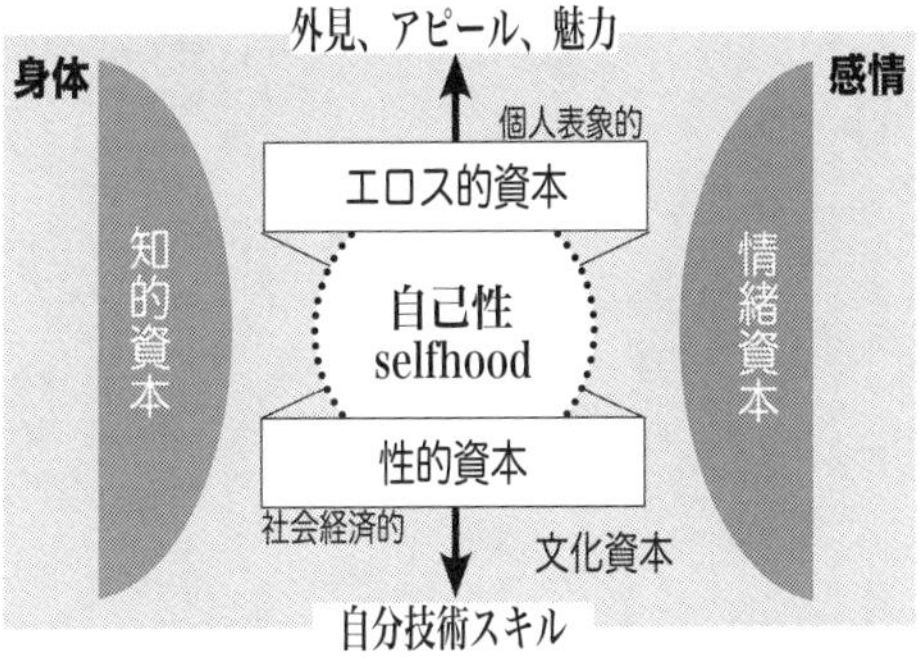

私は、「自己性」をはさんで、「エロス的資本」と「性的資本」とが対応的に配置されており、それを「知的資本と情緒資本」による「自分―他者」の関係における表出表象と上図のように配置した。これらが、どのように相互関係しているのかを明らかにしていかねばならないのが理論生産となる。

●「性関係はない」ということの二つの面

「性関係はない」ということは、ラカン的な本質面での問題と父権制的社会面での問題との双方に関わる。ここの混同を回避していく上で「性的資本」の理論概念は大きな役割をはたす。イローズとハキムを対比的に考察したのは、どちらも暗黙の「考えられえていない」世界を孕んでいるからで、エロス的資本というセンセーショナルな用語ではなく、より本源的な「エロス資本」と言い換えうる領域を別次元に考え出すことが意味あるものとなり、性的資本におけるエネルギー的な作用資本として配置換えできるのではないか。

これは、いかなる理論的なシニフィアンをまだつかんでいないか、が問題に乗せられている。つまり、性現象が社会的な影響を作用させていることと、性現象に社会的作用が組みこまれていることとが、理論的に混在したままなのだ。それは「性事幻」(性想幻と性的事柄の相互構造)と社会事幻＝共事幻との次元の差異を識別関係できていないのを示している。つまり、個人や家族＝性世界をいくつも集めたところで「社会」となるわけではない本質次元が考えられ得ていない。個人が家族の中で誕生し社会世界へと成長していくという連続性でしか考えられていないことで、個人事幻さえもが混在させられている。欲望と社会との関係、労働と社会との関係が、性主体と労働主体として個人において表象的に分節化されているだけにとどまっている。性関係＝生殖の労働によって子供＝生産物が生産される、という馬鹿馬鹿しい「タダモノ」論ほど落下してはいないが、そこへ繋がってしまうような「労働就職」への経済還元論がちらついている。「生産」概念世界へ還元される言説に対して理論的に格闘したフーコー思考の意味がしっかり踏まえられていないで、シニフィエ成果だけを使うからそうなってしまう。

「性関係はない」という歴史的・社会的な規制様態は、社会生活の場面において性関係が表立って出現するのを回避して、私的領域へ押しこめているのをまず示している。学校に性関係はない、会社に性関係はない、役所に性関係はない、など、社会的空間においては性関係の露出が抑制されている。この社会的な局面において、イローズ／カプランもハキムも、性現象がいかに表象されているかの仮象的関係を示したのだ。性関係はないが、セクシー表象、性別関係はある。次に、男女間で、恋愛関係で、夫婦関係で、いわば「親密性」の関係において、「性関係はない」という日常生活的表象における本質的局面がある。それは、性関係だけではない、他の関係世界が多様にあるという、性の汎用化への批判的な制限づけである。親と子の性関係の心的構成をフロイトは説いたが、その性的還元は全てではないという批判見解だ。

この共事幻と対事幻の双方の根源において、「性関係はない」という次元 dimention を〈享楽〉と「欲望」との関係において把捉せねばならない理論的問題が未踏のままになっている。その課題を残したまの水準で、エロス的資本・性的資本と自己性の関係表象を、まずはおさえておかねばならない。

実在しないものとしての性的関係を補填するのは、ランガージュではなく「愛」である、とラカンは言った。愛するところでは欲望しない、欲望するところでは愛していない、のだと。

●エロス的資本/性的資本と自己性

後期近代のネオリベラリズム、感情資本主義の社会において、エロス的資本/性的資本は個々人の自己性に関与している。自己性が、セックス/セクシュアリティにおいて表現されているのだ。二人のロマンチック・ラブが、「自由愛 liberty love」として個人主義・プライバシー・核家族の社会文化的現象として見られる。そこにおいて、自分のビジュアル、外見において、オンライン上で「ベスト・セルフ」がプレゼンされる。そして、「ボディー自由 body freedom」が、商品文化の中でかっこいい身体として形成される。恋人同志が消費商品を愉しむとき、性的・エロチックな商品を情感的に快楽している。ドライブや映画館、レストラン、ダンスホール、ディスコ、ライブ、そして旅行・ホテルなどで。

ここで領有されるエロス的資本／性的資本は、自己確信をともなった「高尚な生活 lived high」の価値ある実際行為となっているだけでない、雇用可能性・ビジネスにまで関係しているということが、イローズ、ハキムたちによって示された。

性現象関係はある、だが、性関係はない。ここに潜在している理論課題が実は性的資本のシニフィアンの場所である。それが二〇世紀に経済マターとなったのである。

性の経済は、慎重に考察せねばならない。そこは、イリイチの「経済セックス economic sex」概念の批判的再考を経てのルービンの「性的トラフィック sexual traffic」世界を再考していくことが要される。基本はきちんとおさえていかないと、恣意性に戯れるのが思考だと足をすくわれる。性的ワークは、性交・性欲を売って経済利益をえるという表層の問題にはなく、情動・情感・感情が作用し、「性的資本」を考えることは「労働」それ自体も感情・情感・情動が大きく作用していることを考え直すことをうながす。労働力交換だけが経済世界ではないということへの批判考証である。生存経済に性的資本は大きな作用をなしているゆえ、商品経済においてそれが開花的に作用していくことになる。広義の経済こそが経済なのであって、経済学的経済は大学人言説が作ったただの経済主義(測定・観察可能な数値への経済還元)でしかない。

【中間統括：問題構成Ｉ】

資本としての「性」の基本構成配置：思考の場所と無定義の理論概念

資本は経済マターだけのことではない。社会における作用＝働きであり、個人の振る舞いに内在していることであり、セクシュアリティに関わり、心的、身体的なものであり、文化的な作用をなしている。外在表象的なエロス的資本の六つの要素は、「生きる＝エロス」の根源的な活力・魅力であると言える「美・チャーミング・活力」であり、その表象のエレガンス・優雅・上品・カリスマといった魅力のことである。これを性的資本を実際に稼働させる元エネルギー＝エロス資本と内在的なものへと配置換えしたい。シニフィエではなく資本シニフィアンとして構成配置したい。それは欲動の現れであると言えるからだ。エロス資本は、母に関係する男の子／女の子の「性化 sexuation」に働き、かつ享楽と欲望の分離に関わる性的資本を動かす配備にある。エロス資本 eros-capital が、エロス的資本へと個人表象していくはるか根源にあるのだ。〈性的なもの〉を指示する、またそこから表出されるものをめぐる言表は、トーラスの面上に

1図：思考の場所

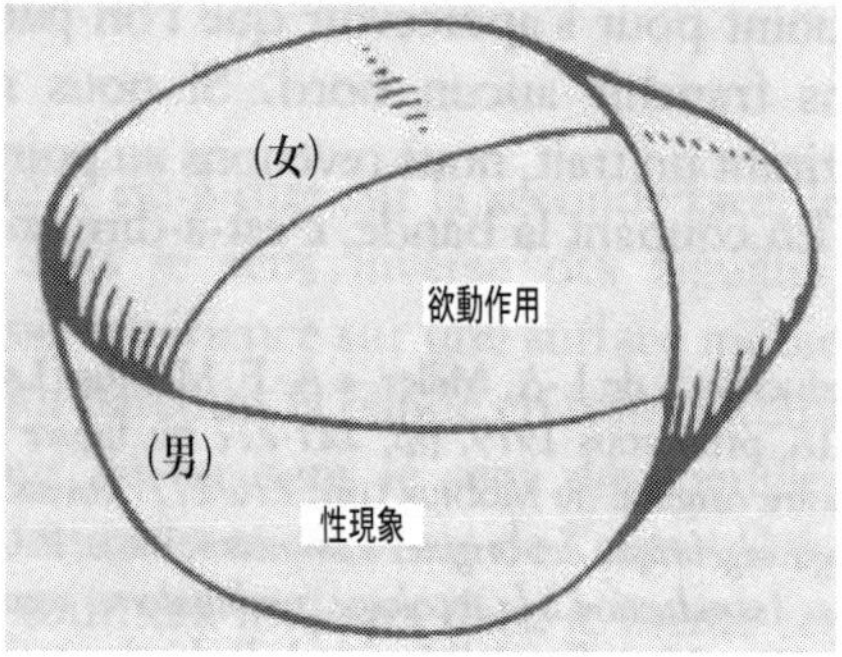

あるようなもので、固定概念化できない。ここを理論配置する上で、まず性現象はメビウスの面にあると位置づけたい(1図)。表にも裏にもある、つまり表も裏もない面上のどこにでもある〈点のない線〉という配置だ。二分化配置の思考を超える思考空間である。帯の縁によってえぐられた穴＝空は〈欲動 pulsion〉の作用の場所である。性現象と記されたところでの性的なものを語っていたとすると、別の現象が裏面にあるとされるが、実は同一面上にあるということだ。

次に、トーラスの空間で、浮き輪状の三つの円に「エロス資本」「性的資本」が配備されるとしたい(2図)。輪切りの面の身体的魅力は消去不能なエロス資本から規定されているもので、個々人の性化によって多様である。浮き輪の中の穴の開いた円も消去不能で、それは心的欲望としての性的資本と配備したい。そして表面上の多様な円は社会的魅力として現れるエロス的資本で消去可能なものである。

個人はこの浮き輪に乗っていないと、沈没してしまうと比喩化する。

思考の場をこのように規制的に配備しておかないと、諸概念や諸言表を暗黙の平面図の中で関係づけてしまい、あっちへ行ったりこっちへ行ったりと、現象の了解に収拾がつかなくなる。思考のファンダメンタルな規制的前提としたい。無定義の概念作用である！

●ラカンのトポロジーに関しては以下の書を。

Jeanne Granon-Lafont, *La Topologie ordinaire de Jacques Lacan*(Point Hors Ligne, 1985)

Marc Darmon, *Essais sur la Topologie Lacanienne*(Editions de l'Association Lacanienne Internationale, 2004)

Ellie Ragland & Dragan Milovanovic(eds.), *Lacan: Topologically Speaking* (Other Press, 2004)

Alain Cochet, *Lacan géomètre* (Anthropos, 1998)

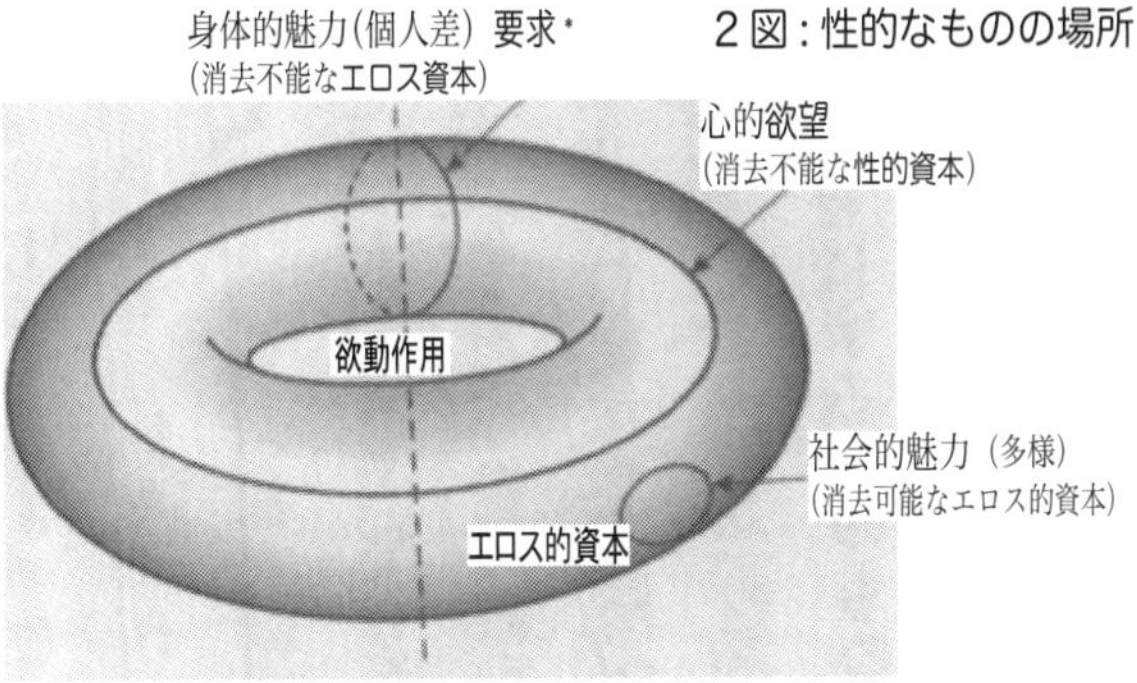

２図：性的なものの場所

性的資本とは、これらの総体である。**性的現実** la réalité sexuelle **を動かしているシニフィアン**だ。それが論述されるにはまだまだ道をへていかねばならない。使うトポロジーは理論ではなく思考ツールである。

エロス資本／性的資本と欲望

魅力的でありたいということは願望ないし羨望であって、根元的には一種の分析的な「要求」である。ハキムは階級的、個人環境的にエロス的資本が規定されているかのように配置しているが、それは「要求」されたことであって欲望でもない。良き「見かけ feinte」でありたいというのは、欲望次元ではない。ましてや性欲でもない。

欲求／要求／欲望をラカンがなぜ識別したのか？

「諸欲求(必要)besoin が人間をシニフィアンへとむける要求 demand の中に自己疎外するときに、想像的に欲望 désir が生まれる」。欲望は、欲求の生物学的領域との内在的な関係、そして要求の言語学的領域との内在的な関係によって定義された。

この理論的言説の次元において、エロス的資本の概念空間の表層

* この円は内側の縁を螺旋的に回転し続けていくと考えること。ここで示したことは、実は性的資本とエロス資本とが永久に交じり合わないということだ。だがエロス的資本は、エロス資本と常に接しており、性的資本とは外側の表面では接しているような仮象をなすが、実際は接していない。「要求界が性的現実と結び合う場所としての欲望」である。トーラスを平たくつぶした平板がメビウスの帯になる（L'étourdit)。そこに切れ目を入れて造られるもので、片方を 180° 捻って貼り合わせるのではない。

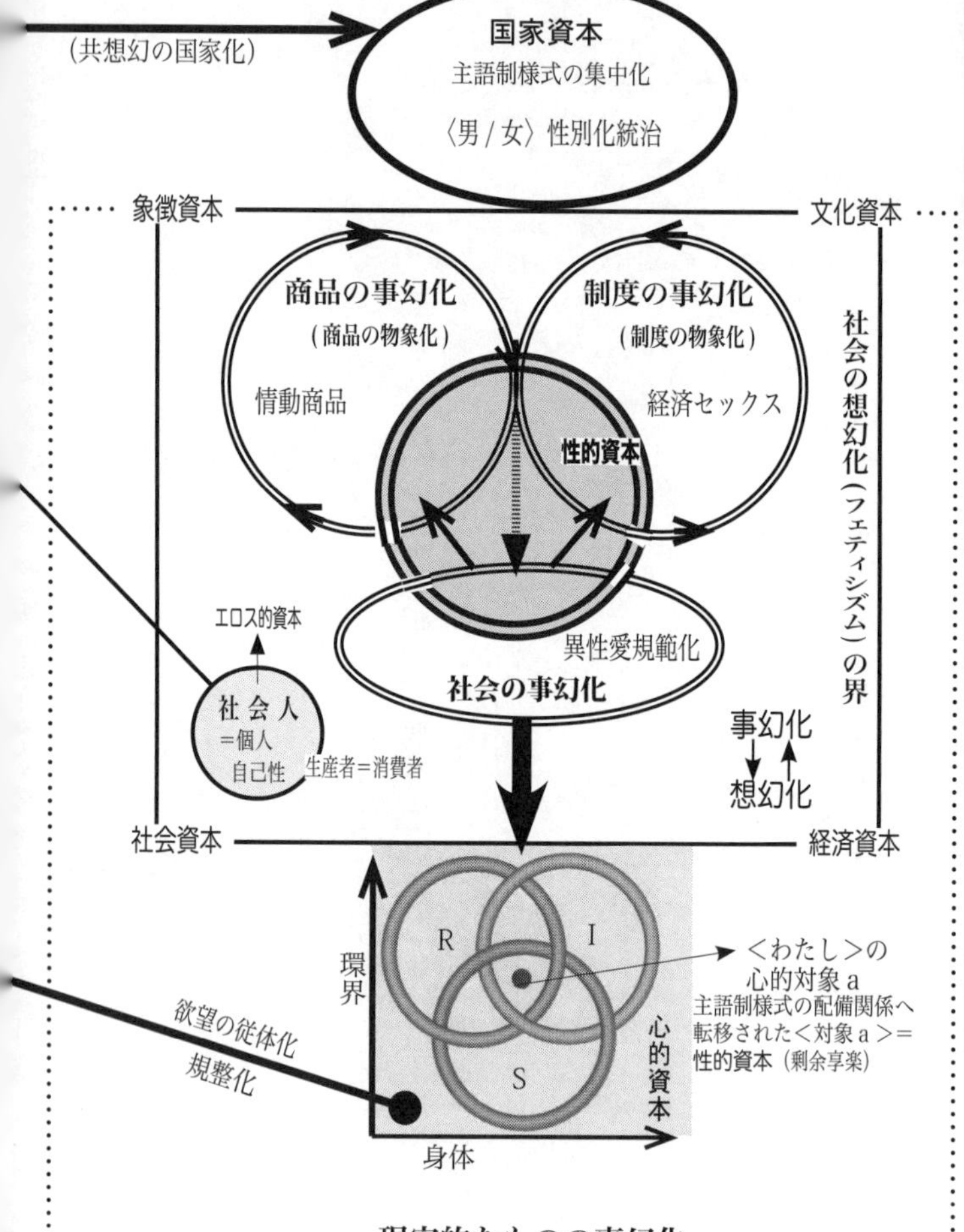

『物象化論と資本パワー』369 頁、より修正

4 図：社会的空間における性的資本

『国家と再認・誤認する私の日常：ラカン理論の社会科学的活用』(64-5 頁から) を修正。

† 「幻想」は「想幻」へと転じている。

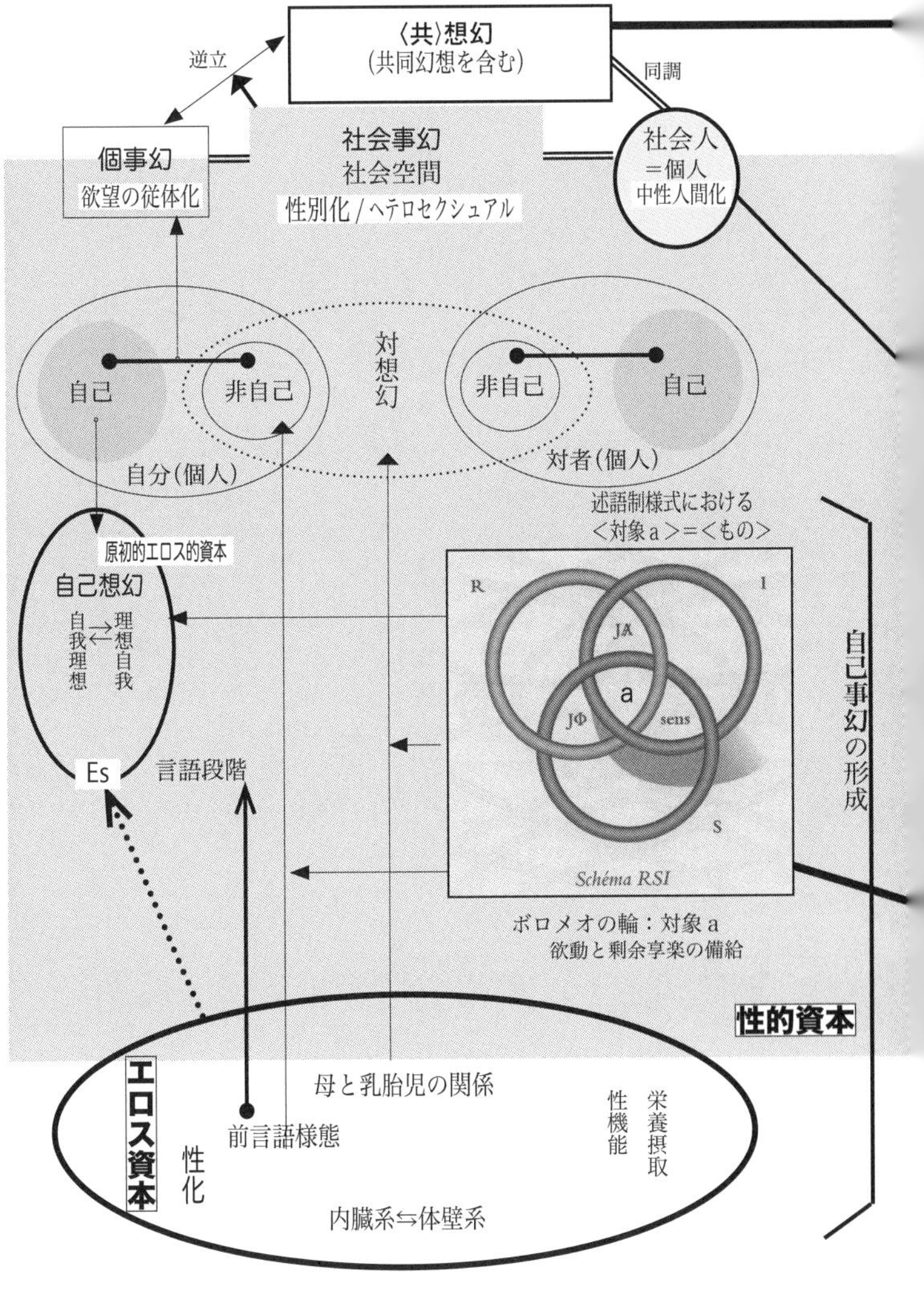

3図:事幻と心的装置の草稿的布置における性的資本

『吉本隆明と『共同幻想論』』(421 頁から)、を修正

性はシニフィエだけのマターであって意味生成の意味をもたない。ここに「エロス資本」と欲望と性的資本の関係を明証しておく必要が提起されている。

ラカン理論を活用した私の欲望構造の理論体系(『国家と再認・誤認する私の日常：ラカン理論の社会科学的活用』)は、エロス資本／性的資本の概念空間が暗黙のままで、まだ論明されていなかった。その書の64-65頁の左の構図は、エロス資本／性的資本の配置であったのだ(本書前頁3図。『吉本隆明と「共同幻想論」』421頁にも収録)。4図では、社会空間において、「商品／制度／社会」の物象化に対して「性的資本」が作用していることを補完した。つまり、性別化と経済セックス化を性的資本が産出しているのだ(3節・4節にて論じる)。国家資本なるものは、古代神話から統治技術において男女別＝性別化の神を配置しているが、近代国家において異性愛化を規範化した。そして、同書77頁のボロメオの輪の資本の輪への転用において、この転移・転用を可能にしているものは、双方の「穴」に作用しているエロス資本／性的資本であるゆえ、転移可能になっているということだ(5図)。これは、対象aの位置に配置されるのを示している。国家統治的な社会秩序は、性的資本を核にして、その作用を統治に活用しているのである。註

そして前掲書140頁の相互構成図において、心的次元(心的事幻)と欲望次元(欲望事幻)とを、また欲望次元と統一的な辞元(社会事幻)との相互性を可能にしている意味作用はエロス資本／性的資本である、ということになる(次々頁6図)。構造は要素間の関係であり、関係変化する。

註 トポロジーが適切に理解されて構造論的考察に適用されているか否かという批判や容認が数学の方からなされたりしているが、マテームと言語とは場所、次元が違う。無意味な「保証」だ。数学上の定義の真偽ではない。心的なことと社会的なこととの関係を考察する時、トポロジー的ツールが思考技術に使える意味があるのであって、「資本主義はクラインの壺のようだ」なる、隠喩的な愚行を避けるためにトポロジーをシニフィアン作用に使うことである。トポロジーは構造におけるガイドではない、構造を問題にできるようにする配置である。

5図：ボロメオの輪における性的資本

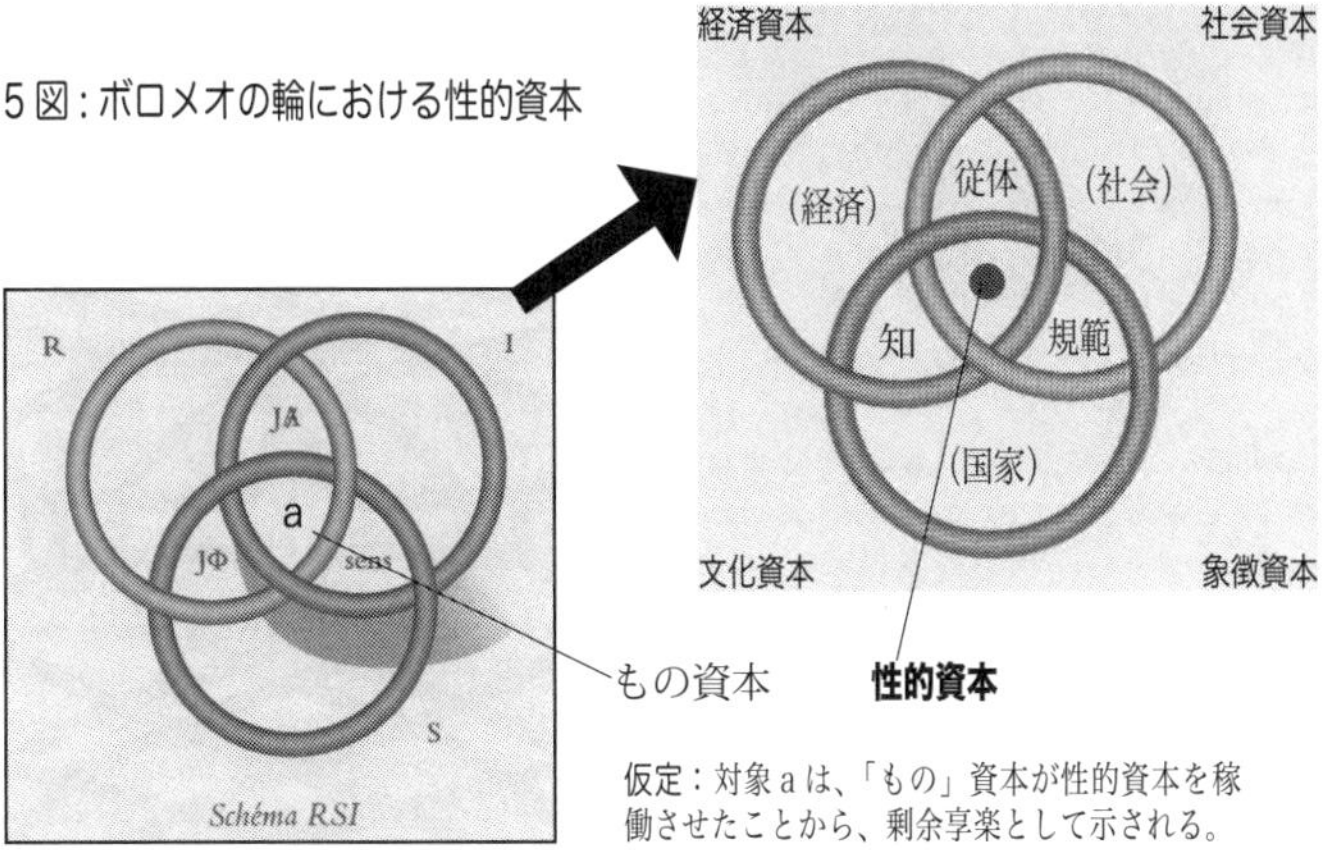

仮定：対象 a は、「もの」資本が性的資本を稼働させたことから、剰余享楽として示される。

これらの図示が全体的な配置であり、行論にて再考されていく。つまり私は、イローズやハキムたちのシニフィエとしてのエロス的資本／性的資本を、シニフィアンとしてのそれへすでに自覚なく暗黙に必然的に転移していたのだ。いわゆるフロイトの文化論は、ここが暗黙知の次元になってしまっていながら論じられたものであるため、奇妙な文化論になっていると言える。

これらを明らかにしていくのが、私の「資本論」の一連の考察になる。先は長いが、基本的な問題構成を図示再録し、「性的資本」をこれらに配備しておいた。性的資本による規制化である。そして意味作用を固定してはならない。

6図の「〈辞〉元」とは、詞の言表によって規制されるのではなく、「述辞」の表出事幻によって、心的なものが自己性と環界との間でシニフィアン作用する界のことである。「男」「女」の詞言表ではなく、男「〈に〉なる」、男「〈で〉ある」、ということの「辞」作用であり、ヘテロセクシャルな社会では、

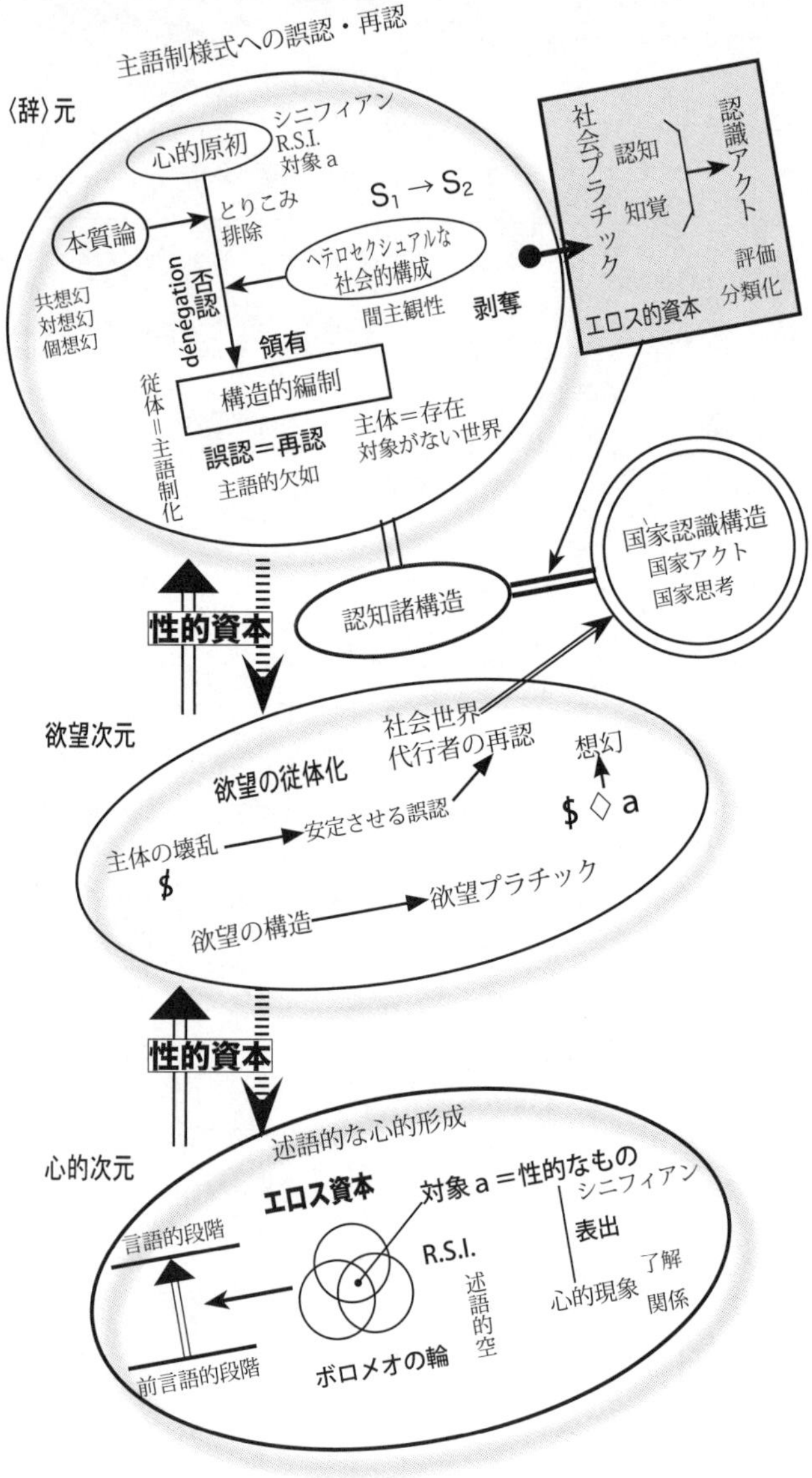

6図：欲望の構図における性的資本
『国家と再認・誤認する私の日常：ラカン理論の社会科学的活用』140頁から

そのシニフィアンS_1から、女「〈は〉いない」というS_2が関係づけられていく。男「〈を〉持つ」／女「〈を〉持つ」とジェンダー配備へ性別配置されていく(「心的次元」でのエロス資本では逆)。神話生成の統治秩序において、男女神への性別化は、支配統治編制の要であるのだが、非性別の「神」(古事記では御中主神)がそれ以前の主神として遡及的に配置されるのだが、性別化が「知る」＝統治秩序化することを示すためである。近代は神の代わりに「人間」＝中性化を配備して、そのもとで男女性別化を統治的になしている。性的資本は、「次元」の転移において作用しているシニフィアンであるのだ。胎児・乳幼児において「性化」されたものを、統治空間において「性別化」していくために、学校過程(教育作用)での中性化が媒介的に要されるのは、存在を秩序化していくためである。そこで、性的資本が統御されていないと秩序に混乱が生じる。

　これらの図示は、考えるための手引きであって、シニフィアンの作用として思考してほしい。シニフィエに画定され固定されるものではない。近代思考を反転させせないと過つ※。

　フーコーの言う《欲望従体化》は、セクシュアリティ配備として歴史的な大転換であった、ということ。「欲望機能は従体におけるシニフィアン効果の最終的残滓」(ラカン)であるとなる。「自分技術」と「社会の国家化／国家の社会化」との関係構成の機軸になったのである。それは、欲望を個人従体化した性的資本の働きによってである。その結果、社会空間で「エロス的資本」が表象実際的に作用しえているが、矮小なものとしてながらも、ハキムが示したように大きな作用

※「従体」を＜主＞であるかのように転じるのが主語制言語の言語資本作用である。欲望の性的資本がそこには作用していると考えられる。実際は従属化であるのに、主であるかのように仮象させる。鏡像をみながら身づくろいするのだ（エロス的資本を働かす）。他者からの作用による従体化であるゆえ$となる。主体が炸裂させられるのではない、炸裂されいる「無い sujet」となる。文字通りの＜従 sub- ＞体である。

のように仮象する。欲望は、性別化において主に作用する構造になっているのは、享楽から欲望が分離され欲望の従体化が快楽の活用として倫理的実質をもって機能しているからである。

資本と労働の分離における**剰余価値**生産は、享楽と欲望の分離による**剰余享楽**の流出と同質の関係作用になっているのも、ラカンはマルクスを読み込んでいることからなされたからだ。ここはおって明らかにされていこう。ラカンにもマルクスにもフーコーにも〈主〉体などない、《従》体である。

さらにエロス的資本のポジティブな働きかけは、性的資本を組み替える効果さえなす。それを可能にするのが、別次元の知的資本と情緒資本の高度さである。構造化された構造は「構造化する構造」としてシニフィアン作用しうるのである。これも行論にて明らかになっていこう。

心的な構造構成は「享楽」「欲望」の識別論理をもって考えねばならないないが(5節)、心的構造と社会的編制とは相互に考察せねばならない。「自分」は心的リビドー享楽と社会的に編制された欲望構造との双方の諸関係においてワークし遊び「生きている」のであるから別々の世界ではない。性的資本は、その相互関係をつかんでいける概念である。

最後に付け加えておくが、女性のエロティシズムについて、イリガライたちは、オス／男性的セクシュアリティを遥かに超えて、トータルな身体感覚から、無限で動く複雑性であり、男女の二元体に制限された論理主義を超えて開かれ描かれうると主張している*。ハキムのような現象にとどまるものではない、非常に暴力的で、侵犯的で、オープンで、運命的で、男たちがまだ発見していない、恐るべき危険なものでさえある、と Xavière Gauthier は言っていた**。

* Kelly Ives, *Cixous,Irigaray, Kristeva: The Jouissance of French Feminism* (1998), (Crescent moon, 2013) より。

** Xaviere Gauthier, 'Pourquoi Sorcieres?'(1976), in Ellaine Marks & Isabelle de Courtivron(eds.), *New French Feminisms: an Anthology* (Harvester Wheatsheaf, 1981)

第3節

経済セックスと性的資本の〈性〉政治経済

性的資本とエロス的資本の考察をふまえて、すでに私が論じていた「経済セックス」の理論＊を再吟味していこう。産業社会は、伝統的なジェンダー体制から性別をなくす中性人間化を通じて、その上で社会経済に役立つセックスの性別化を別次元へと構成する。

経済セックス economic sex は、二つの次元から考察された。

第一の系は、シャドウ・ワーク Shadow work と賃労働という社会的労働の分業編制である。特に、主婦の支払われない家事労働と主夫の支払われている賃労働とのジェンダー的二元性に立脚したままの労働の性的分業である。家事女／賃労働男への経済セックス化である。

第二の系は、学校化の教育制度における制度生産としての個人の経済セックス化としてである。ここには、「ジェンダーからのセックスの離床」という文化的再生産が組み入れられている。子どもは、男の子／女の子の差異を無くした平等・対等の「中性人間」へと経済セックス形成される。第一の系への下ごしらえだ。労働市場へ、「中性的」労働力を所有している「賃労働者」となるべく、「生産者の生産」が経済セックス化としてなされ、労働力を売り渡して給与をえて生活する「社会人間」となるべく「良き訓練」をされる。女性も、とりあえず、結婚するまで賃労働へ就職する。

第一の系と第二の系は、賃労働者の再生産過程を基軸として結びついている。それは生産物の生産・再生産の経済過程と異なる〈生産者の生産・再生産〉の系圏 realm である。

ここに、性的資本の概念空間を組み込んで理論生産をなすことになる。

＊山本哲士『消費のメタファー：男と女の政治経済批判』(冬樹社、1983)
山本哲士編『経済セックスとジェンダー』(新評論、1983)

そのとき、フーコーの〈欲望の従体化〉というセクシュアリティの領域が媒介になる。これらの諸概念の理論化を再構成することだ。

初源的な配置の再言述化が要されるゆえ、問題構成の配置換えをなしていこう。

経済セックスのズレ現象

西欧的な伝統世界ではセクシュアリティは宗教によって形づくられてきたが、後期近代ではそれは経済に巻き込まれている。イローズたちが示したのは、そこには、セックスが性的活動性の彼岸に編制されていくという傾向がくみいれられていることだ。正確に言うと、セックスとセクシュアリティの新たな関係世界が構成される、という問題域だ。

後期近代では、宗教的な文化差異を超えて、セクシュアリティに関連するアイデンティティの局面において、感情的エネルギーが性的自己を構築し強化し、性的資本がマネー、時間、知識に投資されていることから派生している物事が多々なされる。顔や身体に対して外科手術をなし、美を改造してセクシーないし魅力として作り上げる。他者からの視線を意識しているが、それよりむしろ自己確信を形成すべく、自己の自己への充足として自己快楽の最大化をなしている。イローズたちは、「他者による欲望の存在感情」であると説くが、そうではない。他者の欲望を拒否した自己の享楽(正確には剰余享楽)としてそれはなされている。

自称二億円を身体改造に投資したという知人Vは明言したが、純潔性の感覚をもって地上にない唯一のセクシー身体を自分による自分へ、人形のような美として自らの身体に構築するのを生きがいにしている。冗談に宇宙人と互いに呼び合っているが、実際現実の情感や意識や身体から離床したものとして、視えない大文字他者を感知しながらしかし自身の考えを固有に領有することにおいて、私の思考的存在と気が合い相互交換できるからおもしろい。「終わらないのが終わりだ」という哲学をもっている。これは社会の場にはないが、しかし社会場に生存するゆえ経済規定をそこから受けてはいる。その YOUTUBE での視聴は277万回を超えているよう、多くから観られてはいる。つまり他方では、消費的ポピュラーなセックス・コミュニティがウェッブ上で作られ、性的従体性が確定的なものになっている。こちらの方は「他者の欲望」の閾にある。だが、彼女自身には主体化＝従体化された性的欲望はない、「他者の欲望」のファルス閾が転じられている。非常に純で素直な人柄だ。これはイローズの第三カテゴリーに属す性的資本であるが、他のカテゴリーの性的資本を同時に領有している。不履行の純潔性、身体のセクシュアリティ化、身体表象のセクシュアリティ化、そして雇用可能性(世界から取材にくる、モデル仕事につける、美の性的表象の指導をするなど)と望ましい姿になる享楽可能性を欲望を超えた次元でリンクさせている。

この諸現象は、性欲の充足の次元にないし、いわゆる結婚市場から離脱した次元にある。さらに労働の経済市場でもない。しかし施術提供側にたてば、ビジネスが経済的に成り立っている。整形外科手術の医師たちは、通常の医療的医師に比してはるかに大きな利益をえている。

既存の思考形式では、この対象を正鵠に捉えて説明することができない。言えることは、ヴァニラ氏は経済セックス化される産業的様態を自己確立として拒否していないことが確かである。

つまり、社会編制として機軸に規制機能している経済セックス化を促進する性的資本とそれを拒否する性的資本とがともに機能作用しているという水準だ。これは大学知の経済タームだけでは解き明かせない。情動的な身体生産がセクシュアルになされている。

市場とセクシュアリティ

経済セックスの問題構成は、経済市場と制度市場に配置されていた。だがイローズたちは、別な次元で市場が開かれていることを明らかにした。

ドン・ファンは、当時の既存の婚姻市場に対して、女性に対する支配として、男性性のセクシュアリティの次元を開いたが、父権主義の枠内で規範を揺さぶったにすぎない。そこでは女性がキリスト教の理念に固定された純潔性の支配に統治されたままでいた。ドン・ファンから透けて見える当時の市場に対して、性的資本は規範と禁忌を喪失させられてセクシュアリティの非身体性が増大して経済界へと規制化されていく。セクシュアリティは経済戦略によって構造化されて、経済的優位性を熱望し、経済領域自体のキイとなって、ネオリベラル文化において組織される。(Illouz/Kaplan, p.4-6)

そこに、「セックスと資本主義」の間の関係について三つの論点が示される。

①ジェンダー不均衡を纏い直すセックス

②性的市民 sexual citizenship のためのプラットフォームとしての諸々の性的アイデンティティ
③性的商品化 sexual commodification ないしセクシュアリティのマネー化　（同、p.6）

①で、すでに前節で論じたハキムをイローズたちは評価している。労働市場や親密性の諸関係において女性がエロス的資本を個人的アセットとして使っていることだ。エロス的資本は、「美しさ」、セックス・アピール、活気 liveliness を、上手な服装、チャーミング、社交的スキル、性的能力と結びつける、身体的誘惑性と社会的誘惑性の混合である。それが、より良い仕事を得ること、親密な諸関係でのより良い分配の駆け引きに資本化されえていく。現実的で力ある社会的現実性となるが、女性身体の活用、開発、陳列をなす諸産業と関連し、個人へ分与されたセクシュアリティが経済的配置となってきたのを意味する。

そこに対するイローズ／カプランの「性的資本」からの批判的見解が二点出される。それが、②③に関係していくのだが、セクシュアリティが資本へと変容されていくのを明白なこととしてしまって、なぜ魅力的誘惑が多様な社会的分野において資本として機能可能にする役割を果たすのかをハキムは問うていない。また、性的資本は女性に帰属していると前提にし、身体を通して、セックスのステレオタイプ、女性が支配されている多様な仕方を受容し強化すると、ハキムは自然化してしまっている。セクシュアリティが資本形式であるというなら、それは男による女への支配を維持する諸々の帰属として使っている事になるのを、ハキムは問うていない。つまり、セクシュアリティとは異性愛的関係性であって、ワークが資本家的生産者がなすものであることに帰属している。だがハキムは、生物的男性の肉欲を女は自分の優位性のために使うことができる、それを自然なことだと仮定している。性的目的のための女性の使用、自らのセクシュアリティの女性自身による使用は、父権制の抑圧形式の一部であってきたことを明白だとしてしまって、その転覆はなされないとしているようだ、と批判する。

つまり意味されたことを事実としてしまい、その構成根拠を問わず、さらにその活用は法的・経済的剥奪をもたらすのに、女性の優位性だとしてしまうことへの批判だ。

すると、「性的資本」は女性を強くするものだという軽薄な見解を生み出していく。それに対して、イローズたちは、性的資本は、性について書かれたものや不名誉な二重標準《ダブルスタンダード》(男性に対して女性より寛大であるように設けられた性道徳規準)のジェンダー化された本性の永続化を転換できないと仮定し、また家事労働の分割や労働現場のダイナミックさ、社会の端から端までの〈sex-gender〉構造を組織化しているジェンダーとセクシュアリティの中心的役割を変容できない、と批判主張する。(同、p.8-9)

この、微差的な見解の相違は、資本をポジティブにみるかネガティブにしか観ないかの対立として常に、資本にまとわりついている亡霊のようなものなのだが、可能態としての〈資本〉を配置するとき、その外在規制世界をクリティカルにしっかり観ておかねばならないことを、私たちへ突きつけている。ハキムはエロス的資本をポジティブに見ているが、イローズたちは否定的に見ている。「資本」を可能状態と見るか、否定的作用と見るか。資本が曖昧だとこれが派生する。

イローズを、所詮、「支配されている」ことを主張するマルクス主義だと言わざるをえないのだが、しかし、資本主義を新たな概念をもって批判的に掘り下げていく考察は無視できない。それが、先の②③をめぐる理論的考察である。

性的市民性 sexual citizenship

②は聞き慣れない用語である。それは性的少数者たちを含みこむ政治的・社会的闘争において広く考えられた概念だが、性的権利付与(表現自由、身体的自律性、制度的包含を含む)や性的責任性(他者を搾取しない抑圧しない)に対するジェンダー化された、身体化された、空間化された諸要求のことだ。欧米では一般化している用語らしいが、日本ではほんの最近、性の多様性に対して差別をしないという中途半端な法案で論議されたが、核心は触れないよう誤魔化されている、そこに関わるものと言えよう。
しかし、個人ではなく、全人口に関わることとして、性暴力、性的合意、セックス・ワーカーの権利などが考えられることだ。性的少数者たちによって主張される法的平等を越えて、イローズたちは「ネオリベラルな性的資本 neoliberal sexual capital」の概念としてここを考えていく。

新自由資本主義と性的市民性との関係はなんであるのか、だ。

だが、ここでの政治的論議は、お決まりのように、少数者と多数者との相互関係において、少数者の権利主張が多数者の既存世界に取りこまれるだけだとか、新たな新自由の構造を実定化していくだけだとか、という批判を含んで政治的態度と政治的制度とをミックスした思考の実践・闘争への解釈の仕方の不毛さに落ちこむ。理論解析と理論効果とがウロボロス的に円環する次元から脱することができないとき、資本や場所の新たな概念を社会=国家の概念から切り離して転じていかないと、創造的生産にならないケースである。

ゆえ、性的寛容さが民主主義の近代国家レベルやグローバル・ビジネスの開放性を標式評価することになっているぐらいの理解で、ここは通り抜けたい。性的多様性や性的少数者の強化は資本の利益を隠すだけだ、と言ったところで何の意味もない。

回避しているのではなく、マルクス主義的実践思考の政治論議に付き合いたくない。場所に立脚した統治技術のこと以外に、私はまったく関心はない。そしてイローズたちに場所概念がない、と批判するのもまた意味がない。性的な包含が、市場を規定していることは受けとめておくことで十分である。性的自由の可能性が、ネオリベラルの合理性を唯一のコモンセンスにしていく、というとき、市場と政治的自由との相互交換性が、すでにネオリベラルの合理性が自由の意味を変貌させているのを見落とすことになる、ということであるが、こういう論法はどこの局面にも当てはまる。プーチンが、ウクライナのテロリズムを防ぎ撲滅するため侵攻するのだ、と戦争テロをなす論法と同じである。正統性の正当化をめぐる政治的論議は、実践マターのことであって、学者言説の客観化の妥当性の問題ではない。サルトルのメルロ＝ポンティ批判がその類であった(支配＝敵を批判する俺を批判するお前は敵と同一化している)。イローズたちが文献にあげている多様な論考のおしゃべりが氾濫しているだけだ。既存考察をきちんと踏まえているぞという、学者地位を守るアリバイ作りでしかないと私は言う。Sorry!

性に関する市民性のことで、市民性が性的であるということではなさそうだが、西欧的言語の形容詞の曖昧さが現れている用語だ、「市民性の性的局面への姿勢」と解しておけばいいだろう。

性的商品化 sexual commodification/commodification of sex

③のこれは、1節で観たように学びとりたい対象概念であるが、「ネオリベラル資本」概念へ還元はしたくないのも、労働市場の変貌に関する理論効果のことでしかないからだ。

消費者文化論の不十分さを深めてくれる次元で了解していこう。

セクシュアリティが消費される五つの主要な市場がある。

(i)セックス化された肉体的身体 corporeal bodies の市場：セックス・ツーリズム

(ii)性的表象の市場：ポルノグラフィーなど

(iii)セックス化された諸技術の市場：バイアグラなど
(iv)セックス化された物の市場：セックス人形、性器具など
(v)関係市場：タントラ教のワークショップ、誘惑コミュニティーなど（同、p.16）

ライフスタイルへ入りこむ多様な物事であるが、こうした諸現象の考証は本質的ではないものの、実際に性産業は巨大化し、利益を出し、企業歳入や国民経済を助長しているのが実状である（ポルノ産業はインターネットへ参入しデジタル資本主義へ統合されている）。

「セックスの商品化」と「文化のセックス化」の二つは、社会におけるセックスの経済的役割を考察せねばならない次元にある、ということだ。それは性的な物・商品よりも、性主体＝性従体とアクチュアルな性的経験と性的相互行為に関与している、とイローズたちは強調する。つまり、性の浸透的で可視的なこと、豊富で接近可能なことのため、個人の自由freedomと真正性のリベラルな理念に絡んでいるゆえ、極端な商品化は、性的資本が自己へ価値を付加する異なる能力の複雑システムを定めていくことになっている。自己への価値づけを増すのに、市場での価値を増すのに、セックスが使われうるという状態だ。ここをイローズたちは、資本主義はいかに異性愛規範やジェンダー化された性的叙述・小説を再生産しているかという問いではなく、再生産する資本主義への寄与を生成しているネオリベラルなセクシュアリティと性的資本はいかなる仕方でなしているか、と問いを反転させた。（同、p.17-18）

彼女らが歴史的に時代画定するのは、一九八〇年代からで、同じ物の大量生産ではなく、さまざまな特異性＝単一性の経済パワーが、社会論理として生活自体へ資本主義が入りこみ、日常生活へ資本主義は吸い込まれ、全ての特異性を飲みこんだ。その結果、生活がワークになり、ワークにおける特異性の新たな社会論理を制定し再生産する鍵にセックスがなってきた、というのだ。セックスはそれ自体において目的となって、出産、快楽の最大化、親密性の維持がなされ、固有の価値とユニークさに置かれ、魅力化、喚起、熱狂、平穏な満足といった強い感情を常に伴っている。性的商品は、情動的商品でもある。使用価値次元に変貌が起きている。

つまり、セックスは性欲望自体のことではなく、社会的な責任を個人的に高度に果たしていく上で、自己価値を市場において示していくときの、身体における生きる経験、感情の持ち方・表し方、真正の自己といった表現を決めるものに配置されている、ということだ。セックスは自己の豊かな価値 self-worth、快活さ、適合性において決定的な位置を占めるものとなって、感情的かつ性的な配置換え disposition が、自身を仕事場で決定づけていく上で重要な役割を果たしているということだ。働く者たちの雇用性においてそれは機能しているゆえ、性的資本の不平等な分配が階級の階層化の再生産のファクターにもなっている、というのがイローズたちの主張になる。

テレビCMで、身体を訓練し見違えるようなスマートな体になったという誇示は、性的魅力の対象というより、自らへ向けて魅力や活力をましただけでなく、自分自身の調整において責任を最後まで果たし得るということを、社会の場においても示していくということになっている。自信にもなっていく。これは、自律的技術の取り戻しと言えるのか?! 微妙な分水嶺的な位置にある。新たな主体化＝従体化の分かれ目が、身体のセクシュアルな様態において起きている。

性的な、感覚／反応／感情／身体／アイデンティティ／言説／関係性／商品を資本のタームで考えることは、ネオリベラル資本主義の下での性的生活と社会生活とのニュアンスや矛盾を明らかにすることになる、というのは確かである。直接的には性的商品や性的サービスの形態において、間接的には出会いの実際行為を通じてまた主体＝従体や主体性＝従体性を創造することによって、セックスが経済資本をいかに生産するかが明らかにされることだ。他律依存における自律力の領有が、真の自己技術へと形成されうるのか否か、そこに「性的資本」の配備がなされてきている。

しかしながら、そこには理論的に不十分な論点があり、十分に理論継承的に拾い出されていない。そこに隠れている潜在している問題が、性的資本と経済セックスとの関係である。経済《エコノミー》と性《セックス》との関係への批判考察である。

つまり、労働雇用の面と消費生活の面との混融がなされていることの根拠に、性的資本の働きがあることが明証に配置されていない。その根拠は、資本概念が曖昧なままだからだ。性的資本は労働と消費との距離をなくしている作用である。どうしてか？ だ。

経済セックスの社会編制と性的資本

イローズたちの資本主義考察は、資本主義をネオリベラル資本主義として新たに再実定化しているにすぎない。そこに性的資本の果たす役割を幾分ポジティブに設定しながら、しかし大枠では資本を悪として配置して、資本主義の支配に寄与するためだという批判考察を深めているにすぎない。資本や権力を可能態として観ていないのだ。権力＝パワーとは良きであろうと悪しきであろうと、それを可能にしている作用である。さらにジェンダー様態での不均衡とセックス化された不平等とを同配置してしまっている。ジェンダー次元とそこから離床されたセックス次元とは位相が異なる。マルクス主義論者たちによるイリイチ無視は欧米でも強固であるのだが、自分たちの思考に都合が悪くなるためだ。家事労働はそのままの批判概念でおいておきたいゆえ、シャドウ・ワーク概念を持ち込まないし、制度化されたアクトの分析は制度主義に重ねられて無視され、経済分析優位を保持している。そこに、フーコー言説のマルクス主義的範疇への還元とブルデューの表層的部分理解(つまみ食い)が重ねられる。そこには、理論生産の深化はなされない。「悪しき」資本主義への批判が重ねられていくだけにとどまる。

しかし、〈性的資本〉の概念は理論的に鍛えられうる。有効な概念である。

一九八三年時点ですでに私が明らかにした理論配置をまずおさらいしておこう。＊

* Ivan Illich, *Shadow Work* (Marion Boyars, 1981)
—, *Gender* (Marion Boyars,, 1983)

これは二つの領域系次元で、分断されていた領域を統合したものである。一つは、生産領域と消費領域、もう一つは経済領域と制度領域である。この二つは交叉する。それを、現時点で図示しておく。

経済セックスとは、ジェンダー文化から切り離されて、産業社会において〈中性的人間〉として経済配置された行為者である。つまり、この図は、「生産物の生産」の領域ではなく、「生産者の生産=再生産」の領域である。しかも、それは制度過程においてなされていることで、経済生産の局面においてなされていることではない。生産者の生産=再生産である生産諸関係の再生産は経済次元ではないとアルチュセールでさえ示しえたことだ。制度過程で生産形成されたことが、経済過程へ投入されることではある。社会的再生産と文化的再生産としてブルデューがここを取り出した。そこで具体的には学校制度において諸個人の経済セックス化がなされて、

労働市場へ投げ出され、社会空間において工場と家庭に経済セックスが割り振られていく。

社会的労働は、生産労働とサービス労働とシャドウ・ワークの三つから編制されている。この「シャドウ・ワーク」の概念域がマルクス主義的考察に欠落している。サービス次元も欠落。

生産労働は、原料を生産物へと加工生産する。この生産物は使用価値を有しているが、交換価値として市場へ「商品」として売り出される。商品は価値形態として、生産過程、流通・分配過程、消費過程を規定していく。この経済の生産過程・再生産過程をいかに見直していくかが要されているのである。つまり、商品生産を可能にしている制度過程があるということだ。

サービス労働の対象は「人」である。医療サービスの対象は「患者」、教育サービスの対象は「生徒」、輸送サービスの対象は「乗客」(通学者・通勤者・旅行者など)、社会エージェントとしての人である。そこで提供されているサービス商品は、「治療/教育/速度」である。他の諸々のサービス業は、同じワーク形態になっている。ホテルは、宿泊客に「宿泊」サービス商品を供し、レストランは食事客に料理だけでない料理サービスを提供している。そして、サービスを受ける者は既存の経済タームでは「消費者」とされてきたが、そうではない、「シャドウ・ワーク」をなしているのだ。しかも、支払われるのではなく自分の方から支払って。患者・生徒・乗客は「シャドウ・ワーク」をなして、サービス価値を形成していく。医師・教師・運転手のワークからだけではない、受け手もワークしている！そこに家事労働とされた、主に女性へ課せられた「掃除・洗濯・料理・

（裁縫）」の支払われない特殊なシャドウ・ワークがある。夫や子どもを世話《ケア》するワークである。シャドウ・ワークは、サービスの受け手の領域と、女性に性的に割り当てられた「家事労働」の領域との二つからなる。ここが、イリイチにおいてはまだ理論生産されていない、指摘だけで終わっていたため無視される結果を招いた。

社会的労働は、生産労働／サービス労働／シャドウ・ワークの三領域から構成されている。この三つの協業なくして産業社会経済は成り立たない！　工場・企業と社会制度機関と家庭である。そして、経済セックスは、家庭の構造において〈賃労働男と家事女と生徒子ども〉の三つのワーク従体から成り立っている。そして、家事女ワーク＝シャドウ・ワークは、夫の賃労働と子どものシャドウ・ワーク、つまり生産経済と制度サービス経済とを社会的に支えているのだ。

私が図式化したのが次の構図である。消費行為は生産ワークであるのだ。

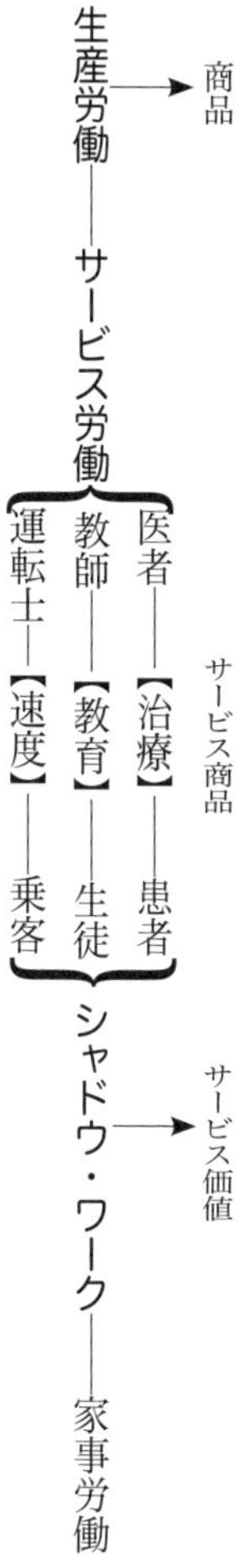

この産業的労働の社会分業に対して、以下のように補充したい。

中性人間化＝ユニセックス化

医者――【治療】――患者

生産労働――サービス労働｛教師――【教育】――生徒｝シャドウ・ワーク――家事労働

運転士―【速度】――乗客

賃労働男　　　　　　　　　　　　　　　　家事女

性的資本の作用（性別化、欲望化）

これが暗示していることは、真ん中の〈サービス労働―シャドウ・ワーク〉が経済セックス化を遂行していることによって、性的関係がないとされていることだ。この経済セックス化に作用しているのは産業的な「性的資本」である。ユニセックス化によって中性人間化し、その上で性別化の可能状態を再配備する「性的資本」の作用である。賃労働女も家事男も個々のケースにおいては存在しえているが、社会的編制は「賃労働男＋家事女」の結婚＝結合関係（性別化された異性愛編制）に配備されている。性別化の定義が時代変容しようが労働形態は変じていない（172頁註）。

産業社会体制の産業的生産様式は、産業サービス制度を編制することによって、賃労働の「社会」秩序を安定化させてきた。これは社会主義体制でも同じである。資本主義体制と限定する粗野な理論からは捉えられていない次元であり、ただサービス産業が肥大化している指摘のままにとどまっている。サービスは中性化の性的作用である。この「中性化」に潜んでいる性別化が性的資本の効果(秩序統治)であるのだ。それは、欲望の人間化＝従体化を含んでいる(実定化する)。

ここで、語られながら論じられ切れていなかったのが、経済セックスなる概念領域に、性的領域が十分に組み入れられていなかったことであるのだが、ユニセックスとしての「セックス化」が中性人間を単位的に個人化すべく機能していたことをもっと前面へと押し出すことである。さらに、感情労働や感情商品化の情感・感性・情緒の領域にも関わっていることを把捉することである。子どもはとくに、ただ学科能力を教育されているだけではない、身体訓練に加えて情感・感情の躾も、性的な躾も実際にはなされている。従順な労働主体＝従体になるということは、感情・精神の心的訓練を、欲望の従体化／性別化とともに受容しているのだ。それは、認知構造や意識構造の形成にとどまっていない。特に、性的領域において禁止事項を規範領有し、欲望の主体化＝従体化を自己性において形成し、性別行動をなすことを訓練されている。つまり、暗黙の教育学的な性的資本が機能させられている。イローズたちは、カレッジでの性的なひっかけを論じているが、学校教育でのシャドウ・ワークに性的躾が含みこまれて植樹されているのを論じえていない。それは性教育だけにとどまってはいない心身の躾＝ディシプリンである。

「生産者の生産」は「経済セックス者の生産」である。それは社会的労働の分業をになっている諸個人の社会エージェント化である。そこにおいて、「ジェンダー体制からのセックスの離床」と「セクシュアリティからのセックスの離床」(欲望主体化＝従体化)の二つが同時になされている。これが、経済セックス化における性的資本の作用である。そして、経済セックス個人は、自己性において男性化／女性化をなし、エロス的資本を作用させることで、階級的・階層的規定性からの脱出をなすことが可能な場に配置される。

経済編制として、古典的タームでは、労働と資本の分節化＝分離がなされ、その人格表現は労働者と資本家とされる。イローズたちの雇用可能性は、この古典タームから一歩も出ていない。その次の層では、男女が経済セックス化される、その労働形態は、家事労働と生産労働とに社会分業化され、その人格表現は家事女と賃労働男となり、その結合＝婚姻が親＝夫婦という社会エージェントとして子どもの育児・教育に当てられ、子どもは学校の場へ包摂されてサービス消費する＝シャドウ・ワークする「生徒」となる制度生産過程に置かれている。この次元で、労働主体と性主体という協働ワークの次元は配置されているのだが、経済セックス概念を入れることで、社会労働が性的ワークの分業となっている性的資本の場が問題設定されていたのだ。

そして第三の層に、性的資本の社会配置が構成される、と布置配備したい。それは、後期近代の自己構成(自己の魅力化)の領域であると概念化することである。

歴史的には、第一の近代層から、現代産業社会経済の第二の層、そしてネオリベラルの第三の層というように発展過程のように理解されるが、理論的なシニフィアンは逆になる。つまり、性的資本が経済セックス化を可能にし、それが資本と労働の分節化を可能にしているということだ。これを因果関係的思考図式から切り離すべく、循環構造として理論配備することである。

性的資本はそれによって作り出された経済セックス者によって担われる、再生産様式にある。それは家事女の性的従体化であり、賃労働男の性的従体化であり、この二つの性別化された主体は婚姻の性的資本によって結合され、子を生殖生産し育てる性的資本の構造化である。子どもはセクシュアリティ体制に規制されて、男の子／女の子へと性化 sexuation される。つまり、個人のセックスの振る舞い方は、諸個人がジェンダー文化領域から離床させられていないとなされえない、そしてセクシュアリティ配備においてセックス化される。セックスの従体化は、外在的に性的商品に接近しそこへ依存するからではないし、セックスが商品化されているからではない。経済セックスとしてセックス化されているからセクシュアリティ配備の体制において構成されている性的資本を外から受け入れられ領有していく。主体化＝従体化のパワー関係の配置が、イローズたちにはない、ただネオリベラル資本主義へ還元されているにすぎない。

男になる／女になる、男の子になる／女の子になる、という性的な社会編制が歴史規定的になされている。これは社会的労働体系の編制の基盤にあるということだ。女性に対してよく言われる、「早く結婚して、幸せになりなさい」「まだ結婚しないのか」などは、社会的な性的ワー

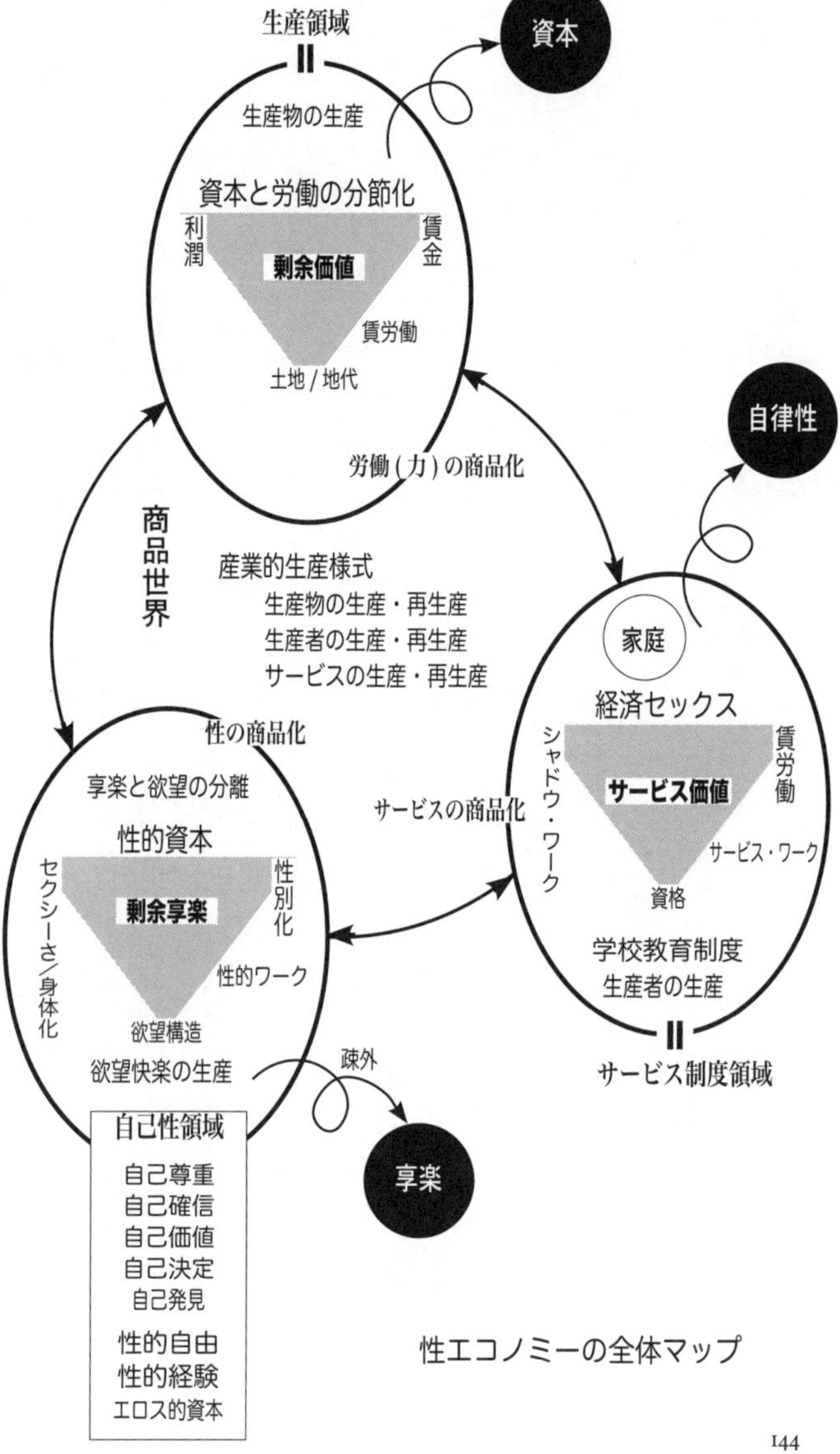

性エコノミーの全体マップ

クを担えばハッピーになるとしている父権的家族体制の表現である。支払われない労働につけば社会秩序が守られるタスクに貢献する、と言われているのを意味している。シャドウ・ワークと家事労働なしに産業的社会労働／生産労働は成り立たないのだ。

家事労働に支払えということは、なんの解決でもないどころか、すでに主夫は主婦に自分の給与を支払っており、主婦はその賃金で家計を切り盛りしている。

根源的な問題、本質的な問題は、「賃労働」そのものにある。その賃労働とは、資本から切り離されて、資本喪失を担うワークになっている。産業的な性的資本は、賃労働から資本を分節化し分離させる働きをしている。つまり、男になる(男である)／女になる、ということは経済関係において資本を分離させる作用であり、男らしくなる／女らしくなるは消費における性的資本の再領有の作用を促している。子育ては、家事女に多くをおわさせる。それは、男の子は男になる(母と異性)、女の子は女になる(母と同性)というヘテロセクシュアルの形成に大きく関わっている。言葉遣い、ファッション、振る舞い行動、情感的・情動的な形成に、母親が大きく関わるが、背後には前エディプス作用が家庭内で働かされている。ここは、私は「エロス資本」として性的資本やエロス的資本とは区別したい。主婦・母親が、夫・父親の自覚意識のなさに不満をもたらしているのは、本質的にエロス資本と性的資本との関係における問題を表象していると言えるのではないだろうか。

女児と男児の性的差異化：エロス資本の働き

母親の行動である「抱くこと」「授乳」は、父親との、つまり夫婦間の性行為から得られるものであり、「睡眠」「排便その他の世話からなる養育行為」は同じように性的な相互行為の変形であり、乳児であるか成人男性であるかの変形の違いがあるにすぎない（吉本隆明『母型論』15頁）。つまり、母と乳児との関係は、母と成人男性の性的関係と二重化されている。そこでの「対応」と「刷り込み」は多様な情感・情動の対立を「安堵と不安」の間で生み出し、胎乳児の性、幼児期の性、児童期の性、異春期以降の性における異なる段階として内的な連関を有している。そこは、前言語的段階から言語的段階へ至る過程における、エロス資本の作用になって、自己性の形成が個々別々になされる。

男性の乳児　　女性から男性へ（口腔から陰茎へ）
女性の乳児　　女性から女性へ（陰核から膣腔開口部へ）

という過程は、「鰓腸の上部と下部における開口部がもつ栄養の摂取と性の機能についてのあいまいな両義性を解体し、それぞれの性器と栄養を摂取する器官とに分離する過程を意味している」（同、62頁）。つまり、性的機能が成立するという過程だ。それは栄養摂取と性欲動とが身体の内臓系で鋭く分離し、乳児のリビドーが言語的な世界のなかへ圧縮され、抑留されるということである。これは生物学的還元ではなく、生命的関係への性関係の開示と言える。

「鰓長系と泌尿系を混同させるエロス覚は、言語のなかに収蔵されてしまう」ということには、エロス資本のエネルギーが言語を成り立たせていくことが示されている。そこには、性格の固定、生活行動の帰結、その反復が形づけられる。そこは、快感原則の埒外の「反復強迫」であり、母親に発祥する。「感官系の感覚の働き」と「内臓系の心の働き」の基盤である。異性愛と同性愛との違いを生み出す前言語的段階の自体愛の場所である。

ここを私は「**エロス資本 eros-capital**」の作用として捉え直す。それは乳幼児における「性化 sexuation」である。性別化への基盤となるエロス覚の作用だ。男の子／女の子への二元体＝差異化が支配的になされるが、非性別化の様態も生まれている。

妄想形成の過程と妄想を剥離していく過程においてエロス資本は作用しているが、それを主要になっているのは母親(またその代理)である。そして、エロス資本はこれをエディプスへと転移する作用でもあり、そこから性的資本が言語段階とともに疎外表出形成されていく、と考えられる。

エディプス主義、ファルス中心主義の考察に対しては、まずこのような理論配置をしておかねばならない。他方、吉本の考察に欠落しているのは、言語一般はないということ、「主語制言語としての言語」であるか「述語制言語としての言語」であるかにおいて、前言語段階から言語段階への過程は規制を被っていることを考察に組み入れねばならない。ランガージュ論が吉本には無いのだ。フロイトも吉本もラカンもそのまま真に受けることはできないが、基本配置はそこから抽出されうる。ここでは、その問題開示をするにとどめるのも、膨大な論述を要する事になるためだが、概念空間的な配置の論点は簡潔に述べたごとし。

性的資本を生命的な様態から分離して論じている限り、それは表象の表層を論じているにすぎない。エロス資本として問題配備しておきながら、セックス／セクシュアリティの性的資本を考察せねばならない、ということである。生命的とは生物学的・生殖的のことではない。

経済セックス化の根源には、エロス資本と性的資本との絡み合いがあるということを常に解明の軸においておかねば、経済マターでさえ考えられ得ないということであるゆえ、述べておいた。

生殖（＝再生産）労働の新たな国際的分業 new international division of reproductive labor という世界的問題があるのだが、ここでは論じない。人身売買（経済）にまで関わる問題なのだが。

性的交易 sexual traffic　ルービンとバトラー

ルービン（1949-）とバトラー（1956-）は、男言説を領有了解した上で、女の固有性を、「女はない」という次元まで含んで論述している高度な思考にある。バトラーによるルービンへのインタビューであるが、二人の鋭い対話である。そこから理論次元を問題構成していきたい。男がど

* Rubin/Butler, 'Sexual Traffic'(1994), in Rubin, *Deviations* (Duke University Press 2011) , pp.276-309.

んなに頑張っても表出できない水準である。この対話はルービンの書に収録されている*。

最後に、バトラーが「ジェンダーの話題に戻りたい」と言ったことに、ルービンは「自分はセクシュアリティとジェンダーが常に無関係であると主張したことは一度もない。同一化できないというだけだ。それ以上に、その関係は状況的であり、普遍的ではなく、特定状況において決定されるべきだ。ジェンダーに関する更なるコメントはあなたに譲りましょう、あなたは「ジェンダーのクイーン」に君臨するキャパシティがあるんですから」と終わっている。一九九四年の対話である。バトラーが『ジェンダー・トラブル』*を著したのは一九九〇年、*Undoing Gender* は二〇〇四年である。その後多くの論者によって細分化され氾濫していく膨大な言述よりも、本源的な問題が提示されている。初源にすべてがあるのだ。

バトラーは、「セックス」も文化的構築でしかないとすでに主張していた。

ルービンの理論背景には、マーシャル・サーリンズ、レヴィ＝ストロース、アルチュセールという私たち世代が学んだ言説が領有されている。マルクス主義的な政治理論や帝国主義論の市場状況において、性／ジェンダーが考えられ得ていない閾からの離脱の考察である。

親族関係の構造に、女の交易・交換が組み込まれていることの明示から、親族構造が変わればセクシュアリティも精神も変わるという認識は、経済決定を親族決定へ入れ替えただけで、性自体への考察にはまだ至っていない。ここにラカン派の心的構造 psychic structure を理解する

* Judith Butler, *Gender Trouble: Feminism and the Subversion of Identity* (Routledge, 1990) 邦訳『ジェンダー・トラブル』(青土社)

手法が導入されてくるが、ルービンはその象徴界には社会的構造化が十分に入り込んでいないという批判距離をとる。だがラカンの理論は歴史現在の状況に規定されてそれを論じえている。

親族配備の個人心理への刻印は非常に長期的で頑強だとしながら、セクシュアルかつジェンダーのプログラミングは、自らのネイティブな文化システムや言語の学習と似通っている。そこに個人の特異性が形成されるとともに、変化することの少ないホーム言語とホーム・セクシュアルないしジェンダーの安楽ゾーンcomfort zoneを持っている。ここを、ジェンダー差異の一次的カテゴリーで捉えてはならない、セクシュアルな振る舞いsexual conductにおける差異は二元論モデルでは捉え難いのも、セクシュアルなバリエーションは多くの差異の一つであり、個別の差異のカップルではないからだ。

ここに、一対一の対想幻の本質概念を知る私たちは、性的差異を社会的・共同的次元に配置するか、本質的なペア次元へ配置するか、さらには異なる位相がどう相互関係するかという、根源的な考察遂行と思考技術の問題に直面させられている。

反ポルノ運動、マッキンノンのアプローチ、右翼の同性愛への関与、など性的振る舞いの多様さを生み出している社会的・政治的変化にルービンは考えを焦点化する。

そこに、フーコーの「セクシュアリテの歴史」が関与してくる。

売春擁護の論述主張ということではなく、そのレトリック効果は売春のスティグマを使うことから由来しているものだという認識を、実際の売春婦の活動から迫られたルービンは、権力とセックス、セックスの政治への考察へすすんだ。

レズビアニズムの「女性―同一化―女性 woman-identified-woman」のイデアと言説や運動が、性の多様性を単一化して歴史的・社会的な複合性を沈潜させ、性的な嗜好 sexual preference をジェンダー連帯の形態へと配置換えしてしまっていることを批判し、また多くのフェミニストがゲイ男性の多様な動きをおぞましい男性性の強調であり性的逸脱であり、家父長制支配の究極だと嫌うあり方にも批判の立場をルービンはとった。そこでルービンの言う「性的差異」とは、倒錯、性的逸脱、性的変異、性的多様性を意味し、家族、宗教、ジョブ差別と経済的従属、強制される生殖、偏見ある教育、法的権利と市民的地位の欠落、といった権力あふれた諸制度を問うべきものだと説く。

性的実際行為 sexual practice の政治的諸状況は、新右翼の同性愛弾圧、フェミニズムの反ポルノ運動を含み、セクシュアリティがいかに経験され、概念化され、動員されるかにおける大変化を見直すということだ。性的逸脱を、多くのフェミニストが、非規範的な性的実際行為に既存の烙印をおし、通俗的な嫌悪を単純に引き受けて、それを自分自身のフレームワークの中で再分節化している、とルービンは批判した。(Rubin, p.291)

他方、ジェンダー・アイデンティティやジェンダー差異に対する一定の有効性をもった精神分析は、倒錯の解釈を含め、性的バリエーションを捉えきれていない、性愛的意味や振る舞いerotic meaning and conductの豊かな複雑性を削ぎ落としてしまう、と批判する。

ルービンは、<sexual practice/sexual conduct>なる用語を基礎においている。そして、political economy of erotic signification(エロティック意味作用の政治経済)を知りたいという。意味作用からの考察である。運動的、目的意識的な仕方や二元体を対象にするのではない、ということだ。

性的実際行為とは、性的な多様性で示されるもので、ドラッグ、クロスドレッシング、ゲイのパブリック・セックス、乱交、レザー、フィストファック、クルージング、サドマゾ、など性的逸脱やさらに倒錯と言われるものなどをすべて含んでいる。性的振る舞いとは、男性性/女性性への二元的差異へ還元されがちであるが、それでは捉え難いものという指標が入っている。性の政治経済は、エロティックな意味作用に構成されるものだ。厳密な識別があるわけではないが、性的資本を捉えていく上での基本言表である。それは多分に「性愛」的なものと言える。

●フーコー「セクシュアリテ」論への関わり

フーコーをルービンはいかに捉えたか。それは「セクシュアリティの展開配備deployment of sexuality/dispositif de sexualité」概念である。アルチュセールのはめ込む「装置appareil」概念と違って、軍事用語としての後方の兵站における展開/配備の概念である。「婚姻配備deployment of alliance/dispositif d'alliance」――結婚のシステム、親族の固定と展開、名と財の継承――に「取って変わったreplaced」のではなく、「上に重ねて押し付けられた superimposed/se superposé」(同、p.277)新たな「セクシュアリティ配備」だ。ここをルービンはフーコーを引用しながら非常に強調する。言葉を厳密に理解すべきだ、と彼女は強調する。フーコー言表は、邦訳では粗野にメタメタになっている悲惨な状態だが、フーコーは厳密に用語を概念作用として使う。歴史の場では「親族」概念など「同じタームでもまったく通約的ではない」(同、p.299)ことになる。ましてターム／言表が違うことへの自覚が日本では皆無と言っていい。

　したがって、「セクシュアリテ」とは、性的パートナーに接合されたものではあるが、身体の感覚、快楽の質、印象的感じ(どんなに捉え難くても)の自然さ nature des impression である。つまりは、身体へと関わっているものだ。それに対して、婚姻配備は、決められた状態にあるパートナーの間の繋がり lien である。

　両者の対立的対比は、次のように述べられる。

婚姻の配備	セクシュアリテ配備
・諸規則システムの周りに組み立てられた許可されたものと禁止されたもの	・権力の可動的な多形的な局面的な諸技術によって機能する

規定されたものと不法なもの
・諸関係の働きを再生産し
それを律する法を維持する。
・富の伝承 or 循環において働く役割ゆえ
経済に強固に節合されている。

・コントロールの諸領域と諸形態の
永続的拡大を生み出す。
・多数で緻密な中継によって経済に
結びつけられているが、
主要なのは生産し消費する身体。

これらを一言で言えば、婚姻配備は、社会を維持する社会身体の自律的平衡を内部的になし、法とともに特権的紐帯を築いて、生殖=再生産をなすことである。他方、セクシュアリテ配備は、生殖=再生産ではなく、身体をますます、増殖し、刷新し、併合し、発明し、入り込んでいって、住民をさらに管理し、グローバルに維持することである。(Foucault, VS, p.140-1)

セクシュアリテ配備は、婚姻配備を消し去ったのではなく、その周りに、それを出発点にして、告解、良心の検証、精神的指導といった実際行為を経てである。諸関係の問題構成から、肉欲の問題構成へと移行して、「セクシュアリテ」――身体、感覚 sensation、快楽本性 nature du plaisir、肉欲 concupiscense、悦楽 délectation、同意 consentement ――が誕生する。婚姻システムに支えを見出しながら機能していく。そして「家族」という細胞に主要な構成諸要素――女性身体、小児早熟、出産調整、倒錯者測定——を展開する。家族は、セクシュアリテの生産を確証し、セクシュアリテと婚姻の交換器 echangeur であり、法と法定的次元をセクシュアリテに運び込み、快楽のエコノミーと感覚の強度を婚姻体制の中に運び込む。セクシュアリテはその開花の特権的な点を家族に置くことになった、とフーコーは言う。（同、p.143）

私はここを、**婚姻配備の性的資本、セクシュアリテ配備の性的資本と配置して、性別化構成をなす「家族」を近代的な性的資本として概念化する**道筋を開く。フーコーの論理は身体を主要な軸にして思考される。他方、ラカンは身体をできる限り外していく思考になる。それを同時に考えていかねばならない。性別化は権力関係の網の目すべてに配置されている。

ルービンはこの対話では直接述べていないが、セクシュアリティ配備は、権力関係の配備であり、知の言説配備であり、欲望主体化＝従体化の配備である。それは、フーコーによれば四つの戦略においてなされた、①女の身体のヒステリー化 hystérisation、②子どもの性 sexe の教育学化 pédagogisation、③生殖的振る舞い conduites procréatrices の社会化 socialisation、④倒錯的快楽 plaisir pervers の精神医学化、である。**この四つの戦略を可能していく力を、私はセクシュアリテにおける性的資本の産業社会的な作用**と配備する。実定的に疎外されて形成されるのが欲望主体＝従体である。女性身体、子どもの教育、生殖行為の人口統治、倒錯への医学化の領域で、セクシュアリテ配備をセックス化へと産業的に編制してきたのだ。〔経済セックス化はこれらの規制を形成過程で被っている。〕

ルービンの性の政治経済学

マルクスの生産様式、エンゲルスの性的分業、レヴィ＝ストロースの親族構造、さらにフロイトの精神分析、これらに欠落している「性的なもの」の水準をルービンは取り出した。「セックス／ジェンダー」システムは、「人間精神の非歴史的な発露ではなく、歴史的な人間的活動性の産物である」(p.61)ということだ。この考察論考は、もはや古典的な基礎と言えるファンダメンタルな問題構成になっている。

女の交換は、商品の交換関係ではなく、ファルスの交換＝循環 circulation(流通)であることが機軸になっている。ラカンとレヴィ＝ストロースからの理論構成だ。

婚姻において、女は婚資へ転換され、婚資はついで女へ転換される、その交換において等価形式もあれば不等価形式もある。この女の交換の説明以外の経済的かつ政治的な配置の物事がある。多様な形態が人類学的調査でなされているが、贈与、互酬性、交換、さらに階層間移動、政治的権威権力などが絡む。婚姻システムが国家形成に絡む政治過程もありうる。富の蓄積と政治的・経済的な資源へのアクセスや縁組、内婚・外婚の性的なシステムとの関係は、論者によってさまざまに論じられる。ただ言えることは、性的システムが孤立して機能していることはない、「女たちにおける商品形態の展開、生存維持の技術など」、あらゆる物事が絡み、また、

「政治的・経済的な分析は、女たち、婚姻、セクシュアリティを考察しない限り、不完全である」ということだ。「母系的交叉イトコ婚、娘形態をとった剰余の搾出、男性的富への女性労働の転化、婚姻的縁組への女性の生の転化」などの変化を再考せねばならない、とルービンは言う。

エンゲルスは、男・女、都市・農村、親族・国家、所有諸形態、土地保有システム、富の転換可能性、交換諸形態、食料生産技術、交易諸形態などを体系的な歴史的説明に結びつけようとした、そうした考察が必要だとルービンは言う。

そこに、文学、芸能、芸術、そして言語といった「文化資本」、さらには感情・感性・情動・情緒のエモーションを付け加えねばなるまい。こうした総体へ立ち向かったのは、柳田國男や折口信夫であったが、民俗学的考証はまだまだ理論化されないままである。

だがこうした諸対象は、実は諸「資本」の「現れ」であり、その関係であることが、論じられたことの地盤にあるのに、概念的につかまれていない。資本が、理論概念の要になる。それは思弁ではないし、実証をいかに積み重ねようが開かれない理論閾である。

例えば、イリガライは「女の市場」*で、女の交換を商品論の概念空間にそのままあてて、徹底した男中心主義が女性を商品化し差別していることを批判しているが、そこには女性の固有性は描かれていない、侵食されている局面だけを暴き出している。「資本」概念がないと、そうなってしまう。一九七五年時点での考察だった。ルービンやバトラーはそうした還元次元から

* リュス・イリガライ「女の市場」、『ひとつではない女の性(1977)』(勁草書房、1987年)。「商品たちの間の商品」論稿も。

脱しようとしていたと言えるであろう。女性論者たちによるフェミニズム批判は、男においてはマルクス主義批判に照応するのだが、批判理論がどうマルクス主義的概念空間から脱しているかである。

言えることは、マルクス主義フェミニズムなど、はっきり言って最悪の安易な言説である。性的資本があらゆる局面に必ず作用していることを、ルービンは性政治経済として考察すべきだとした。それは性的資本の政治エコノミーとして考えられるべきことだ。ルービンはラカンから、エディプス期の支配的構造が配備されてある現在を批判する。エディプス期を無化すること、それは父権制からの脱出であるが、究極的には大文字他者そして国家を無化することになるのだが、このラカン考察はルービンによっていても意味ないゆえ次々節にてラカン自体から論じる。

女の市場——イリガライ

リュス・イリガライの「女の市場」論稿は、マルクスの商品論言説を、女＝商品として読み込んだもので、マルクスの商品をめぐる経済学的分析は、父権制社会の女の配置の解釈になっている、男＝ファルス経済の言説だと言う。その裁定はともかく、私は「地代論」を「学校—教育」の制度編制として読み込んだが、現在社会を解く理論言説にマルクスの論述はなり得ているゆえ、対象を変えても通用する理論で、イリガライのこれは一つの意味を大いに有する。

女の交換がなされている。男の交換はなされないが、父権制社会の交換は排他的に男たちだけでなされる。異性愛は、一方に生産主体と交換者、他方に生産する大地と商品というように経済における役割分担へ帰着してしまう（251頁）。

男の〈労働〉へ自然を従属させ、男の労働が自然を使用価値／交換価値に作り替え、〈女―商品〉を男たちの間で交換する「生産者―私有財産所有者」間の分業を編制して、再生産者＝生殖者としての女の使用価値と交換価値へ形成し、「女は男の「労働」の生産物であるという唯一の特質に応じて市場において価値を持つ」、同一の昇華物へと変身させられ、「商品である女は、同時に、使用の対象であり、価値の器」となり、「女―商品」は「自らを有用性と使用価値と交換価値に分ける分裂」に委ねられ、女の身体の属性は女の価格を決定しないが、「女の身体は女の価格の物質的支え」になっている。女は商品のように抽象化され、女に共通の何か＝ファルスで換算される女の相場に置かれ、貨幣形態＝ファルス機能の等価関係が構成されて、その交換において「欲望が必要を堕落させる」のだ。「交換の欲望の体制は男が取り扱っている」問題にある。「商品には父権制への崇拝」があり、その権威を表すものを模倣する。

商品＝女の身体は抽象的人間労働の物質化、透明な身体、価値の純粋な現象化で、そこには自然と社会的なものの分離、感性的なものと知性的なものの分離、物質と形態の分離、経験的なものと超越的なものの分離など形而上的二分法が構成され、商品＝女は和解できない自然的身体と社会的価値ある交換可能な身体の二つの身体に分断されている。商品＝女は価値ある観念性に変えられ、男の「労働—欲望」の生産物という共通性質へと還元される。

男のセクシュアリティは、自然の所有、自然を再生産させる欲望、男だけが定義した「人間的」基準による自然の変形、労働・技術への自然の従属、そこから自然からの生産物を社会で交換させる、自然の物質的・身体的・感性的特質が抽象的交換価値に還元され、感性的世界全体が男の具体的な実際活動に還元されていく、こうした快楽を経済学的な快楽にした。そして、女の外部にある等価法則による女同士の平等、男同士の関係を具体化する「もの」へと女を作り、「女の生成」は自然的価値から社会価値への移行である世界を作った。「母、処女、売春婦、これらが女に課せられた社会的役割である」、そこから女性的セクシュアリティは、生殖と養育の価値をつり上げ、貞節、羞恥、無知、さらに快楽への無関心、男の活動の受動的承諾、消費者の欲望をそそる誘惑、を生じさせ、自らは快楽することなく消費者の欲望の物質的支えとして身をささげる(243頁)。性的な労働分割は、「女が自己の身体で欲望対象の物質的実体を養いつつも、欲望そのものには決して近づかないことを要請する」(245-6頁)。猛々しい徹底した労働疎外論の適用だ。

商品／女は、男の活動の跡・印・幻影の場として、自己の自然的価値と社会的価値とを男に委ねる、つまり自己の身体を、検鏡化、投機＝思弁 speculation の支え—物質素材として、男に委ねる、それは主体として思弁＝投機するが、自己を投機＝思弁しえていないことを忘れさせる。貨幣／ファルスが考えられていない様態に陥る。私の言い方では、資本シニフィアンが見えなくなる。イリガライには、他のマルクス理解と同様に、資本と労働の分節化が領有展開される次元が考察されていないゆえ、資本シニフィアンが考察されない。

商品〈社会〉経済は、女を商品化構造へ領有構成している、資本なき(資本シニフィアンを消していく)性的資本の作用である。「社会とは、男を誕生させ「人間的」「超―自然的」存在にいたらせるような、男による男生成の場、男を男として生産する場に違いない」(242頁)と、イリガライが言うように、商品生産の賃労働＝男労働の規範に男化して従属するか、支払われない家事労働へ従属させられる。経済セックス化は、性的差異を男支配へと構成するということだ。

「商品―労働」集中の社会経済は、まだ語られえていない女性シニフィアンの性的資本を欠落させたままの、象徴界の穴、言説の裂け目に落とし込んだままの、資本不在の経済であるということだ。

◆中間総括　性的資本の政治経済　理論配置Ⅱ

ここから私は、次のように理論配置する。

婚姻資本からセクシュアリティが離床し、さらにセクシュアリティからセックスが離床して、性的資本が構造化する構造として作用することになるが、すでにかかる二重の離床を可能した

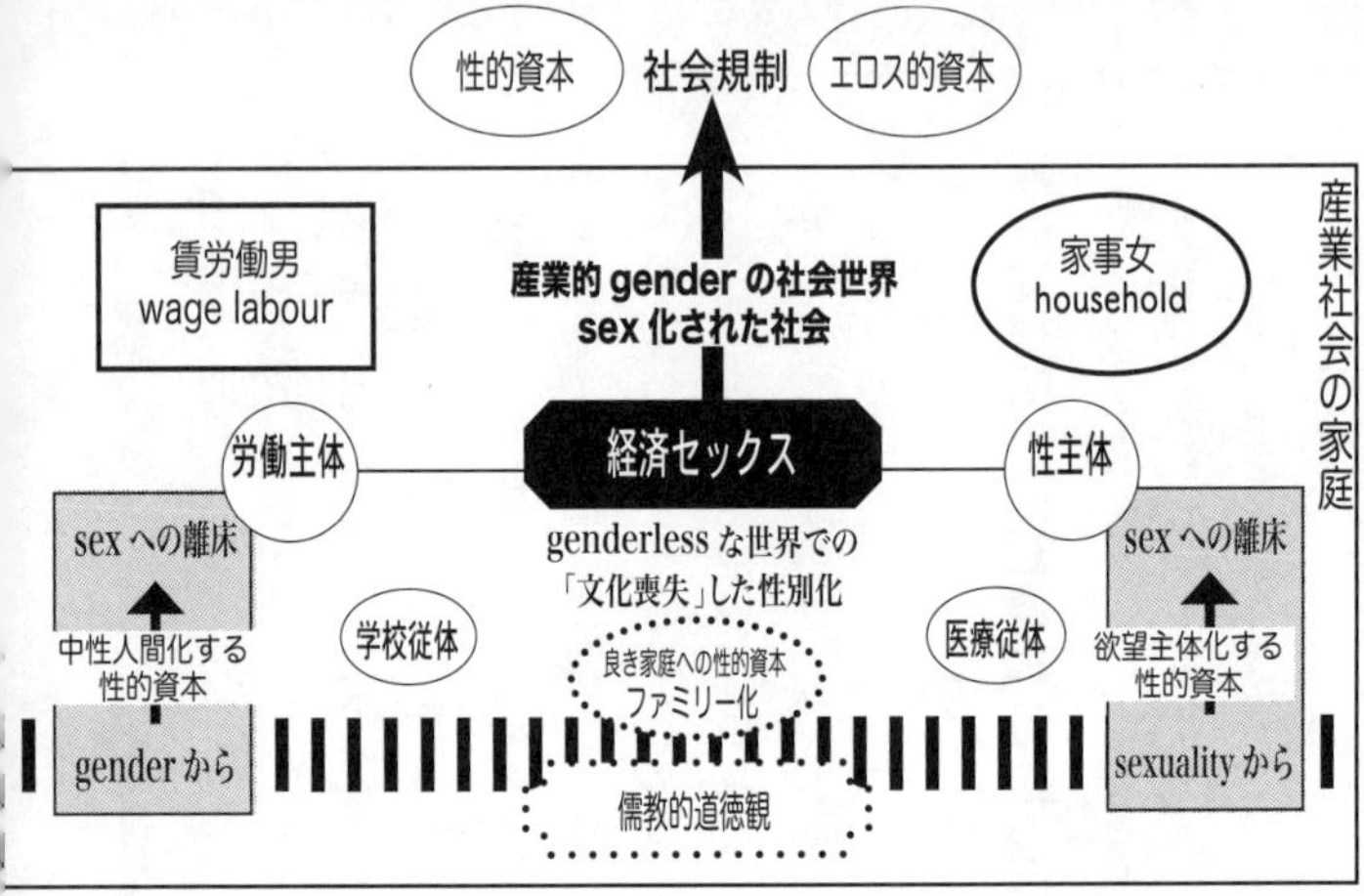

作用力が「性的資本」であり、かつこの動きは循環している。正確には、離床しながら形成されていくと考える。資本は形成されるものであって、在るものではないからだし、動きであり、循環関係にある。そしてシニフィエを持たずに作用さえしているシニフィアンスにあることで、実は〈享楽〉の働きと同質のロジックを働かせている概念世界にある。〔資本シニフィアンと資本生成の関係を理論解明せねばならない問題が残っている。〕＊

近代の性的資本は、セクシュアリティ配備において形成され、権力関係の網の目に展開され、多様な性的実際行為を出現させた。そして、そこに男女の二元性(性別化)、および異性愛的専制をも、「性的振る舞い」として社会規範構成した。欲望主体＝従体は、性的資本を個人的に使用できるものとして疎外・分離編制した。そこにラカン的スキームを導入することで(その定式化に教条的に従うことなく)、心的な仕組みが明らかにされうる。しかし、これは、歴史的な、近代的配置における性的資本である。

＊ 資本シニフィアンは、種別的な諸資本の諸層をシニフィエしていく、そこに資本生成が種別的になされる。性的資本は、共想幻界を対的対象にして、自己想幻へとそれを自己従体化させるとき、欲望構造を従体化させている。ゆえ、労働従体化と性的従体化とは分節化されずに＜一＞なる個に身体化・情動化され、自然的な個人として賃労働し結婚し異性愛規範の良き家庭作りをなし子育てし消費に快楽する自己性が産業的人間として形成される。生産者と消費者を自己において媒介統合しているのは性的資本である。

近代的配置は、暫時的な歴史構成だけにとどまっていない、何らかの本質的な構造を踏まえており表象していることを見落としてはならない。ここを「性的資本の政治経済」として本節で解析した。労働機制に欲望構造を内在させる性的資本のエコノミーが働く。

産業社会は、経済セックスをコアにして、家庭に「労働主体＝従体」と「性的主体＝従体」の欲望的結合構成をなして、外へ働きに出る「賃労働男」と家庭内で家事ワークする「家事女」の性別化結合の社会分業体制を編制している。これは、「セクシュアリティからセックスへの離床」（欲望主体化＝従体化）と「伝統的ジェンダー文化からのセックスの離床」（中性人間化）という二重の性的資本の作用によって「家庭＋外社会」へと「個人」が社会構成されたものと言えよう。つまり、性的資本による経済化は、近代人間化を従体化し、欲望を従体化・身体化して、セックス化の水準で性別化（産業的ジェンダー化）することで、産業的社会労働の基盤を生存形成し、その諸個人を社会サービス対象にした産業制度を構造化したのだ。その政治効果は、国家を支える社会空間の画一的な規範化である。規範化は、セクシュアリテ展開装置の配備である。

子どもは「学校従体」となり、家族メンバーは消費的な「医療従体」として心身の補完をなしている。良き妻、良き母となるよう隠れた儒教的な性的制約が暗黙に「ハッピーな家庭」作りとして作用させられている（学生に「良いお嫁さんになりたい人？」と問うと多くがそうしたいと思っているファルス体制）。ジェンダーなき経済セックス化によって文化喪失した主体＝従体化が制度過程から成人になるまでに形成されているためだ。

近代的配置は、エロス覚の「性化」を、制度構成の過程において、近代人間への理念配置をなすべく中性化＝ユニセックス化し、その普遍性配置から性別化をなしていく。この性的資本の作用を見失ってはならない。

これらによって社会想像界へと「社会ジェンダー化された」世界における「セックス化された社会」が規範構造化されて、さまざまな局面に対する社会規制をパワー関係で働かせている。常に、男か女かのどちらかへの指示づけが登録上の記載で、生年月日とともに求められる。

性的資本は、セックスとジェンダーとの相互関係を、社会秩序の過程構造において構成する。この社会世界に「おいて／対して」、性的資本とエロス的資本が、ネガ／ポジに働いていく様態を、イローズ／カプランとハキムは示した。自己性において性的資本は主要な作用をなす。

私は、性的資本を、一般的概念として有効に活用していきたい。ただ、ネオリベラルな感情資本主義への批判概念にとどめておきたくない。

神話的には、男女神の秩序配置が、統治的に＝「知る」こととして書き込まれた。風土記と記・紀との間の微妙な差異がある。

前古代的には、自然の植物の実の誕生／成長時間と人間の生殖の誕生／成長時間との間の違いが自覚されたとき、性的資本が非有機的身体から分節化された。

古代的には、婚姻同盟のヒメ／ヒコの性的資本が作用していた。婚姻配備の性的資本Ⅰ。さらに「いろごのみ」の性的資本が、象徴権威として権力作用していた。歌謡の性的資本が、文化資本として大きな意味作用を持つ。貴族の天皇系との姻戚関係が構成される。婚姻配備Ⅱ。戦国時代、性的資本は軍事的な婚姻戦略として機能した。婚姻配備の性的資本Ⅲ。この、婚姻配備のⅠ／Ⅱ／Ⅲの相互関係は、より明証に解き明かさねばならない。江戸期にいろごのみは「色欲」へと分離された性的資本となった。西欧で言う「肉欲」の問題系へと転移したが、西欧的なあり方とはもちろん異なる。大奥的な性的資本編制と庶民的な性的資本の実際編制との対比から浮き出すセクシュアリティは何か？

近代において自然主義という擬制的な文学世界が、性をセックス／エロチックへと限界づけた。「性＝さが」は性欲へと還元された。鈴木貞美は、民俗を考究する柳田國男が自然主義文学を嫌った様態を論じている。そこに近代文学のある政治が構成されていく。

などと、概略であるが変容していくものの問題構成的な課題がある。そこを、歴史的に捉えて、本質への再考として組み込んでいけばいい。性的資本の文化史である。フーコーのセクシュアリテの歴史とは異なる**日本の性的資本の歴史＝文化史（物語史を含む）**である。そのほうが、理論世界を明証に作りえよう。

本節で把捉したのは、性的資本が産業的生産様式においては、男女のジェンダー化の二元性を文化背景にもって、中性的人間の近代的人間主義化を媒介にして、経済セックスとしての性的分割を社会労働化しているという編制である。これは、制度生産における生産者の生産・再生産においてなされる。この制度生産による編制が、商品・サービス経済の産業社会経済を回転可能にさせている。学校化や医療化、輸送化なくして産業経済は機能しないが、そのシステムは性分割の二元性において機能的にも規範的にもかつイデオロギー的にも機能しているが、性関係はない世界としてである。この性的資本を転移しうる新たな性的資本は、エディプス期の破壊的な転移を超えていかないとならない。ルービンが提起していたのは、その次元である。

●セクシュアリティ研究とジェンダー研究と政治経済

ルービンは、マルクス主義に不備であったジェンダーの問題群、そしてフェミニズムのジェンダー研究に不備であったセクシュアリティの問題群を提示した。それはジェンダー研究が性的な迫害に対処できなかったことに対して、「迫害・抑圧のベクトルとしてセクシュアリティを確立すること」としてであった。(Rubin, p.333) これはジェンダーに還元されえない多様なセクシュアリティの世界での性的実際行為のヴァリエーションがあるのを意味する。「セックスの政治経済学」としてルービンは問題設定したが、ジェンダーとセクシュアリティとの相互関係を、歴史的、場所的な規定制において、実証的かつ理論的に考証することとである。ジェンダーを差別だと表層で見ていくだけではすまされないことは世界的な膨大なジェンダー研究が明らかにしていることだ。

けだし、マルクス主義に概念汚染された「抑圧」の批判考察を脱してこそ、セックス／セクシュアリティの性的資本の世界は、考察においてまたプロジェクトの実行において意味を持つ。

第4節

性的差異とジェンダー

——doing sex/doing gender

「性的資本」を考える上での問題開示の構成界を見てきた。産業〈社会〉経済の編制における性的資本のポジ／ネガの作用であるが、批判観点もこめながら可能条件を探っている。。

そこにおいて、性を巡る訳語が入り乱れているため概念関係が曖昧なまま、日本では考察が恣意的にいかようにも論じられうる状態になっている。というより理論不在と言ってよいか。性そのものが多様であるゆえ必然とも言えるが、私たちは思考の筋道を自らへはっきりさせるために、概念定義とまでいかずとも(多分に定義不可能)、概念構成の差異を自分の思考技術として領有しておくことだ。客観的にシニフィエへと定めることではない。

その最初が、sex と gender との違いである。世界的にも混乱している。

次に、sexual と sex との違い。ただ形容詞と名詞との違いではすまされない。

そして、sex と sexuality との違いである。これも次元が違う。

これらを、それなりに自らにおいて定めておかないと理論生産への回路は開けない。

だが、この sex/gender/sexuality(system) は、一九八四年にゲイル・ルービンが理論的に配置したもので、批判対象にもされているのだが、現在の歴史・社会的な文化表象において、ここを差異的関係として理論配置できないと考察はイデオロギー的・実践主義的な対立を派生させるだけで前へ進まない。「三位一体神学の解体」だと一般スキームへ還元して威勢のいいアジテートをしていてもすまないことであるのだが、それは生物学的性別／社会民俗的性別／性的魅力表象の性別、という相互間のつながりが「文化の産物」だ、としてしまう指摘次元に対する批判問題におさまることではないからだ。つまり批評的言説を理論言説へ転移できるか否かがここに関わっているのだが、その理論言説は「性」に関わる感情資本・情緒資本を越えられるわけではないという限界づけを自覚した上でのことになる。

「性的資本」とは、「sexual capital であって、sex capital ではない。まして、gender(ed) capital ではない。この意味がなんであるのかをできる限り明証に理論化していくことである。資本シニフィアンはいかなる事項にも作用するのであるが、しかし、「ジェンダー資本」なる概念化を私は避ける。それは恣意性が粗雑に作用してしまうことにしかならないからだ(歴史資本の一様態として「ジェンダー資本」は分析的なツールにありうるが)。

性的資本は、

●gender から sex が離床していることを生み出しているシニフィアン作用。
●また、sexuality から sex が離床していることを生み出しているシニフィアン作用。

この両者からの規制を被っている、その sex がさまざまな領域において sexual 化していくことに働いている(現実界での対象aに「性的なもの sexual」が散種される——次節)。

その上で、gendered＝ジェンダー化され、sexualized＝セクシュアル化されていることの様態を考察せねばならない。gender も sex も、すでにそこに在るのではない、つまり自然秩序ではない、

「作られたもの」だ。どう作られているかがどう問われるかである。通常の認知では、ジェンダーは文化的に作られたものだが、セックスは自然秩序であるとされる。その自然秩序 natural order の観念とは、非文化的・非社会的にして科学的・生物学的なものだという意味になるが、そこに忍びこんでいる〈binary〉＝二元性が、問い返されることなしに「性的資本」を思考へ配備することはできない。「男／女」へ識別されること自体が疑問へ付されている。

「男がいて、女がいる、それは異なるものだ」という通念ないし常識、既成観念・概念が問われることである。その問いにおいて、何が浮上してくるのか、どう考えどうしていくことなのか。性的差異／ジェンダーに性的資本はシニフィアンとしていかに関与していくのかである。

Gender と Sex

まず、ジェンダー gender をいかに定義づけるか、ないし定義が不可能であることに対してどう配置するかで、思考は異なってくる。

アーヴィング・ゴッフマンの *Gender Advertisements** は一九七六年。広告においてジェンダー表象が視覚的にはっきりと見られる考証になっている。それはリアル世界ではないが、社会的相互行為を明示している。男は進むべき道を示し、女は従属儀礼をなし、セクシャルな女性は屈曲し唇を開くなど、画像としてはっきり示されている。歌舞伎の女形、ダスティン・ホフマン

* Erving Goffman, *Gender Advisements* (Macmillan, 1976)
** Candace West & Don H. Zimmerman, "Doing Gender", in Stevi Jackson & Sue Scott(eds.), *Gender* (Routledge, 2002)

のTootsieは、〈transsexual〉であるが、ジェンダーが文化的なものであるのを示す、と言われる**。ペニス＝自然秩序を有した男が、女装し女として振る舞う＝文化構成、という二元性のトランスに「sex/gender」の違いが示される、という「一般見解 popular opinion」だ。外見、振る舞い／身体動作、言葉遣い、ファッション、などの「男らしさ／女らしさ」の違いが表象される。そしてそこには、生物的差異を普遍とした社会的状態への道徳的判断が「正常／異常」の識別を伴ってなされる。この世の中どこを見ようが男と女がおり、オス／メスが自然界にもいる、と。

ジェンダーを考えることは、昔の伝統的世界での男女のあり方に戻ることの提唱ではなく、男女のあり方が歴史的にいかなるものでありかつ変遷してきたのかを検証することによって、男女の中性人間化が人間的解放になるという想幻を脱して、男女関係を系譜学的に批判考察することから、新たなペア＝対《つい》の実際行為の可能条件をひらいていくことである。男は男らしい男になれ、女は女らしい女になれ、というセクシュアルな規範化の推進ではない。

Maie-Hélène Brousseは、feminine(女らしさ)とwoman(女)とはまったく違うことだと論述している***。ジェンダーとは社会的紐帯と権力の効果であって自然状態ではないことはもう知的常識となっているが、膨大なジェンダー検証の考察が、あらゆる領域にわたってなされてきたことをへて、ここで基礎的に見直したいのは、男資本と女資本の限界と可能条件のクリティカルな査定である。男女を性別化してそれぞれの同一化をなす秩序は、主人のシニフィアンの効果であっ

*** Maie-Hélène Brousse, *The Feminine A Mode of Jouissance* (Libretto series, 2021)

て、享楽の様式を基礎とはしていない。主なるとして作られた意味が正しい、当然だと機能しているにすぎない。〈feminine〉はジェンダーなしに考えるべきだとBrousseは言う。分析的ディスクールは〈a-gendered〉であるべきだというのだ。ジェンダーなしとは、対象aなしということではない。つまり、ジェンダーを対象aに配置はできないということ。

まず言語的な基本である三つの次元・水準を識別していくことから初める。

ジェンダー	セックス	表象
男 man	雄 male	男らしさ masculinity/masculine
女 woman	雌 female	女らしさ femininity/feminine

生物的・身体的な「男・雄《オス》／女・雌《メス》」の違い(それさへ半陰陽など性器識別に問題がある)である〈male〉が〈man〉にもなれば〈woman〉にもなりうる、〈female〉が〈woman〉にも〈man〉にもなりうるということを忘却してはならない、という基礎をまず出立とする他ない。だがmale/femaleの識別もジェンダー概念からなされていることでさえある。画定ではない、あくまでもの目安。つまり生物学的差異が、文化的差異に先立ってであるという決定論を採用することではない。

学生に男女の差異を図にしてみよう、と提起すると、ほとんどが性器差異を恥ずかしそうに表示するが、男根があるなしであって(もうファルス主義が染み込んでいる)、陰茎を描く者はほと

* 性同一性障害者の性別の取扱いの特例に関する法律、第三条

んどない、淫靡になると感じているからであろう。あとは身体特徴としての角ばりと丸み、髪の長さなど。近年の性転換の法的争議で「その身体について他の性別に係る身体の性器に係る部分に近似する外観を備えていること*」と笑ってしまうような、性器の近似的「外観」が法規定になっている。これは身体表現のように見えるが、セクシュアル化された身体とセクシュアルな自己における社会的なセクシュアリティ表象であって生物学的表象ではない。少なくとも、染色体、ホルモン、第二次性徴、生殖器の差異の次元に関わるが、測定可能な閾に性世界はおさまらない。

ルービンは、出生時に女性と割り当てられた人は すべて自らを女性として認識し、男性に惹かれる、とする生物学的決定論者の議論にラディカルに疑問を呈す。さらに男性が男らしさだけでない女らしさを表象したり、女性が女らしさや男らしさを表象したりする。そこに、ある種の差別的差異化(階層化)が男優位でなされたりすることへの批判省察が要される。この「差別性」も屈曲して相互変容するが、根源的な問題は、異性愛主義が正常で、同性愛やトランスを異常だと決めつける父権制の残滓である。言葉で平等をうたっても感覚がそうならないほど根強い心的機制を情緒的＝知性的に脱していくことが、自らへ求められる。子供を産み育てるのが女性の「自然的」な役割だ、という前提はとれない。――このように、批評的言説でしか語られないことがすでに問題であるのだ。辞書説明での性別化は「常識」がいかに表層であるかを示す。註

〈doing sex〉とは生殖をなしていることから、「性役割 sex role/sexual role」を担うところまで拡張されている。そしてセックスはジェンダーとして同一的に構築されるべきだというイデアになっ

註：時代変化を掴む辞書で知られる三省堂国語辞典では驚くべき記述がなされている。1960年初版「女：やさしくて、子どもを産み、育てる人」「男：人のうちで、力が強く、主として外で働く人」とあったが、1974年第２版で「女：人間の生まれつきのはたらきとして、子どもを生む力を持つ(ようになりうる)人」「気持ちがやさしい、弱い、受け身である、などのように、女が本来持つと考えられる性質を特に強く持った人」などをへて、2022年では「女：人間のうち、子を生むための器官を持って生まれた人(の性別)。〔生まれたときの身体的特徴と関係なく、自分はこの性別だと感じている人もふくむ〕」、「男：人間のうち、子種を作るための器官を持って生まれた人(の性別)」と生殖識別へと変じている。

ている。ジェンダーの相互行為的構築は、社会的規制を受けて「内在化された行動 behaviours、特色 traits、属性 attributes となっているもの」とみなされてきた。「自然秩序」とされた性別と、文化的・社会的に「内在化された性別」とを、ともに問い返す次元はすでに開かれている。

性的資本の問題構成においてジェンダーとの関係をいかに定めるかという理論考察をここでは進めてみる。経済的な規制条件の考察は前節でなしたが、そことの絡み合いを規制的に踏まえた上で、しかしそこへ還元されない次元と領域の問題である。いくつもの問題設定がなされえるのだが、ジェンダーと関わりないとされている「ファロゴセントリスム phallogocentlism」(ファルス論理中心主義)の言説の見直しを指標にしてなすのが生産的にかつ理論的に要されることだ。フロイトの一種の男根主義への批判であるが、ラカンとイリガライとの交叉に浮上した言説が、もっとも理論的であったことからの見直しになるが、そこにとどまってもいられない。

ファルスとは生物的な男根＝ペニスではないが、男根への想幻である。母親にペニスはないがファルスはあると想定され、さらに無い(全てではない)ということが知られる、ということは何を言っていたのか。そして、「去勢」という人類学的な文化マターと心的構制(象徴秩序)との関係の意味である。想幻として「去勢される」ことがどうして重きを置かれるのか。これがジェンダーといかなる関係に配置されるのかが、理論テーマになる。人間介入の社会的取り決めがあるという次元のことではない。ここも問題の立て方によって千差万別になってしまうのだが、

Claire Colebrook, *Gender* (palgrave, 2004)
Chris Beasley, *Gender & Sexuality: Critucal Theories*, *Critical Thikers* (Sage, 2005)
Toril Moi, *Sex, Gender, and the Body: The Student edition of* What is a Woman? (Oxford, 2005)
Tina Chanter, *Gender :Key Concepts in Philosophy* (Continuum, 2006)
Mary Holmes, *What is Gender?: Sociological Approaches* (Sage, 2007)

理論生産をしっかりなしていくことだ。去勢で切り取られてしまう(ないし萎縮させられる)のは、現実の器官であるペニスではなく、ファルス、つまり「欲望のシニフィアン」である。

ジェンダー配置とセックス配備の思考様式

すでに述べたようにイローズたちのジェンダー配置は、あまりに素朴である。多様なジャンダー論を「セックスのジェンダー化された本性(自然)gendered nature of sex」に簡潔化してしまっている。ジェンダー規範とハビトゥスに書き込まれたものを通して経験され記述されるセックス、ということで、「ジェンダー化されたセックス」が、「良き再生産」と「悪しき」生産をなすと、配置されている、とみなす考えだ。ルービンからの問題視角ゆえそうなるのだが、以下のような課題がそこには潜んでいる。

● 生物学的にセックス sex は自然＝身体的だが、性的状態 sexual situations は生物学的決定ではなく構築されるもの、という考え方。

そこから、社会的不一致は自然的不一致によって決定される。

いや、自然的不一致に関わりなく、文化的かつ社会的な不一致は構築される。

という分岐が派生する。sex は自然態であるが社会的内容を持つ傾向がある、という捉え方だ。

sex は gender の原因であり、gender を説明する、と sex 先にありき、の考えである。

gender 論は以下のものがガイドになる。
Stevi Jackson & Sue Scott(eds.), *Gender* (Routledge, 2002)
The Polity Reader in Gender Studies (Polity, 1994)
R.W. Connell, *Gender* (Polity, 2002),
Anne Cranny-Francos etc.(eds.), *Gender Studies: Terms and Debates* (palgrave, 2003)
Jane Pilcher & Imelda Whelehan(eds.), *50 Key concepts in Gender Studies* (Sage, 2004)

●人間的存在は物事を分類化し、差異化する本性がある。その時、対立によって物事を識別する。sex はサインであって、象徴的価値が獲得された階層構成によって、自然物を構成している。先に gender があり、そこから sex への識別をなしている、という考えかた。

一見すると反対の考え方のようであるが相互変容しているだけで、この両者の間＝穴に、ジェンダー化されたセックス、セックス化されたジェンダー、などの概念入れ替えがセックスに関係するジェンダーにおいてなされ、その微差のいろんな捉え方が論者によって異なって論争的になされる。

私は、この双方の考え方が相互入れ替えして、差異・識別・対立、分類・分割などを構成するとみなす。折衷ではない、シニフィアンが他のシニフィアンへ関係していくことで成り立つその相互連鎖関係である。〈ジェンダー／セックス〉関係のそこに作用するのが、さまざまな「性的資本」である、と考える回路の配置だ。考え方、思考に、性的資本のシニフィアンが自覚されることなく本源的に働いている。性を自然的だとみなす性的資本、性を社会的に構築されたものとみなす性的資本、差異や階層化から「性」を消す性的資本、などなど。そこに社会構造と文化との関係への考察が介在し、「男らしさ／女らしさ」の価値はジェンダー・ヒエラルキーに基礎付けされた社会の文化的創造物だとされ、男支配の政治構造が批判考察されてきた。一九九〇年代頃には論点の差異がかなりクリアになっている。バトラーは明証に、ボーヴォワールをクリテリアにしてイリガライとウィティッグがまったく反対の論述をなしていることを整理している*。

* Judith Butler, *Gender Trouble: Feminism and the Subversion of Identity* (Routledge, 1990)

sexuality/the sexual と sex

「セクシュアルなもの」の定義は、すでに多くが指摘しているよう認識不可能と言ってよい。すでにフーコーによって指摘されたが、セクシュアリティを認識可能だとするのは、近代西欧世界において生まれた歴史的・地域的に特殊な概念であって、普遍的なものでも定義可能なものでもない。だが、ある諸現象を「性的である」としているものがあるのも確かである。ただ、性的であるか否かをめぐる議論は、観察側の識別見解をめぐるものであって、対象の考察次元にはないゆえ不毛である。sexual なもの／sexuality を特異的であると分離していること自体は低次元思考であるが、混乱根拠は識別根拠とともにいくらでも上げられうる。客観者の客観化によって明らかにされる限界づけや客観化の客観化によって明らかにされることの次元であって、セクシュアルなものを扱っていようが、しかしそれはセクシュアリティの問題領域ではないことになりがちであることを自覚せねばならない。セクシュアリテに知の権力作用と身体性の作用が関与した歴史的表象、文化差異的表象であることなど今や当たり前のことで、私たちが理論的に注意すべきは、「セクシュアリティからのセックスの離床」を問題配置して、ジェンダーとの関わりを思考技術の軸へ常に持っていくことである。それは、フーコー訳語がセクシュアリティに対して、性現象、性行動、性的欲望などと恣意的に訳者力量次元による解

sexuality 論は、以下のものがガイド。
Christine L. Williams & Arlene Stein(eds.), *Sexuality and Gender* (Blackwell, 2002)
Jeffrey Weeks, JanetHolland & Matthew Waites(eds.), *Sexualities and Society* (Polity, 2003)
先立って、Jacqueline Rose, *Sexuality in the Field of Vision* (Verso, 1986)。
あとほとんどは歴史研究になる。

釈でバラバラになっていることに囚われない思考技術を、自分へ領有しておけばいいことでしかないのだが、つまりフーコーは、「性 sex の歴史」を書いたのではない、「セクシュアリテの歴史」を書いた。書の邦訳題からしてもう間違っていることに見られるよう、基本が何も把捉されていない知の状態を、とくに「性」に関して生み出している。訳者が原書自体の理論了解ができていないのが日本の知的世界だ、あまりにひどい。語学ができたとて了解にはほど遠い。

「性 sex」と「性的なもの the sexual」とは異なる次元関係にあることを関係性としての前提にしながら考えればいいのだが、その混同はもう思考していない現れである。

例えば、セックス／セクシュアリティは、存在の、最も親密なものと最も社会的なもの、最も規定的なものと最も偶発的なもの、最も身体に根差しているものと最も象徴に満ちているもの、最も生得的なものと最も学習されるもの、最も自律的なものと最も関係的なものという、対立極の間の位置のスペクトラム全体を表しうる（Sedgwick, 1990）*、などと馬鹿馬鹿しいことを言っても何の意味もない。性はシニフィエの整理から考えられることではない。

解釈に対する解釈の無意味で不毛な考察や考証に惑わされるな、というのがセクシュアリティの問題であることとしかない。概念や理論言説の生産は、かかる次元となんの関わりもない。

フーコーやラカンの言説世界を背景に持った上で、イローズ／カプラン、ハキム、ルービンを、Sedgwick などとは雲泥の差のある思考世界として主要にあつかっている次元での、「セクシュア

* Sedgwick, E. K.,*The epistemology of the closet*（Berkeley: University of California Press, 1990）

リティ」「セクシャルな経験」などの概念的世界と実際行為がある、という限界づけへの自覚を自分へもつことである。ここを曖昧にしておくと、考察はただ恣意性へと流される。

つまり、「性的なもの」の次元は、男女差の問題構成にはないが、男が感じる女の性的なもの、自身の性的なもの、女が男に感じる性的なもの、自身の性的なもの、という他・自への差異表象はある。$S_1 \to S_2$ のシニフィアン連鎖において示されるが、しかし、女が女に感じる性的なもの、男が男に感じる性的なものとが等価である次元に「性的なもの」はある。それは、性愛から疎外表象された、多様なエレメント化されたものである。文化差異や社会差異なしにセックス／セクシュアリティは考えられないが、しかしそれは二次的なエレメントである。なのに、それを一次的だとしてしまうイデオロギー作用は、性を社会・文化に先立つ自然的なものだとする思い込みの裏返しで、性政治の根源的な課題となる。フェミニニティ／マスキュリニティは、性的なものの副次的ファクターであるが、転倒して男／女を作り出すという、性的資本による事幻化がある。

「性を考える」** でルービンは、「性《セックス》は自然的な力で、社会生活に先立ち諸制度を形作る」という西欧諸社会の知恵に埋め込まれた性的本質主義は、性を永続的に変わらないもの、非社会的で歴史を超えるものだと考え、諸個人の所有物であると分類し、そしてセクシュアリティは歴史を持たない、社会的諸決定に意味ないものとしている、と批判した。(Rubin,TS, p.146)

性を罪と重ね、生殖器を精神より劣ったものとし、かつ合法的に婚姻した異性による生殖

** Gayle S. Rubin, “Thinking Sex”, in *Deviations* (Duke, 2011)

のみの性を正統として、それ以外を悪しき性とするヒエラルキーを構成し、セックスに対する細かい差異の発見と否定がなされ(過度に意味づけされたこと)、性的な危険はドミノ的になし崩しになるとみなされてきた。そこに、唯一の理想的なセクシュアリティが存在する、とされた。詳細な物事は、フーコー/ルービンらによって論述されているが、性における不正や性的抑圧を見出し、記述し、説明し、告発すべく、洗練された概念的ツールを磨き上げ、セクシュアリティを社会・歴史の中でありのままに豊かに論述すること、それは政治的・権力的なことであり、セックスとジェンダーを識別し、ジェンダーとセクシュアリティも識別して考察せねばならない、とルービンは主張した(一九八二年発表、八四年刊行)。ここに、事幻化の生成的構成がある。

イリイチの*Gender*が刊行されたのが一九八三年である。私が、その刊行前に送られてきた草稿「バナキュラー・ジェンダー」を『経済セックスとジェンダー』(新評論)として刊行したのが一九八三年だ。フーコーの「セクシュアリテの歴史」(『性の歴史』ではない)第一巻「知の意志」(『知への意志』新潮社、ではない!)は一九七五年にすでに刊行されており、セックスとセクシュアリテとは明確に識別されていた。その理論了解をせずに、効果非難をするだけだった日本。

なぜ、混同はいまだに起きつづけているのであろうか?

それは、**性=セックス自体にシニフィアンがない**からである。正確には、「性的シニフィアンの不在 absence de signifian sexuel」である。なのに、性的シニフィアンが欠落しているから書き込む、とされてしまうからだ。「性的なもの」は対象aに散種されている。sex は想像界へ放り出されている。

同様に、ジェンダーにもシニフィアンはない、シニフィエ（意味されたもの）だけがある。

それは、「性的関係はない il n'y a pas de rapport sexuel」からだ。

考えられえない、ゆえに在るものとされている。シニフィエからシニフィアンを書き込んでも意味ない。

それに対して、「性的資本」はシニフィアンしているのである！　資本シニフィアンが働いているからだ。シニフィアンからシニフィエは多様に述語規定的に産出される。

性的なものは、商品化され、貨幣化され、性的資本として機能することは、シニフィエとしてもうイローズたちにおいてみてきたが、それらはまだ表象的なものでしかない。また社会規制的に「性的なもの」はさまざまな場面において規範排除される、社会的空間において監視され、公的な場所において禁止される。だが、この抑圧は、性的なものが隙間に氾濫することを生み出す。第1節で述べたルービンが示した「良き性」と「悪しき性」の識別は、性的なものをめぐってなされている対抗的識別である。その〈sex hierarchy〉とは、「性的なもの」の社会的な識別を示している。より正確には、性的なものから離床したセックス階層秩序という近代西欧社会の「性的なもの」の編制である。sex でも gender でもない。

性的なものは、欲望の構造に捕獲され、享楽を押し流した剰余享楽において身体装置へ配分される。いわば、〈対象a〉に配置されている過剰な残余、つまり欠如の表象である。（次節で叙述）

ジェンダー世界／表象は、「性的なもの」を意味する必要がない。ここが注意点である。

Gender考察への序奏

あまりに膨大なジェンダー論、ジェンダー研究に呆然とするのみであるが(私の手元だけでも二〇〇冊を超えるが何千もあろうか)、理論生産上の基本をおさえておこう。もはや、文化的・社会的な男女の差異だ、ではすまされない。そして、イリイチのジェンダー論は、世界ではほとんど無視の状態へ追いやられている。私が、初めてそれを紹介したとき(1983年)、ジェンダーを語ることは女性差別の促進だと非難されたほど日本では知的な低開発状態にあったが、海外ではジェンダー論は多様にすでに産出されており、今やただ氾濫的状態にあるのは、日本も細々と同じ汎用状況になっているが、残念なことに理論的な配置は何らなされていないのも、自ら理論的な格闘もせずに、さらに欧米の基本的な理論考察が領有されていないからだ。既存の哲学概念の転換(および近代エピステモロジーの転換)を伴うから回避される。

私が自己規定することは、ジェンダー概念の使用は歴史研究においてのみであるという限定づけであるのだが、民俗研究においてさえあやしくなり、さらに欧米人たちによる人類学研究などは聞くに耐えない無惨な恣意性にしかない。白人たちがなす有色人種への人類学研究が、反対に、少数未開エスニシティの人たちによる白人研究として機能し始めたときに、危うさとデタラメは解消されるであろう、とイロニカルに言うとき、死滅すべき似非リサーチであると言っている。友人のポール・ラビノウは、先進国人のナノ研究に対して人類学調査をすべきだ、と強調した。また、友人のメキシコの人類学者アルフレド・ロペス・アウスティンは、自らのメソ・アメリカ、ナウワの社会歴史的人類学調査を、白人がなせない次元で、レヴィ＝ストロースを遥かに超えた水準でなした。学問の欧米主義が無視しているだけのことだ。ジェンダー概念などを機能させていないが、アウスティンは神・大地と非分離関係している男女差異の世界をしっかりと文化把握しているとき、神話の統治が性別化を不可避になすことを示唆している。日本では、文学史や言語研究で優れた検証がなされつつあるが、概念的な配置が画定されていないため、セクシュアルなものが重ねられたりしてしまう。

労働の性分業において、ジェンダーとセックスとが混同される問題は前節で示してきた。伝統的ジェンダー体制では産業的労働は不可能である。本節では、ジェンダーが性的資本であるかのように転じられるあり方を再考する。ジェンダー二元世界の実定化は、いちばん回避せねばならない理論的な規制条件になる。イリイチは、現代のセックス化体制を批判するあまり、対抗概念的にジェンダー二元王国を実定化してしまった*。つまり意味作用に配置してしまった。いかにその女性ジェンダーが自律的で優位的状態であったかを指摘しても、その拘束性から逃れられない女ドメインを実態化してしまった。私の展開は、そこから脱すべく精神分析的配置を並べたのだが、まだラカンをしっかり領有しえていなかったため不十分であった。

つまり、ルービンがいうように、エディプス的文化規制を乗り越えられていなかった。ナンシー・チョドロウのマザーリングによるジェンダー差異も、当人を日本へ招いてセミナーをしたものの、男女差異よりも大きい女性間の差異があるという、その後彼女が自己批判する水準がある。ここはラカンを挟んでの文学的シクスーと哲学的イリガライとの差異を、モニク・ウィティッグと

* Ivan Illich, *Gender* (Marion Boyars, 1983) には、多様なジェンダ世界が文献とともに総括的に述べられている。

ともに差別化していかないと理論生産へと開けない。ルービンとバトラーの対話次元とは異なる、「ファルス」問題の想幻界閾である。ここを経ないと、ジェンダー設定はできないと言ってよい。

①生物的規定と異なる社会的文化的構築としての性を意味するジェンダー、②男女間の関係性を強調する概念としてのジェンダー、③社会的に構築された男支配／女従属の男女の非対等な力関係、④ジェンダー・アイデンティティ、ジェンダー化された主体の構成要素、⑤階級、人種、ジェンダー、等の分析カテゴリーを用いて社会構造の分析をすべくジェンダーを知および社会編成の分析に使用する——などなど、こうしたシニフィエ考察次元からはジェンダー理論は何ら生産され得ないし、研究考察は凡庸なエンピリカル研究の恣意的な拡散へと放射されるだけになる。

つまりジェンダーの問題構成は、男女としてのその実定化を問い返すことを含め、人類全てを対象にすることであるゆえ、しかも〈人間〉概念のように抽象化されていない実際的な現実そのものであるゆえ、不可能な現実界に規制される。考察者・研究者の問題構成でテーマが分類されるだけのことだ。だが繰り返す、ジェンダーは対象aではない、享楽を有していないからだ。人間概念のエピステモロジーとジェンダー概念のそれとが、根源的に違う様態を理論的に見出さねば、ただ人間概念のままの差別化にとどまっている。ジェンダーは歴史形成物である。

そもそも、いったい、男とは何か、女とは何か。Wittig は、真正の male/female の違いはない、レズビアンは男性性でも女性性でもない、と主張したが*、「セックスの範疇とは、社会を異性愛的なものとみなす性的なカテゴリーである」と喝破した。バトラーが『ジェンダー・トラブル』

* Monique Wittig, *The Straight Mind and Other Essays* (Beacon Press, 1992)

において引用で並べた、「ひとは女に生まれない、女になる」（ボーヴォワール）、「厳密に言えば、「女」というものが存在しているとは言えない」（ジュリア・クリステヴァ）、「女のセックスは一つではない」（リュス・イリガライ）など、「女」を問うことから、ジェンダーおよび性的差異は根源から問われた。そこに、決着づけはなせないが、男女の差異があることがいかに示されているかは考証しうる。バトラーはアイデンティティ概念を解体しないと考えられえないと言う。

ここで、ルービンによるジェンダー設定を再考察しておきたい。

ルービンによるジェンダー規定

「労働の性的分割は両性間における依存という相互的状態を制定するための装置」だというレヴィ＝ストロースを受けて、ルービンは、性による労働の分割は「禁忌」である、「男たちと女たちの同様さ sameness に対する禁忌」である、と。つまり、「相互的に排他的な範疇へ性を二分割させる禁忌」、「両性間の生物学的な差異を激化させそれによってジェンダーを創出させる禁忌」である。さらに、「少なくとも一人の男と一人の女を含んだことで、異性愛的な婚姻を強制すること以外の性的配置に対する禁忌」である、と説く。つまり、男と女は違っていなければならない、それは排他的な関係であってはならない、異性愛以外の婚姻であってはならない、というジェンダーを固定化させ保持する禁忌である。性の社会的組織は、ジェンダー、強制された異性愛、女のセクシュアリティの制限、に依拠していると言うのだ。*

「ジェンダーは性の分割に社会的に上書きされている」のは、セクシュアリティの社会的諸関係の産物であるからだ、という考えである。オス／メスを「男たち men」「女たち women」へと変換して、それぞれが他の性と結合されたときに全体性を見出すことができる、という不完全な半身へ変えてしまっている、ということだ。排他的なジェンダーのアイデンティティは、自然的な類似性への抑圧であって、自然的な対立とはまったく異なるものである。男たちには、「女性的 feminine」な特徴の部分的解釈しかしえないようにする全般的な抑圧であり、女たちには「男性的 masculine」な特徴の部分的解釈しかできないようにする全般的な抑圧である。性の分割というものは、男たち／女たちを抑圧する効果を持っている。つまり、男女の交換諸関係において女を抑圧する社会システムは、個体性を厳密に分割することに執着していることで(さまざまな局面で、男女の識別が要請される、お前は男か女か、と)、あらゆる人々を抑圧している。こうした状態であるから、学校教育過程において「中性的人間化」を、覆い隠すために必要とする。

また、諸個人には婚姻が保証されねばならないという形でジェンダー化されている。ある種の異性愛的結合の禁止(近親婚の禁忌、など)は、非異性愛的結合の禁止を前提にして成り立っている。つまり、ジェンダーは、一つの性への同一化だけでなく、性的欲望は他の性へと方向づけられるべきだと帰結させている。ジェンダーが事幻化に配置構成されている一相面だ。

* Gayle S. Rubin, “The Traffic in Women”, in *Deviations* (Duke, 2011)

労働の性的分割は、ジェンダーの両サイド＝男と女の分割を生み出し、かつそこへ刻み込まれている。そして異性愛を創出し、人間のセクシュアリティの同性愛的構成要素を抑圧して、その諸規則や諸関係が女たちを抑圧している同一システムからなされている、とルービンは言う。そして、このジェンダー分割の諸規則と矯正された異性愛とは、多様な変容過程を有している、と。ジェンダーの非対称性は、女性のセクシュアリティの制限へと帰結する。これは多くのフェミニストが分有している認識であろう。そこに対して、ジェンダー制限にあっても女の自律性・自由があったと指摘する者は弾劾される。「抑圧」概念がマルクス主義的なスキームのままでの対立だ。ジェンダーは「抑圧」へのシニフィアンではない！

諸個人は既存の社会ステムの中に産み落とされ、そこで規制される諸規則や諸統制に対峙しながら成長していくが、その対峙・従属の中で諸個人の内部に残留した残余を精神分析が描き出した。親族・家族の再生産における子どもたちの性とジェンダーの世界である。

生物的な性器識別ではなく、ファルスを有した父親が、ファルスを有していない母親をシニフィエする、そのファルスはシニフィアンとして「父の名」を有した大文字他者に書き込まれたものでしかない、とラカンは言う。しかも、男＝父親、女＝母親、とはならない。ジェンダー二元論は理論的に実定化されたものではない、ただの規範的な文化識別がエンピリカルに粗野に当てはめられてなされたものでしかない。だが、「人間」として考えることより、「男女」として考える方が実際に即している、という思考技術の優位性は持ちえている。それが、ヘテロ・セクシュアルな父権制イデオロギーへ絡め取られることが、性差別や性排斥、性抑圧を招くことへの批判問題である。この根源的な理論問題にあるのが、ペニス羨望・去勢と次元を異にするファロゴセントリスムである。少年は母を愛していたが父による去勢の恐怖に怯えて母を諦める。少女は父を愛していたが母の復讐を恐れて父を諦める。こういう定式の無効である。器官としてのペニス、そしてペニスに授けられた諸意味のセットである「ファルス」との根源的な識別が要である。つまり、意味するものは何か？　それは「ファルス」である。gender/sex ではない。

エディプスと父権的ジェンダー

逸脱した諸個人を修理すべく、道徳的掟を科学的法則へと改変して、臨床的実践は、性的配置の再生産メカニズムを明らかにした理論以上の社会的働きをもって監視的・矯正的に作用し、さらに「正常な」女性性の獲得のために女たちを厳しい犠牲にしてきた——ゆえ、欧米では精神分析は攻撃され棄却されてきた。批判の否認作用の逸脱。

だが、精神分析のセクシュアリティ理解によるシニフィアンの考察は、フロイトに対するシニフィエ理解にとどまっている大学人言説次元を超えて、有効な諸概念をもちえている。精神分析は、諸個人が文化のもとに置かれるあたって、諸個人の生物学的なセクシュアリティが被る変容を描く。子どもが家族・親族のために用いられる諸用語=言語に埋め込まれている性的諸規則の規整化を学ぶときに、エディプス危機が起きる。「エディプス・コンプレックスは性的パーソナリティの生産のための装置 apparatus」(Rubin,TW. p.51) である。

去勢とは象徴的なファルスをもっていないということ、リアルな「欠如」ではなく、女性器に授けられた意味、対象の象徴化である。なぜなら「現実界は充溢しているゆえ、何ものも欠如はしていない」(ラカン)。象徴界は想像界の作用が現実界に新たなシニフィアンをみいだすことで揺るがされうる。ルービンは、エディプス・コンプレックスは「家族内の交換におけるファルスの流通にあたえられた表現」であり、「家族間の交換における女たちの流通の反転 inversion」であると、親族構造の女の交換と重ねて論じる。ファルスはセックスを区別し、それ以上にオス地位 male status の内体化、そこに男は接近し諸権利を賦与される、つまり女たちを介して流通し、男たちに支配へ転移される権利を与え、それが残す痕跡がジェンダー・アイデンティティ、性の分割の内包である。さらにペニス羨望というファルス文化における女たちの不安の多くの意味を獲得する。(同、p.52) エディプスが性的資本化されていることが問題だということ。

これは、女の交換が父権的なジェンダーを構成することの機制を論じたもの、と解すべきであろう。その転移は、ファルスにおいてなされる。「エディプスの危機は、近親婚の禁忌によってファルスの交換が開始されるとき、同一の分岐として発生する」(同、p.53) ということだ。分かりやすく言うと、子どもたちは両性間の差異を発見し、それぞれ一つのジェンダーにならねばならぬことを発見し、近親婚の禁忌も発見、ある種のセクシュアリティが禁止されることも発見。この場合、母は父に帰属するゆえそれぞれの子どもには入手できない存在となり、二つのジェンダーが同一の性的権利・未来を持たないことを発見する。(同)

この前エディプス期の両性具有的様態からエディプス期における性的分化への移行を、私は〈エロス資本〉の領有と概念配備する。エロス資本は、性的分割を言語的にジェンダー化する。性的資本は、このジェンダー化された分割を社会文化に合わせて新たな次元でセックス化するのである(産業社会においては「経済セックス化」)。エロス資本が、ファルス・シニフィアンを生み出す。

エディプス作用を働かす性的資本、前エディプス作用を働かす性的資本は、本質的に異なるシニフィアンであり、この両者を言語的資本と関係づけて構成する「エロス資本」がシニフィアンする。

エロス資本における少年／少女のジェンダー形成？：前エディプス期の性化

セックス／ジェンダーに関してもっとも理論的に納得がいくルービンの思考に従う。

少年は、母を放棄しない限り、父によって去勢されてしまうことを恐れて(彼にファルスを与え彼を少女にしてしまうことの拒否)、母を放棄する。しかしこの放棄によって、少年は父に母を与え、男となる限り彼に自分の女を与えるであろう諸関係は是認する。母に対する父の権利を少年が是認する対価として、父は息子におけるファルスを是認する（去勢しない）。少年は母をファルスと交換するが、それはのちに女と交換することができる象徴的な引換証である。彼に要求されている唯一のものは小さな我慢である。彼は自らの初期的なリビドー組織と自分の起源的な愛の対象の性を保持する。彼が合意を与えた社会契約は、最終的に、彼自身の諸権利を容認し、彼に自分の女を授ける。（少年が母＝女を性的対象にしていたことは隠される＝抑圧される。）

少女に起きることはより複雑になる。彼女は少年と同様に、近親婚の禁忌と両性間の分離を発見する。また、彼女は自分へ割り振られているジェンダーについての不愉快な情報を発見する。少年にとって近親婚の禁忌はある種の女たちについての禁忌であるが、少女にとってはそれは「すべて」の女たちについての禁忌である。母に対して同性愛的な位置にあるゆえ、筋書きを支配している異性愛の規則は彼女の位置を非常に耐え難いものにしている。母、そして全ての女たちは「ペニスを持つ」誰か（ファルス）によって愛されることができるだけである。少女が「ファルス」をもたないゆえ、彼女は母あるいは別の女を愛する一切の「権利」を持たない。彼女自身は男へと運命づけられている。彼女は女と交換されうる象徴的な引換証を持っていない。ファルスを所有している者たちだけが女に対する「権利」を持っているゆえ、母の所有において「ペニス」は不可欠である、と少女は結論づける。本質的にも自然としても、性交の道具としてのペニスの自然的優越性という理由によっても、彼女は自分をうまく処理できない。男性と女性の性器の位階的な配置は、矯正された異性愛の規則と女たち(=ファルスを持たない去勢された人々)の、男たち(=ファルスを持つ人々)への所属という状況についての諸規定の帰結である。こうして少女は母から遠ざかり――自分に与えるファルスを持っていない/母からの怒りと失望をともなう――、父へと向かうことになる。父が愛の対象として選ばれ、敵が愛する者となる。ファルス的文化にある女は、与えることができるファルスを持っていない、母は一世代早く自身のエディプス危機を経験してしまっている。こうして少女は父だけが「彼女にファルスを与える」ことができるゆえ父へ向かう。父を介してのみ、ファルスが循環=流通している象徴的な交換システムに参入できる。しかし、父は少年にファルスを与えるのと同じ仕方では与えない。ファルスは、ファルスを与えるためにファルスを持っている少年に対して是認されている。少女は決してファルスを得ることはない。ファルスは、彼女を媒介にして流通=循環し、その過程において、子どもへと変換される。彼女は自分の去勢を認知するとき、彼女はファルス的交換のネットワークにある女の場に同意していく。彼女がファルスを得ることができるのは、性交においてあるいは子どもとして、であり、それは男からの贈与としてのみである、彼女は決してそれを与えるために得ることがない。

ほぼ、そのままに訳したが、ここに対して、吉本隆明の見解を対比させてみよう。

前節で指摘しておいた問題配備へと再考的に入っていくことができる。それは、母親規制と父親規制との関係になるのだが、もうその時点で、ジェンダー差異の前提がとられてしまっている。吉本にはそこが経験知で前提にされてしまっているのも、フロイトを転換してもそのジェンダー言説の規制のままにあるからだ。女が母親になり、男が父親になるというジェンダー規制は、問われるべきものとしておいた上での考察と考えねばならない。『母型論』(学研)である。

女の乳幼児は男性的であり、その性愛は陰核に集中されて始まってゆく。女児は母親に愛着して過ごす。だから女児はエロス覚が陰核から膣腔に移行するまえに、無意識とその核に、母親への過当な愛着をかくしもっている。いいかえれば母親の女児への過当な愛着に、屈折や鬱屈があったとすれば、陰核期から膣腔期へ性愛が移ってゆく過程で、父親に対するエディプス的な愛着が非常に強くなる。それはこの女児が無意識やその核のなかにおし込めてしまったはずの母親への異常に深く屈折した愛着が、無意識のなかから存在を主張していることを意味している。この前エディプス期における女児の母親への愛着、いいかえれば母親への深い屈折した愛着の存在が露出してくるのは、この女児が思春期以後に神経症やパラノイアの病像に移ってゆくばあいの閾値を低くする素因でありうる。男児が父親に敵意を抱く意識を露出するのはエディプス期に入ってからで、前エディプス期には父親への反抗はあまり目に立つことはない。だが女児の乳幼児にとって、その時期にはすでに父親は「うるさい競争相手」になるとされる。

このように、「母親への愛着」の強度として三木成夫の生態誌的視点から説かれているが、基本、ルービンと同じことを言っており、フロイトの定式とは異なる「過程」の、母親ないし女への強調である。エディプス危機の根源に、母親への愛着ないし放棄が大きな働きをなしていることとの共通である。だが、そこにおいて、吉本に「ファルス」概念はなく、ルービンには、鰓腸系と泌尿系を混同させるエロス覚の前言語的段階から言語的段階への過程の概念はない。

つまり、少女が「小さな女」——女性的で、受動的で、異性愛的——となる過程における、多様な解釈論争が巻き起こる根拠となっている。典型的な、女たちは生まれるのであり造られるのではない(ホーニー)、いや、女たちは造られるのであって生まれるのではない(ドイッチ)という真っ向からの対立と、その間での諸解釈である。

フロイトとレヴィ＝ストロースを踏まえて、ルービンは、親族システムが性の分割を必要としていることを基盤にして、

●エディプス期が性を分割する
●親族システムはセクシュアリティを統治する諸規則のセットを含んでいる
●エディプス危機はこれらの諸禁忌の同化である
●強制的な異性愛は親族関係による生産である
●エディプス期は異性愛的欲望を構成している
●親族関係は男たちと女たちの諸権利における根源的差異に依拠している

●エディプス・コンプレックスは少年に諸権利を与え、少女たちがより少ない諸権利に甘んじることを強制する

とまとめ、個々人におけるエディプス経験が壊滅的でないやり方を考え、ジェンダーという拘束衣から人間的個性を解放すべきだと主張した。

だが、精神分析も構造人類学も、セクシズムを取り巻いているソフィスケートされたイデオロギーに他ならない(同、p.58)。社会的抑圧と生物的抑圧とは、心的抑圧とともに、性関係外の総体的な諸関係によって構造化されているが、抑圧の概念空間自体が理論的生産を阻害することへの自覚は持っておいた方がいい。抑圧される主体=従体のアイデンティティを性別化において実定化するだけになるからだ(ここへはバトラーが最も明確に対決している)。セクシズムは、既存のカテゴリーからは論じられ得ないゆえ、何よりもセックス/セクシュアリティ/ジェンダーを経済的生産様式から分離させて、新たな理論言説を生産していかねばならないのだ。「女たちとして抑圧されている」だけでなく、「女たちでなければならないということによっても、あるいは時によっては男たちでなければならないことによっても抑圧されている」という言い方によってでも、セクシズムとジェンダーを創出する社会システムに代わるものは開かれない難しさにある。ルービンの夢は、「両性具有的でジェンダーが存在しない(しかしセックスは存在する)一つの社会を発見すること」だと言って、強制的セクシュアリティと性的役割を拒絶する

が、それを「社会」だと言ってしまうように、「社会的なもの」の社会自体が性別化のセクシズムにあることを見落とす。私の「資本」概念の導入は「社会」からの脱出であるのだが、そのまえにまだ性的差異と「女は存在しない」言説思考は見ておかねばならない。イリガライは、エディプス期ではない「前エディプス期」の母―娘関係が基盤になればいいと言うが、母が与えている心的損傷もありうることを忘却してはなるまい。

性的差異とファルスとひとつではない女の論理

ファルス中心主義の言語の内部では、女は表象不能なものを構築し、女は思考できないセックス、つまり言語上の不在や不透明さを表象している。主体＝従体も大文字他者も男社会を支えるもので、女性的なものを排除することで全体化を達成するファルス中心主義の意味するエコノミーを支える。イリガライは、女は印づけられるという主張を逆転させ、女性的なものは、いかなる言語の内部にも存在する男性的／女性的という実定化された関係の議論からでは理論化できない、女のセックスは「欠如」でも大文字他者でもない、「ひとつではない従体である」とした。

つまり、身体と意識・精神を存在論的に区別する論理は、性の二元性の性的資本のシニフィアンから生み出されているもので、それゆえデカルト、フッサール、サルトルらの系譜の哲学は性別の規制を人間の実体化によって考えられないものにしているというのだ。精神は男性的、

Tamsin Lorraine, *Irigaray and Deleuze: Experiments in Visceral Philosophy* (Cornell Univ. Press, 1999)
Penelope Deutscher, *A Politics of Impossible Difference: The Later Works of Luce Irigaray* (Cornell Univ. Press, 2002)
Irrigaray with Mary Green (eds.), *Luce Irigaray : Teaching* (Continuum, 2008)

身体は女性的というような粗雑なジェンダー・ヒエラルキーを慣習化し温存し理論化する粗野な考えがそこから派生する。近代二元論を派生させた性的資本のシニフィアンが、ファルス中心主義の言説である。それは、女を「無効」にする、女に他性や差異の場所を与える自己制限的な身振りをさせずに、女性的なものを覆い隠して、それにとって代わるものとして名を与える。ファルスから父・母を規制するラカンは、その微妙な境界に立っている言説である、ということゆえ、イリガライのポスト・ラカン的考察が開かれた。

「主体＝従体は常にすでに男のものである」というイリガライは、文法上の性は、人間＝男という理論的、道徳的、政治的な言説の主体＝従体の「男性的―父親的」なものだ、そこで女は男の仕事・行為から切り離されることなく、「自己」の場を奪われている、この形相・質料・間隔・境界の諸関係を「性的差異 différence sexuelle」から問い返すのだが、男と女は相互に還元不可能だと差異を実定化して、その上で、女を男に代わって大文字他者へ配置換えするのではなく、いくつもの性へと解き放つ。どうすれば父権制支配を断ち切れる「女性的に語ること」が女の言語として再発見され創造できるか。ここには、主語制従体に対する述語制の穴が示唆されている。

性的差異とは、男にとっては一人の主体＝従体、男根支配的なものとして定義できるが、女は「一人の」ではない、女性的なものは概念表現できない。このとき、主体＝主語や無意識や同一性や自己や欲望など、主語制編制の言説的領有が解体的に問われ、問われる仕方自体の男

イリガライに関する考察。
Margaret Whitford (ed.), *The Irigarat Reader* (Blackwell, 1991)
Margaret Whitford, *Luce Irigaray: Philosophy in the Feminine* (Routledge, 1991)
Carolyn Burke, Naomi Schor & Margaret Whitford (eds.), *Engaging with Irigaray* (Columbia Univ.Press, 1994)

性性からいかに離脱できるかが、大文字他者としての女性は決して存在しないということにおいて探られる。それは母性－生殖機能との訣別の外側にあるもの、語られ得ていないものを語っていく・書いていくということ。「一つの性のみ」によって定義され、実際行為され、独占されているエクリチュールである限り、既存の所有体制の生産は変わることがない男性的な言説支配は、統辞が「同一なるもの」を原基準にして、自己愛化、自己生産、自己表象をなし、経済を道具を必要にしている自己愛化として、欠如、抑圧、検閲を、そこに向けてなしている。そこで女性は、「市場」にとどまろうとして「欲望の支配体制」に従い、「女らしさ」の仮装のなかに入り、男性の欲求・欲望・幻想の中に包み込まれてはじめて現れる他なくなる。

性的差異に多数性を再連結する、肛門期の固体快感以前の「流体」の快楽、性器期以前の性的差異、「ひとつの性が他性に従属しない性的差異」をイリガライは作動させようとしている。

後期のイリガライは性的差異をなくしたなら、いかなる世界をも生じないし再生産されないと、双方の新たな次元での「愛」を説く。ファルス論理のない性的差異である。「他」なるもののシニフィアンの書き換え。女―母への欲望における連結不可能な関係の彼方において。

性的資本がファルスに占有されている、男のセクシュアリティがファルス支配から離れたとき、男は何をなし、何を言うか、そこに新たな言語資本の新たな性的資本に関わるシニフィアンが述語的になされる、と私は解する。主語も客体もない、他の文法を含んだ「述語制」が、それであるが、性的なものと言語機能との関係をさらに問うことにおいて・・・・（難問なり）。

バトラーの論理とモニク・ウィティッグ

哲学的言説の基本がしっかりしている（男の言説、ヘーゲル、サルトル、フーコー、ラカンを読み込んでいる）バトラーの論述は、この小論ではとても論じきれないが、「女性性／男性性」の諸局面において、「雄／雌」身体ないし内的自己に配置される「真正なる」女性性も男性性も無いことが徹して論じられる。女なる従体が安定した永続的なものではもはやない、と問うとき、主体＝従体や政治や解放そのものの概念も同時に、ジェンダー、セックス、欲望の関係において「女」というカテゴリー自体が問い返される。「人が女であるとしても、それがその人の全てではない」からだ、と。

ジェンダーとセックスの識別は、生物学的規定を脱するものだが、主体＝従体の単一性を脱することにもなり、性別化された身体と文化的構築との根本的な断絶を明らかにするものになっているが、しかし相互関係を歴史的に論理的に問い詰めていくと、その区別は実は区別ではないと循環していく。セックスを前言説的なものだと送り返す作用にもなるし、解剖学的差異の身体が文化の規制を受動的に受け入れてジェンダーを刻み込むともなっていく。つまり、自由意志と決定との不毛な哲学的循環が思考されているにすぎない。

バトラーに関する考察。
Vicki Kirby, *Judith Butler: live theory* (Continuum, 2006)
Elena Loizidou, *Judith Butler: Ethics, Law, Politics* (Routledge, 2007)
Gill Jagger, *Judith Butler: Sexual politics,social change and the power of the performative* (Routledge, 2008)

ジェンダー二元体の非対称性は、男性性的なシニフィアンするエコノミー masculinist signifying economy であるが、それをファルス中心主義として一元化することは一種の認識論的帝国主義だとイリガライを非難するバトラーは、性的差異の多様さの次元を、女カテゴリーの規範的・排他的な一貫性や統一性を超えた文化的・社会的・政治的な交錯の多様性において構築される多数の「女たち」として考えるべきだと主張する。ジェンダーとはその全体性が永久に遅延される複雑性であることから、統一・連帯・アイデンティティなどの政治的作用をフーコー的な権力関係界から問い返す。生物学的「セックス」と、文化的構築される「ジェンダー」と、セックス／ジェンダーの表現効果として性的実際行為 sexual practice を通した性的「欲望」の示威、の三者間の因果的・表現的な諸ラインを打ち立てて思考可能なものにしていることを問うことである。そこにジェンダー規範を通じて首尾一貫した「欲望の異性愛化 heterosexualisation of desire」がなされ、「男らしさ／女らしさ」の区別された非対称性が生産されている。(Gender Trouble, p.13-17) 制度的な異性愛は対立的で二元的なジェンダー制度の中にジェンダー可能性をもつような、各ジェンダーの単声性を必要とし作り出すのは、先の三者の形而上学的な統一性が、対立するジェンダーを差異化する欲望の異性愛形式の中で仮定されているからだ(同、p.22)。

バトラーは、異性愛の「欲望」、欲望の対象であるもう一つのジェンダー、との対立的関係を通してそれ自身を差異化するものとして、セックスとジェンダーを媒介する「欲望」をセットにしている。そして、ジェンダーの従実体的効果 substantive effect of gender がジェンダーの首尾一貫性の規制的実際行為 regulatory practices によって遂行的にうみだされ強要される、ジェンダーはパフォーマティヴで、「行うこと doing」であって、その行為は行為の前に存在すると言われる主体＝従体によって行われるのでは無い、と示した（同、p.24-5）。

従実体の形而上学および従体 subject 概念を見直すバトラーはニーチェの主語・述語の文法批判を直感的に認識している。それは思考が「我」のところに到来する「我」が「思う」主体であるとしたデカルトの文法への信仰で、主体、自己、個人は、ただその数だけ存在する偽りの概念にすぎない、架空の統一体を従実体に変えてしまっているものだ、とミシェル・アールを引用して。これを言い換えると、ジェンダーを従実体化する性的資本のシニフィアンは主語制様式を実定化する作用をなしている、男女の性別化をなす思考は性的資本を述語制へと転じないとその生成根源を把握できない、というように私は解する。為る者 doer を主語的に仮定していることへの批判である。ジェンダーがパフォームしているにすぎないのだ。

ジェンダー化されていない人間はありうるのか、と根源から問うバトラーは、性別化と人間との同延性を問題にしている。そこで、ウィティッグを問い返す。

モニク・ウィティッグは強制的異性愛の制度を転覆しようというラディカルな論述である。セックスの二元体の制約は強制的異性愛の生殖目的に寄与するものであり、非ファルス論理中心主義的なエロス的エコノミー nonphallocentric erotic economy が横溢し普及すれば、セックス／ジェンダー／同一性という幻想 illusion は追い払われ、第三のジェンダーとしてのレズビアンが出現し、「個人主体の到来は、セックス・カテゴリーの破壊を要求し」「レズビアンこそ、セックスのカテゴリーを超える唯一の概念である」*と主張した。言語のなかで存在をどちらかのセックスに区分しようとする原初的な存在論を破壊しようとしている。つまり、セックスのカテゴリーは不変でも自然でもなく、生殖のセクシュアリティの目的に寄与すべく自然カテゴリーを当てはめた政治的なものであり、またレズビアンは女では無い、「女」は男との二元的対立から安定強化された異性愛であって、男女の二元体対立を超越しているレズビアンは女でも男でもない、セックスもない、という主張だ。

「セックス化されている to be "sexed"」とは、特殊的で関係的になる、ということで、male であるということはセックス化ではなく、不変的個人 universal person の形態になることでしかない。ゆえ、female sex は、それだけであって他のセックスはない、とされるのだが、「セックス」のような言説カテゴリーは社会の場に無理矢理押し付けられた抽象名辞だ、そこに暴力的に形成されてきたものだ、自然秩序に属している「直接的所与 immediate given」「感覚的所与 sensible given」「身体的形姿 physical features」だと権力的・神話的に作られたものだ、男女のセックス化された身体 sexed body として、セクシュアルに差異化された諸規範 sexually differentiated norms

*Monique Wittig, 'One is not born a Woman', in *Feminist Issues,* vol.1, no.2, (Winter 1983)

でしかない、と論じた。

ウィティッグは、「社会的に現実的なるもの」は語る諸主体＝従体の発話行為を通じて、その言語によって規定されていると考えており、誤認される事実が作られ、性的差異の諸原理に沿って諸身体の言説的／知覚的構築を求めることで社会的現実を創造し合法化する制度化されたパフォーマティブであるとしている。言語が現実の諸束を社会的身体へ投げかけているというのだ。身体にふるわれる言語の暴力が性抑圧の原因であり、それは異性愛の男女の性別化をなしている言語であって、元々の言語ではない、従ってウィティッグは自らの小説表現によって、女は一人称の「Je/I」を使うことはできないと、名辞や冠詞など既存の文法を転じるのだが、第一次的な存在の言語があると想定しているからだ。

バトラーはウィティッグに存在論的な論理の矛盾があると批判するのだが、それよりもウィティッグによる撹乱は痛快である、シニフィアンを揺すぶっているからだ。ただの破壊ではないことは、先在的で本質的な統一的オントロジーへいくテロスへの裁定へ還元しても意味ない閾が開示されているからだ。バトラーの論法は、イリガライに対してファルスへ一元化することを批判し、ウィティッグに対して「異性愛はセクシュアリティを説明する権力の、唯一の強制的な表現ではない」という絶対性化を相対化する仕方で、批判のラディカル性がもたらす不安や恐れを解消させる、常識理性的な純朴であって、それは理論効果を抑制させるが理論自体

モニク・ウィティッグに関しては、
Namascar Shaktini (ed.), *On Monique Wittig: Theoretical, Political, and Lotterary Essays* (Univ. of Illinois Press, 2005)

の生産にはならない、だが〈否定〉の限界性を明証にしている優れた解釈である。

以上のことから私たちが踏まえるべきは、「セックスの単声性 univocity、ジェンダーの内的一貫性 internal coherence、セックスとジェンダーが持つ二元体的枠組 binary framework、これらは男性的かつ異性愛的な抑圧という集中的な権力諸体制を強化し自然化する規制的諸虚構 regulatory fiction だ」(Butler, p.33) ということだ。シニフィエでしかないのだ。

「女」を作る性的資本は、「男」を作りその支配ヒエラルキーを作るシニフィアンである。その逆ではない！（「男性的なものは「始めから」少女の欲望について描写され規定されるもののモデルになっている」(イリガライ))。男を作り出し普遍化するために、女に与えられないものが作られたのを、男が先に作られたかのように遡及配置したシニフィアンである。ラディカル・フェミニズムから学んだ概念配置だ。その効果が、二元体 binary の枠組の中で二つの対立的契機を差異化する行為を自然化させている。性表象は男／女の二元体だけではない*。二元体は「社会」が行うセックスの事幻化である(物象化という転倒形成ではない！)。「女は存在しない」と述べたラカンは、この次元を超えていた!! と配置すべきである。

性的資本とは、性的シニフィカシオンと言語シニフィアンとの関係を資本シニフィアンとして考える、主客非分離の、主語=主体も客体もない、概念装置である。性的資本を主語的に作用させると性化を性別化へ再構成しうるものが支配構成されて、ヘテロセクシュアルな社会を構

* Anne Faust-Sterling, 'Five Sexes: Why Male and Female Are Not Enough', in Christine L. Williams & Arlene Stein(eds.), *Sexuality and Gender* (Blackwell, 2002) は雄・雌をいれて、五つのセックスがあるとして、herm：両性具有で一つの睾丸と一つの卵巣を持つ。mermes：雄的な擬似両性具有でいくつかの睾丸と卵巣のない女陰局面を持つ。ferms：雌的な擬似両性具有でいくつかの卵巣と睾丸のない男性器局面を持つ——を挙げている。だが、sex は5つに限られない無限の広がりを持っている、とも述べる。

成する。だが述語的に作用させる性的資本の可能状態が穴として潜伏している、と私は考える。

【閑話休題】宮崎駿の無意識的な享楽の想像界的世界

精神分析的な言説は、ある本質を言述していると言えるが、どこか論理的にも馴染み難い。宮崎駿が『君たちはどう生きるか』で描いた世界は、主人公＝真人が無意識的世界（＝それをファンタージェンとしている）にいって現在界へ戻ってくる。実に精神分析的なものである。

まず、海があり、そこで大きな波を超えると静かな海原になり、獲物＝魚が取れ人々に分け与えられる。ペリカンが空を飛び、人間になる白い卵のようなものを食べてしまう。それを、火の姫が炎でペリカンたちを攻撃して助ける。ここは、前エディプス期である。

陸に上がる。「学ぶと死す」と記された門をくぐって入る。そこに、祖父であった「大王」がいるが、「大文字の他者」であり、知＝石（積み木のような積み石）を司っている。ここには、たくさんのセキセイインコたちが「王」をたてまつっている。この「王」は超自我だ、ゆえ、規則を破った真人を処罰しようとする。ここでは、石の回廊を通っていくがそれが電気のような閃光をチカチカと真人に叩きつける、つまり知的な格闘だ。宮崎には知的な営為は、石からの痛みのようなものであったことなのだろう。ここが、「エディプス期」になる。まだ少女である「母」が、一緒に守るように導く。超自我＝父に殺されないよう助けてくれている。少女＝母が、少年＝男を導く。男が導くのではない！

また、ここには、母の妹が「産屋」を模したベッドで、胎児を抱いたまま病のように臥せている（姉と妹の「夫」＝男への葛藤）。そこを「覗いた」というのは禁忌を破った、ウガヤフキアエズの古事記の話に重なる。

先の海は情緒世界で前言語的段階、この陸の世界は知の世界＝言語的段階、洞窟＝アゴラをくぐって知を司る。母＝少女と真人＝少年は、「性関係のない」愛の関係として、そこを突き抜けていく。

大王＝祖父＝知の王＝大文字他者は、超自我の王の規範を超えて、空中に浮かぶ自らの知の磐船的な塊を破裂させ、真人が自分になることの指針を示す。

笑ってしまうのは、ペリカンもインコも「空を飛んでいる」、そして人間たちを食べてしまう烏合の衆の民衆。つまり、ペリカンたちはかつての古いファシストたち、インコは産業商品社会のファシストたち、うっかりすると自分は「殺されてしまう」。それは、「現在世界」へ入る＝戻ると「空を飛べない」鳥、また小さなかわいいインコ＝消費者たちになってしまう。彼ら＝全体主義者たち＝批判対象を悪魔のようにせず、「愛らしき」鳥にしたのは宮崎のあたたき心の現れか。

青鷺は、人間(エロス的資本の魅力がない人間)を内に持った外装の鳥(エロス的な品格がある)。弓を持った少年＝エロースに射られて嘴に穴が開いてしまう。つまり、動物と人間の境界、意識と無意識の境界、真と偽の境界、など「境界」をまたぐもので、真人をガイドしてもいる。谷川健一のいう「青」の幻想だ。

真人が男になることになるかどうかはわからないが、この少年は少女でもありうる未性別にあり、母＝少女と大文字他者＝祖父＝「大文字の父」＝男によって、エディプス危機を乗り越えていく。ドアを開けて、今の世界＝現実界へ戻る、母＝少女は別のドアから。少女先導であることも描かれている。

そういうスキームの話だが、細かい微妙な固有さのイメージは、繊細に解き明かされることが可能だ。情感を超え、知的なものを超えて、つまり「心的に」迫り来る現実界と「想像的」に戦って、真人は生きていく力を領有する。ファンタージェンは、必ず宮崎アニメには描かれるが、この作品では西欧的神話と日本的神話が混淆されて象徴界化されて、想像界として描かれている。論理へ還元しているのではなく、理論世界をとおして見れば、そこに還元されえない情感・情動的なものを感知できる。でないと、表層だけで、手持ちの概念思考・感覚では分けがわからない映画としかなるまい。だが分けがわからずゆえ、「ハッピー」な生活に仮象的に安楽しえているのかもしれない。

【中間総括】理論配置Ⅲ　ジェンダーとセックスの性別化二元体の構造的構成

性的差異は、産業社会においては、労働の性分業と男女の異性愛として、「労働従体＋性従体」の協働として構成されている。人間をそのように社会実体化して経済編制する。つまり、文脈によって変化する現象であるジェンダー二元体は実体的でないのに固定させるのだ。それは社会システムとして工場・会社（生産労働）と家庭（家事労働）の社会分業、および規範的に異性愛の道徳規範として構成されている。個人は「経済セックス者」として社会エージェントの役割を果たすことで生存できる。経済システムは性的システムとしてそれを基盤に構造化されている。

この制度化されたシステムから、性的なものは溢れ出し、はみ出して、そこにエロス的資本の自由を噴出させている。性抑圧によって、セクシュアル噴出している状態である。対象aの穴に、エロス的資本の過剰表象が剰余表出するのだ。社会規範からの性的逸脱がエロス的資本の自由であるかのように転倒出現する。規範の逆生産は、性的なものを根因にしている。

多様な性加害は、相手側への被害になるゆえ社会制裁されるが、そうした加害は加害者がエロス的資本を自由に行使できると思い込んでいる状態からなされている。しかし、それは性的資本への自分技術がなされていない関係性にある。つまり、自己性の個人事幻にある物事が、対次元へと性的に拡張されるも、対想幻を未構成のままの個人欲望従体としてなしているだけ

父権制社会の二元体構成

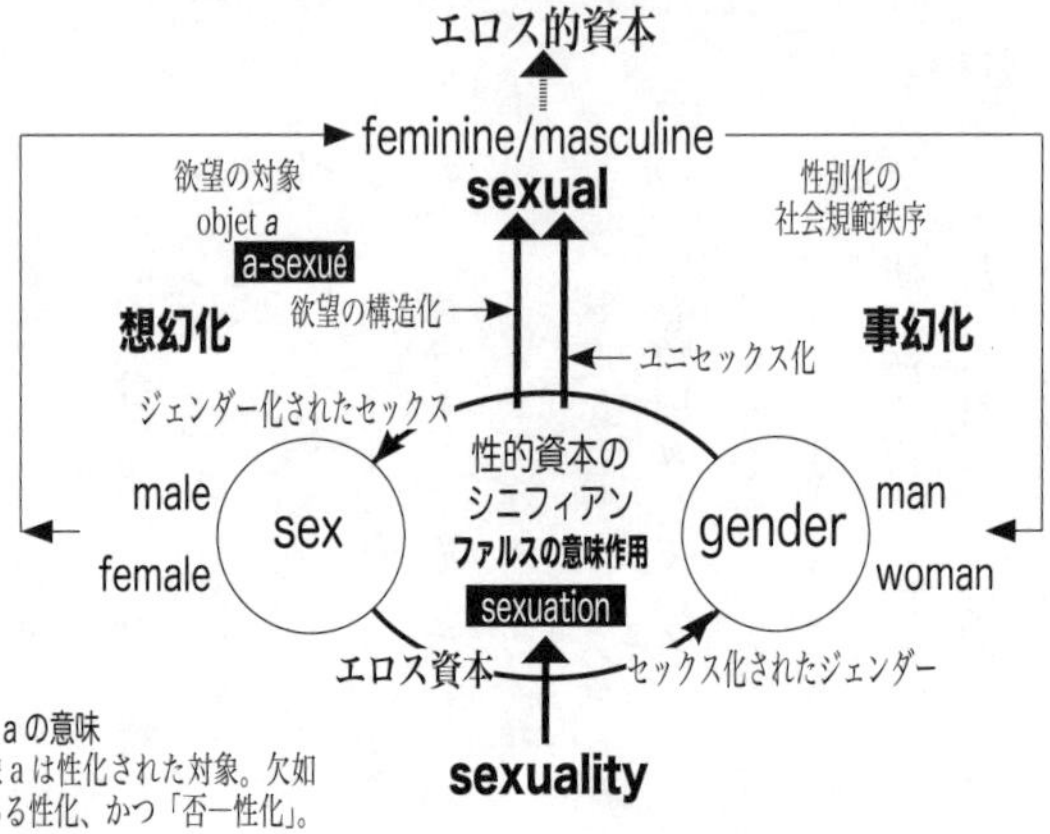

註：aの意味
対象aは性化された対象。欠如である性化、かつ「否―性化」。

である。労働・ワークの社会的地位や立場を利用して、愛なき性的欲望を充足しようとする、そうした労働と性との歪んだ関係になってしまっている。

それはエロス資本形成における、母・父と子(男の子／女の子)の母型的・父型的な関係、その前言語的段階での心的形成の問題にまで、遡及されることとしてある。モニク・ウィッティグは、母親が性役割、対応態度、価値への社会化の主要なエージェントであると述べている。

ジェンダー文化は、そこにおいて歴史文化的な非対称の規制を何らかの形でなしていたが、その前近代のジェンダー王国が解体し、その残滓は常に学校化において溶解させ続けられ、個人の近代的なエロス的資本へと開放された。そこに、セックス化された新たな産業的ジェンダー体制の二元体が構成されている。ここをジェンダー回帰としてでなく、社会空間ではない、新たな場所ジェンダー規制として歴史資本とともに考え直していかねばならない。それは核家族形態を超えていく新たな親密性として想定されよう*。性的資本は、この課題を「緩やかな場所」世界の可能条件として負っている。「社会」を解体する「述語的」な性的資本の作用である。主語制の性的資本は、欲望の従体化をなして性別化を形成している。

ジェンダーとは社会的な束縛と権力の効果であって、自然のマターではない。前―近代の述語的なジェンダー構成の文化がいかにありえたのかには、歴史的な参考指標があるのかも知れない。ジェンダーが事幻化構成し、ファルスが想幻化構成している。これが心的な性エコノミーである。性的資本は、この事幻化と想幻化を個別事態においてシニフィアンしている。

ラカンは、「性とは、話すことのアクトだ act of speaking」と驚くべきことを言っている(S.XXV)。性《セックス》は、身体イメージや解剖学やジェンダーに依存してはいないということだ。性的差異は、S_1/S_2の、象徴的登記であって、メタファーの効果であり、一つのシニフィアンが他のシニフィアンを従代理するsubstituting効果である。共通の言説に溝がつけられることによって根拠づけられる。

ラカンの性的分割の論理図式は、普遍命題として男は「すべて、ファルス機能に服属している」ということであり、それに対して女は「すべてがファルス機能に服属しているわけではない」となる。そして存在論的命題として、女は「ファルス機能に対してノーと拒絶する実体xはひとつもない」が、男は「ファルス機能に対してノーと拒絶する少なくともひとつの実体xがある」。

女性は象徴界の内部に全面的に入っているわけではないが、普遍的な肯定的命題はありえな

* Eva Illouz, *Saving the Modern Soul:Therapy, Emotions, and the Culture of Self-Help* (Univ. of Calofornia Press, 2008)

社会人間として中性化されていながら男女**性別化**の二元体が構造化される

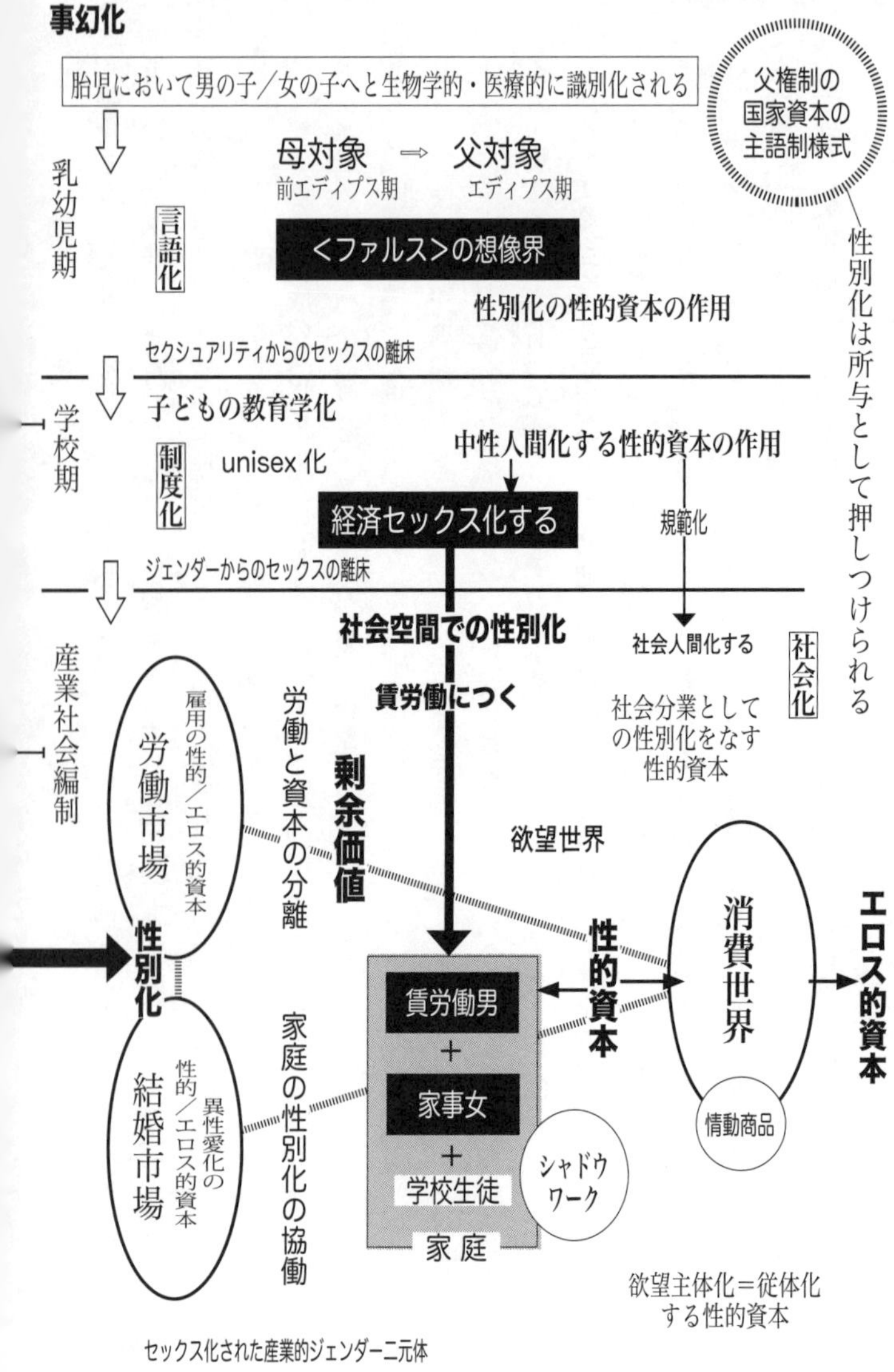

事幻化
胎児において男の子／女の子へと生物学的・医療的に識別化される
父権制の国家資本の主語制様式
母対象 ⇒ 父対象
前エディプス期
エディプス期
乳幼児期
言語化
<ファルス>の想像界
性別化の性的資本の作用
性別化は所与として押しつけられる
セクシュアリティからのセックスの離床
子どもの教育学化
学校期
制度化
unisex 化
中性人間化する性的資本の作用
経済セックス化する
規範化
ジェンダーからのセックスの離床
社会空間での性別化
社会人間化する
社会化
賃労働につく
社会分業としての性別化をなす性的資本
産業社会編制
雇用の性的／エロス的資本
労働市場
労働と資本の分離
剰余価値
欲望世界
消費世界
エロス的資本
性別化
性的資本
賃労働男
＋
家事女
＋
学校生徒
家 庭
シャドウワーク
情動商品
異性愛化の性的／エロス的資本
結婚市場
家庭の性別化の協働
欲望主体化＝従体化する性的資本
セックス化された産業的ジェンダー二元体

第４節から

ファルス享楽によって男女性化の二元体が構造化される

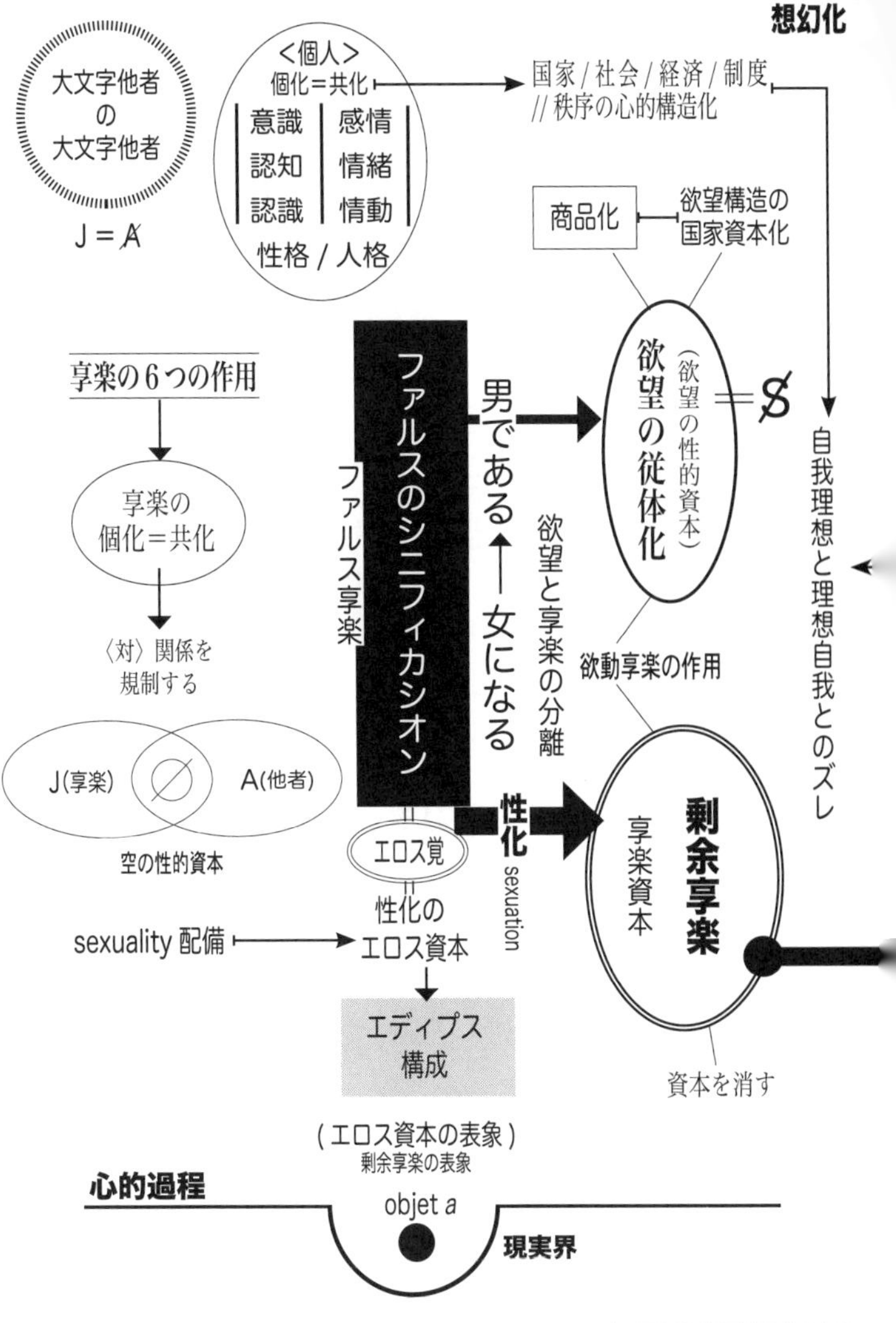

註：図上のそれぞれの項目の関係の仕方は右図のように連鎖しているが、1つの輪を切ると全てバラバラになる、という関係の仕方である。最初と最後の輪を留めているのが<享楽>と考えたい。

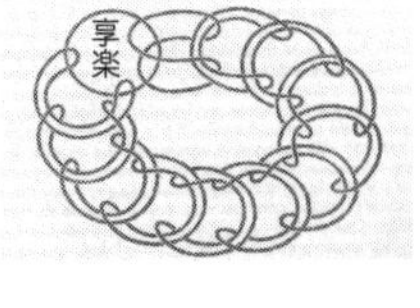

第5節から

い。La「(大文字の女性冠詞)絶対的な女性なるものは存在しない」、女性とは何かという問いに対してただ一つの答えを出すことはできない、つまりLa(絶対的な女性)を指すシニフィアンは存在しない、ということだ。「女なるものは存在しない」という意味をはきちがえてはならない*。女性的なものはファルス的なものによって決定されていないのに、それを欲していると錯認する男たちは、女性の中に想幻を求めることによって、過剰の享楽が対象aによって妨げられている、存在の欠如、その疎外を処理することしかできないからだ。**

ここを把捉するには「享楽」の理解をしていかねばならない。(次節にて)ジェンダーとセックスを論じることは、性の社会的編制と心的構造との関係をときあかしていくことであって、性/ジェンダーを実定化していくことではない。ファルス享楽はどう関係づけられていくのか。その問題開示を提起的にここではなした。

性的差異は、「性化」とその〈a-sexué〉による「性別化」との狭間にある。

本節の要点を、個人の成長過程として、社会人間=social agentとして形成されていく中で内在化されかつ外在化される男女の性化/性別化のメカニズムとして前頁図にまとめておいた。リビドー的享楽が社会的諸関係といかに関わっていくかを、総体的に考えるための指標であって、実定化されるものではない。どこで享楽は欠如となっていくのかを示している。

考えることは、ひたすら穴を探っていくことである。不可能にシニフィアンを見つけるため。

* Paul Verhaeghe, *Does The Woman Exist?: From Freud's Hysteric to Lacan's Feminine* (Rebus Book, 1999)

** ラカンの性別化のスキームをもっとも簡潔明解に説いているのは、エリザベス・ライト『ラカンとポスト・フェミニズム』(岩波書店)。

第5節

性的資本における享楽と剰余享楽
——ラカンとマルクス——

本節は、*L'apport freudien: éléments pour encyclopédie de la psychanalyse*, LAROUSSE, 1998版を基礎地盤にして使用しつつ、ラカン・セミネールを解読しながら、私の理論構成へと格闘的にずらしている。引用を逐次示していないのも、あちこちへとび、さらに、そのままではない解釈と構成が通過されているためで、この章のような言説生産はそれしか作業のしようがないことをお断りしておく。複雑難解なラカン理論の基本理解は、この事典が多様な論者によって記されているため、多元的に考えさせられると私は高く評価する。邦訳書はありがたく参考にさせていただいたが訳には従っていない。ご自身であたられたい。

性的資本の本質的な構造は、欲望、快楽、享楽の心的構造に関係してある。労働ではない！

性別労働には、性別化された想像的構成と象徴的構成があるのであって、労働自体が本質的に性別分割され実定化されていることではない。男でも家事労働はするし、子育てや料理・裁縫・洗濯はする。女でも賃労働するし、会社経営もする。つまり賃労働と家事労働の分離労働の問題であって性ではない、そこに対する「性別化」というジェンダー分割コード自体が問題であるのだ。

性的資本とは、〈剰余享楽の資本化〉であって、〈剰余〉欲望も〈剰余〉快楽も概念的にホモトピー的に設定はされない。なぜか？ つまり性的資本は、性的欲望、性的快楽の問題ではない。註
それは、「享楽 jouissance/joyfulness とは何か？」を明らかにすることに関わる。

〈剰余享楽〉とは、身体から享楽が押し流された後に残っているものである。充満してあふれ出たのでも付加されたものでもない。というより、付加された剰余とは欠落の効果にある、とも言える。思考技術は近代的思考とは逆である。

そこから、〈剰余価値〉を見直せば、それは付加された増加ではなく、資本を奪い取られ、資本が押し流された後に残っているものである、となる。資本欠如の商品価値余剰利益である。

何が、既存の思考においては取り逃がされているのか？

〈性的資本〉から、私が資本論を開始したことには根拠がある。

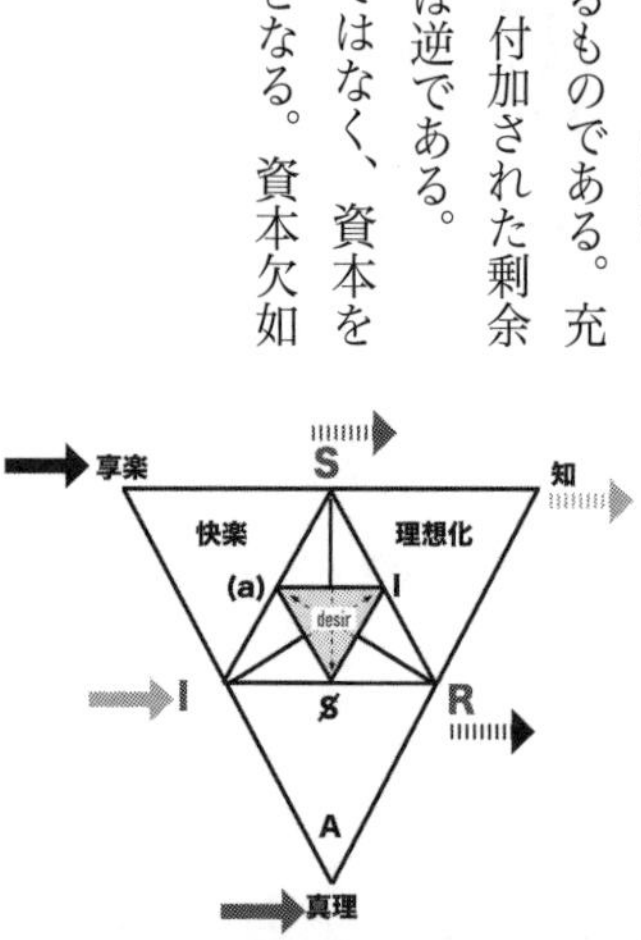

もうすでに、述べてきているのだが、男女の差異化／差別化と分離なしに、つまり男女のセックス化された心身の疎外表出なしに、利益＝剰余が生み出される構造は形成されないということである。ここが既存の思考において「穴」となっている空域 empty space である。工場労働だけによって社会的分業の編制はなされない、家事労働と共存し、しかもそれが性差異に分節化されないと機能しない。資本と労働の分節化には、性別化の規制が構成されている。だから、雇用可能性と欲望可能性に性的資本が表象表出して関係してきているのだ。ここは経済理論が解き開かせていない本源的な穴である。ラカンの精神分析理論が、そこを開削しうる。

ラカンを読み理解するとき、その定式への基本理解が要されるのはもちろんであるのだが、精神分析主義の非歴史的、非社会的な規定排除に陥ってはならない。ラカンをしっかり読みこめば、そこにマルクスの世界が浮上してくるのに気づかないことが、もう読みの未熟である。ここを見いだせないと、定式化されたタームで、何かを言ったつもりになるだけである。「事実の否認である」、「欠如の現れである」、「認識自体が先んじて拒絶されている」とか、「認識が置き換えられている」などの言い回しをいじくり回しても何も言っていないに等しい。私は、ラカンの社会理論的な活用の仕方をすでに明らかにしているが、ラカン言説自体には、理論活用がなされうるたくさんの穴がある。この穴は、欠如であるゆえ可能条件を潜在させている。

工場を含む生産領域において、剰余価値生産の領有法則が成り立つのは、家事労働の無支払

註 享楽が現実界Rと接し、快楽を生み出し対象aが配置され、想像界Iが知へ疎外表出され理想化を生み出し、真理が象徴界Sを構成し大文字他者を構成し従体をバレする。RSIの中の「対象a/$\not{S}$/理想化」に囲まれた＜欲望＞へ凝集され、そこに個人・国家まで含んでの心的構造化がなされる。享楽・真理・知と、その中の RSIとの関係が、現在大きく転移してきている。真理−Sとの関係は近代において大きく転じたが、今享楽−Rの関係における剰余享楽に大きな変化が起きている。

いワークがありかつ子どもの制度的再生産装置があってのことである。次世代の子どもが家事においてかつ学校において育てられ、賃労働者となって工場・会社に入ってこないことには、産業的企業生産は存続しない。この生産者の再生産の物質的社会分業の歴史的構成を遂行し支えている心的構造が、消費や生産を作り上げ支えている。生存するには就職＝賃労働者になることが要求され、ハッピーな生活が欲求され、賃金は欲望される——これはファルスの意味作用の社会表象である。賃労働世界を支えているのは産業的なファルス主義である。

言説的には、初期資本主義生産構造に見合う形でフロイトの無意識構造が明証化され、後期資本主義生産構造に見合う形でラカンの欲望構造、享楽世界が明証化されている。歴史的言説がそこで構成されているからだ。彼らは、そこにいき生活している人たち＝患者を観ているからだ。両者をつなぐものが、労働主体と性的主体とを合体させる主体化＝従体化の構成であるのはいうまでもない註。男女がともに相互関与しているのに、生産資本の方は経済化されて男へ集中され、性的資本は想像化されて女へ集中化されるという、性別化の構造とそこでの性的振る舞いの傾向へと分離疎外される。その根拠には、性的差異の根拠が考えられていない、ということで示されていく論述思考として、何が構成されてしまっているのか。男支配／女従属の近代産業構造は、本質根拠がないのに歴史的に構造化されているのはいかなるメカニズムによってであるのか。男が仕事場において性的資本を押し殺されていながら社会的に性的支配をなしている、そ子で心的

註：sujet/subject は、1つのシニフィアンによってしか sujet にならないし、かつもうひとつ別のシニフィアンに対してでしか sujet ではない。これを＜主＞体だとは訳せない、「従体」である。「私」は常に私がそれについて知っている以上のことを語っているのだ。私は知らずに話しているのである。考えてもいないところで生きている。私は考えない、故に私は存在しない、という従体状態が sujet である。

に欲望赤字状態へと追いやられていることは普遍的なことではない、産業〈社会〉経済的な現れである。感覚的な言い方をすれば、男支配の産業社会とは実に情けない社会状態にある。

しかしイローズやハキムたちの性的資本／エロス的資本への考察の不十分さとは、ラカンとマルクスの「剰余」界閾をめぐる理論考察の欠如である。つまり、社会存立の根源が問われていない。論者というより、資本主義システムは剰余を「意味されたもの」から隠す。剰余のシニフィアンスが作用しているのが見えなくなる。これはイリガライやバトラーがいうような物象化やフェティシズム(物神主義)ではない。ルービンは、そこに気づいていたが、〈剰余のシニフィアンス〉にまで思考が及ばなかった註。想像界と象徴界に「事幻化」が現実界に対して構成されていることなのだ。「こと」と「もの」との相互変容に疎外表出されている出来事と想幻との構成である。

現象として単純化してしまうと、フロイトの無意識構造においては、労働を抑圧し労働力を剥奪＝搾取することにおいて剰余価値生産が可能になったが、ラカンの時代世界においては欲望の主体化＝従体化の自由とさらに享楽を保障する欲動環境がないと剰余価値生産は可能にならない。前者で、社会はリビドーの規範化へと抑圧され、後者では性的ヴァリエーションとして欲動の性的実際行為《プラチック》を社会へ欲望従体化として開いた。実はこの両者は同じことであるのだが、歴史的・社会的な表れ方が異なる。そこが本質の次元である。性的資本が変容している現れである。

性的資本とは、享楽の歴史的編制・転移の現れである。そこにおいて、資本シニフィアンが作

註:「剰余のシニフィアンス」とは、剰余はシニフィエを持たない。なのに、利潤・賃金・地代という剰余価値が姿を表すのは、資本が流され商品形式の事幻化が編制されているためだ。それは〈もの〉が事的事象へと想幻化されているためである。この転移は、享楽の配置換えによってなされる。

用しているが、疎外表出の事幻化としてである。しかも性的資本は無意識の界に関与している。性的資本が欲望構造に配置されると、現在日本語で機能している「セックス＝性」とは性欲のことであり性交のことであり、いかがわしいことであるゆえ社会的・公的な場面では語られるべきことではない、と再認されてしまう。<doing sex>の意味が肉欲へ制限されてしまう。性的資本の欲望化構造への配備についてはすでに述べたが、性的資本の概念を有効にしていくためには、欲望ではなく「享楽」と欲動作用においてそれを捉えていかねばならない。ここが、イローズやハキムには不十分であるため、現象的解析に止まってしまって、資本作用のシニフィアンは曖昧なままになっている。欲望とは、商品と国家資本において社会作用している歴史暫時的なことでしかない。性的資本は、剰余享楽を生み出している欲動作用なのである。

《欲動》とは、pulsion/Trieb/driveで、Triebから「本能」instinctとされてしまったのだが、物理学的エネルギーと心理学的エネルギー、自由エネルギーと拘束エネルギーという相反するものの共示的作用であり、フロイト的に、興奮が欲動に性的な性質を与える「性感帯」とされたような、そうしたものを基礎におきながらも、意志とは無関係な心的作用として概念配置していかねばならない。自我・自己保存欲動と性欲動の二つの原欲動を含んで、性愛の要求と自我の要求との葛藤という次元を通過して、個体機能を超えて、主体―対象、快―不快、能動的―受動的、生の欲動―死の欲動、など対立させられたものを超えた次元での、相反性を内在共存している述語的相互作用の働きとして、無意識の感情 unbewusste Gefühle、感覚 Empfindungen との非分離関係で考えねばならない<motion pulsionnelle>として、外的な刺激に対する感覚のプロセス、内的刺激に対する感覚のプロセス、さらに表象代理

Vorstellungsrepresentanz までも含んで考えることになる。「衝動」という意味は抜いておきたい。欲望、享楽を働かせる作用、とくに無意識の構造へ働いている作用の次元を考える概念で、定義されきれずに考えられ続けているものであるが、心的、感覚的な動きを考える上での概念的ツールである。性的資本は欲動として作用している（労働としても発話・表現としても作用していない）、というように。

享楽を理解する

拙書『哲学の政治　政治の哲学』にてまとめたことであるが、ラカンの考察変遷として享楽の位置を考える上で基礎的に重要であるゆえ再録する。言表や言い回しは変えた。

「快楽としての享楽」「オルガスムスとしての享楽」「欲望対享楽」「根源的な倫理的立場としての享楽」「《他者》の享楽」「女性的享楽」「身体の享楽」「享楽と言語」といった八つの相がD・エヴァンスによって叙述的に示された*。この概述を領有しておかないと、享楽は曖昧さへ行ったり来たりになってしまうゆえ確認しておく。

①快楽 pleasure としての享楽

ラカンは一九三〇年代にアレクサンドル・コジェーブのヘーゲル講義に出席した。享楽の概念はヘーゲルに負っているというが、それはつねにコジェーブのヘーゲルであり、かの〈主人—奴隷〉の弁証法からきている。

主人は奴隷に自分のために働くよう強いることができる。自らの行為の結果を彼に託す。主人は自らの欲望をみたすいかなる努力もせずにすむ、**自然に対して闘うことなく自然において自らを保つこと**、それが享楽 Grenu β である。そして、**いかなる努力をすることもなくえられる享楽が、快楽 Lust**

* Dylan Evance, ‘From Kantian Ethics to Mystical Experience: An Exploration of Jouissance’, in Dany Nobus(ed.), *Key Concepts of Lacanian Psychoanalysis* (Rebusu Press, 1998)

である、という考えが、1953-54年のセミナー(S.I『フロイトの技法論』)で語られた。主人が奴隷に働くことを課すことで、奴隷はただ主人が所有し享楽できる諸々の物を生産する。掟が奴隷に押しつけられ、それによって奴隷は他者の欲望と快楽を満たすことができる。それゆえ、奴隷は、強迫神経症の範例となった。彼は、自分自身でなく、彼の主人のために死している。なぜなら、彼は自らの享楽を消し去られているからだ。(学校も仕事場も享楽から快楽をなくさせ、他者の欲望に隷属する。)

②オルガスム orgasm としての享楽

1953-54年、54-55年(S.II『自我』)のセミナーにおいては、享楽の性的な意味は不在であったが、数年後、マスターベーションの快楽について言及したときこの用語が使われる。以来、セクシュアリティの次元において、たとえそれが、生物学的な趣でとりあげられているにせよ、つねに印されるものとなる。つまり、**享楽は、オルガスムの快楽的感覚と等しいものとされ、必要と生物学的満足の体制**に置かれた。一九五八年の女性的セクシュアリティについて触れたとき、ラカンは冷感症を「クリトリス的享楽」の欠如として語っている。「性的必要に固有な満足の欠如」とも定義している。その後、オルガスムと単純に等価されない、多様な満足を語っているときでさえ、この体制はけっして棄却されない。ラカンは、一九六三年に享楽を「オルガスム」として単純にくりあげるが、その意味は一九七三年のベルニーニの聖テレサに触れたときでも同じである。

ラカンが、コジェーブの意味から一九五六年以降、性的共示に関する意味へと変更したそこには、多分、ジョルジュ・バタイユの影響があったであろうとエヴァンスはいう。バタイユの名は『エクリ』では一度、『精神分析の論理』ではサドにふれたさいに一度だけあるが、Francois Perrier/David Macey は、ラカンの後期の享楽の概念化にバタイユの影響が大いにあるとみている。享楽の死の性格はバタイユのエロティックを暴力とみなす考えに負っているし、必然的剰余としてのエロティック享楽のそれもそうだし、神秘的経験のケースもそうである。あまりの不安なしに耐えるとき、人は失われているか、危険にある状態の感情を享楽している、というバタイユの逆説は、オルガスムそのものの本性である。

③享楽・対・欲望 désir

jouissance と désir/desire の区分は、一九五八年三月のセミナーであらわれはじめたと Dylan Evans は指摘する。「主体は欲望を単純に満たせない、**彼は欲望することを享楽する**、これが、彼の享楽の本質的次元である」とされた。欲望とは対象への動きではないのも、それを満たすことができないからで、欲望とはそれを満足する対象を欠いている、それゆえそれを遂行する享楽のために、終わりなく遂行される動きである。このとき、享楽は生物的必要を満足する体制から抜け出し、**永久に満たされることのない欲望の遂行において見いだされる逆説的な満足**となった(p.5)。**欲望を支えるのを保つ欲望のために欲望する享楽**となる。次に、ラカンは、不安に関するセミナーにおいて、欲望とは享楽への意志として表現されると、欲望の終着点として享楽を位置づける。**欲望が目的とするものが享楽**とされた。そこから享楽への意志が、つねに失敗し、それ自身の限界、それ自身の制限に出会うということが説明される(p.6)。（Evans は、快楽と欲望を混同させてしまっているゆえ、修正。）

ここから「もし主体が欲望を享受するなら、享楽は欲望を支える」という点と、欲望が享楽を目的とすることにおいて、欲望は享楽の欠如として予見されるのも、「人はもっていないものを欲望できるからだ」という点の、二つの「欲望と享楽」の差異が示されたことになる。

④根源的な倫理的立場 radical ethical stance としての享楽

次に、一九六〇年の『精神分析の倫理』のセミナー（S.VII）において、享楽と快楽 pleasure との対立がより鮮明化される。享楽はもはや快楽の感覚と同じものではなく、精神的／身体的な苦悩の感覚に対立するものとされる。これは、享楽がマゾヒズムと同じではないということを意味する。マゾヒズムにおいて苦痛は快楽を意味する。快楽とは苦悩それ自体の事実においてなされるゆえ、苦痛から快楽を識別するのは難しい。享楽とともに、一方では快楽と苦痛とは異なるものである。つまり苦痛それ自体において快楽はないが、しかし快楽は苦悩の代価を支払うことができないものでもある。かくして快楽と苦痛はひとつの束として現れるという、取り引きdealの類となった。

次に、快楽は、一方で「快楽の感覚」であり、他方では「快感原則」を意味する。快感原則は、精神機能の二つの原則のうちの一方である(もうひとつは「現実原則」)。それは、苦痛を避け快楽を得ようとする基礎のうえに主体が自らの行為を統治する先天的傾向である。かくして、快楽の最初の意味は、享楽の初期の意味と同じであり、後の快楽の意味は享楽の後期の意味とは対立する。

⑤《他者 the Other》における享楽

単純に、快楽と同じであった享楽の意味から、快楽と苦痛はひとつの束であらわれるという取り引きの意味へと変わった点をみたが、単純に、初期の享楽の意味が新しいものに置きかわられたというのではなく、両者は共存している。「大文字《他者》の享楽」は、古い意味の方で議論されていく。つまり、大文字《他者》の享楽は、主体の享楽を性格づけている苦痛と苦悩の享楽によっては印されない。

快楽と同義語の〈享楽〉の意味と、快楽と苦痛がひとつの束になった〈享楽〉の意味との間で振幅することに注意を置いて、使われる用語をみていかねばならない。つまり一九六〇年以降、ラカンが〈主体の享楽〉を新しい方の意味に依拠して語っていくとき、「《他者》の享楽」は古い方の意味において語られている。

《他者》のみへ近づきうる超豊かな享楽という幻想は、子どもの最初の経験において見いだされる。原始的な《他者》である母が、完全で、自己充足的で幸福であるとみえる、最初の経験である。

鏡像段階での反転的な関係を見誤ってはならない。子どもは泣き叫んだり食べるのを拒んだりすることによって、母における不要の注意をひこうとする。つまり《他者》の欠如を書きこもうとするのだ。もしこれが成功しなかったら、つまり、自分の泣き叫びが母の享楽を乱すことにならなかったら、自らの欲望を綿密に仕上げていくことにはならない。

つまり、欲望と享楽とは対立させられている。しかし、もし成功したならば、《他者》は完全ではなく、母の享楽は超豊かなものではないということになっていく。いずれにせよ、母の完全な享楽という最初の印象の記憶は、《他者》のみへ近づきうる超豊かな享楽の幻想を持続する。

⑥女性的 feminine 享楽

享楽がより大きいという他者が現実的につねにありうるとはかぎらないことが、「他者」が「他者のセックス」と重ねられたとき、つまり、「女性」に関係づけられたとき認識されてきた。「享楽しているのは女性たちである。彼女らの享楽はより大きい。」女性的享楽が男性的享楽よりも大きいという新しい見解は、一九六三年になされたが、まだ女性性にからむ享楽がはっきりしていたわけではない。ラカンは、すでに一九五八年には享楽の用語をもって女性的セクシュアリティについて講義していた。「女性的(female)セクシュアリティの問題は、女性的(female)享楽の問題となってきたのである」(p.9)。

この文脈では、享楽は、つねにというわけではないがオルガスムスに関係する、性的満足のある達成形態として理解された。男と女の享楽のちがいは、男と女とでは性的満足の形態が異なるからだと設定された。最初それは、女性の享楽の方が男性より大きいというように度合いの問題でしかないとみなされた。「享楽とは、それが性的であるというかぎりでは、ファルス的である。それは《他者》に関係していないのを意味する」と。しかし、後にラカンは、享楽の異なる形態の考えをもつにいたって、とくに、**女性的享楽はファルスの彼方にある**とみなすようになる。

一九五八年時点でラカンは、女性的セクシュアリティにおける女性的享楽は、クリトリス的享楽であって、男性的享楽に対立するのでなく腟的満足に対立するものと考えていた。つまりクリトリスとペニスを等価化するフロイト派の考えにそって、女性的享楽は享楽の異なる形態として質的に考えられていたのではなく、両性に共通のファルス的形態の女性的経験に関与して述べられていたにすぎない。

1972-73年のセミナー(S.XX『アンコール』)で、ラカンは女性的享楽を質的に異なった形態で語りはじめる。ファルス的形態は、両性によって経験される普遍的に位置づけられるものであるが、女性は、このファルス的形態にくわえて、他の形態へアクセスするものをもっている。ファルス的形態とちがって、この「補足的享楽」は、大文字《他者》に関係づいている。ところが、それ以上の評価をラカンは論じることがない。言葉にいいあらわしがたい女性的享楽の本性が、いかなる知もそれにたいしてもちあわせていない、神秘的な経験のもとで語られるのみだ(まるで、晩年のフロイトに重ねあわされるように)、とエヴァンズは指摘し、聖テレサの、天使の黄金の槍で突かれたことをめぐる論がなされる。オルガスムスの享楽を暗示するものであろうが、人は彫像を見上げ聖テレサがやってくると現実化するだけである、と。

⑦身体 the body の享楽

他者の享楽を女性性だけでなく、身体とむすびつけてラカンは考えている。ファルスの彼方に享楽があるという考えをもった瞬間、即座に、彼は身体の享楽を種別化している。

享楽は、精神分析のみが認知できる「実体」で、フロイト概念のリビドーにたいして、身体的享楽は関係づけられ、この実体は水力のメタファーで語られた。誕生したとき身体は享楽に満たされている、それを押し流していくことが文明化の仕事であり(フロイト)、象徴界にはいっていくことであると考えられた。この排出の手術は去勢とされた。去勢とは身体的な享楽のある部分を断念することとして理論化されたものである。享楽は拒まれねばならないというのが去勢である。社会にはいっていくためには、人は何かをあきらめねばならない、この「何か」とは、主体が断念しなければならない、本能的満足の断片、全能の感覚である、とフロイトは考えたが、ラカン派にとっての享楽は犠牲=供儀とされねばならない剰余であり、単に消えるものではなく、超自我に集められ悪の形態において取り戻されるものである。

剰余享楽とは身体から享楽が押し流された後に残っているもの、享楽の残余は身体の片隅に、性愛器官を構成する境界に、罠にかけられて残っており、ヒステリー症候の核心になっている。

⑧言語 language と享楽

すべてを言語に還元するラカンという批判に反駁して、ラカンは**享楽を言語の彼方にあるものとする態度**をとった。ところが享楽が身体から取り去られたとする去勢は、言語の象徴的な手術でしかない。意味するもの《シニフィアン》は享楽の原因であるとした初期のラカンは、意味するもののネットワークである言語は、享楽を排除することによってうまく操作できるとしていた。意味は快楽の大波によって汚染される、これが造語 jouis-sens(意味の中の享楽)をうみだす。そして、**享楽はもはや言語の彼方の力だけではなく、言語の内部** within language **にもある力** force とされた。

この叙述的な享楽の位置があっちへ行ったりこっちへ行ったりする相互関係性(およびトポロジー的配置)に配置される説明を、理論言説にまで練り上げねばならない。

ジャック=アラン・ミレールは、「享楽のパラダイム」として六つのパラダイムをあげたが、そこに理論配置化への基礎がある。そこへいく前に、「ファルスの意味作用《シニフィカシオン》」の基礎を再確認し、ファロゴセントリスムにおちいらないように理論規制しておかねばならない。

ファルスの意味作用と性的な差異

「話す存在における両性の間には、関係を補填するものが言表されうる」(SXX, p)、男と女と呼べるものの間で、「それ ça」が生じている。それが享楽に見合った満足、ファルス的享楽に見合った満足であり、「他満足 une autre satisfaction」である(同頁)。満足は、自分の側にはない。

性的資本とは、「話す存在における両性間で、その関係を補填している」もので、他満足をもたらす作用をなしている──と私は配置する。そして、性的資本は、産業社会編制においては「ファルス享楽」へと変容されて、ファルス中心主義世界を表象させる。

『エクリ』に「ファルスの意味作用 La signification du phallus」なる論稿がある。

「ファルスは、ロゴスの部分が欲望の到来と結合されるところに印される特権的シニフィアンである」。性的結合の現実界において捉えられ、論理的なコプラに等しいシニフィアンであり(Ecrits, p.692)、隠されている。ファルスの意味作用は、性的差異を出現させる──エロス覚からの性化。

女性が女性性の本質的部分を拒絶するのは、大文字他者の欲望のシニフィアンであるファルスであろうとするためだ。愛されると同時に欲望される存在を求めるのは、そうでないもののためである。しかし、自分への欲望について、彼女は自分の愛の要求をむける相手の身体の中のシニフィアンを見つける。このシニフィアン機能が、フェティッシュの価値を持つが、女性にとっての結果は、それが与えるものを理想的に奪い取る愛の経験と、自分のシニフィアンを見つける欲望とが、同じ対象に集中される。それゆえ、性的必要に固有の満足の欠如 défaut、つまり不感症が観察され、それに彼女は耐えられるし、欲望に固有な排除が男性よりも少ない。(同、p.694)

男性は反対に、要求と欲望の弁証法が諸効果を生み出し、愛の生活の種別的な磨き直しの題目の下で立て直しをする。男性は、ファルスのシニフィアンが女性の持っていないものを愛において与えるものとしてうまく構成するべく、女性との関係における自分の愛の要求を満足させるのを効果的に見つけるなら、彼固有のファルス欲望は、このファルスを多様な資格でシニフィアンすることができる「もう一人の女性」の近くに残っているその分散の中で、そのシニフィアンを現出できるだろう。愛の生活の中に生殖的欲動の遠心的傾向が生み出され、性的不能を耐え難いものにし、欲望へ固有の排除がいっそう重要なものになっている。

欲望のファルス的印に固有の排除によって、女性性がその仮面の中に自分の避難場所を見つけるという事実は、人間的存在にとって、男的誇示それ自体が女性的に現れるという奇妙な結果を産んでいる。性化 sexuation は、性別化ではない、セックス状態を生成させることにある。

このファルスによる性的な差異をハキムはエロス的資本として現象的に示したと言えるが、ラカンはこのファルス的シニフィアンの機能は、古代人が心と言葉を肉体化したところに深く関係していると主張する。

古事記のイザナキとイザナミの国産みにおいて、「なりなりて成り合はぬ処一処あり」、「なりなりて成りあまれる処一処あり」と称しているのは、ファルスの無し有りで、先にイザナミ(女)が言ったためヒルコを産んでしまったが(国つ神統治がうまくいかない)、それに変わりイザナキ(男)が先に言うことで、国が生まれる=統治が可能になる。日本でもファルス中心主義は古代神話において描かれていた、と言えよう。象徴的統治はファルス作用の性別化で可能となる、と仮定したい。

享楽の六つのパラダイム——ミレールの論点

signifier/signifying/significantisation と英語言表で示される世界を、ジャック=アラン・ミレールは六つの享楽範型《パラダイム》として示した(*Paradigms of Jouissance*, London Society, 2019)*。重要なので基本をおさえておく。それぞれラカンのセミネールの要点となっている。ミレールに従って拾いこんでいこう。

パラダイム(1) 享楽の「想像化 imaginarisation」 S.IV

享楽とは、まず「想像的なもの」である。

意味を供給する「話す機能」とそれを支える「ランガージュの構造」が、主体化=従体化、再主体化=再従体化の遡及的ダイナミックスと事実と出来事とにいかに絡むか、その概念化の問

* L'ORIENTATION LACANIENNE: LE COURS DE JACQUES-ALAIN MILLER としてウェブでフランス語の原文は見れる。XIII, XIV, XV(24,31mars, 7 avril 1999)である。
http://jonathanleroy.be/2020/12/orientation-lacanienne-jacques-alain-miller/

題である。「転移における干渉(調停)intervention of tranference」という「主体＝従体の主体＝従体への関係 the subject-to-subject relation」の根本的な構造的性格、「相互従体性の弁証法 dialectic of intersubjectivity」では大文字他者が関与している、A→S の象徴的な軸が不均衡に働いている。無意識は、ランガージュであり、話すことであり、アクセントであり、ディスクールであり、主体＝従体であると、揺らいでいる。

暗号化と解読において「満足」が、意味論的秩序において構成されるとき、主体＝従体の側では苦悩の原因である「意味の拘禁」が、従体の意識によって抑圧され、満足が意味の再出現とされる。他方、大文字他者の側では、再認に達する従体的意味の確認、登記であり、再認の欲望が従体の最も基本的な欲望であり、この再認がコミュニケーション秩序において満足をもたらす。これが「象徴的満足」である。

だが、リビドーは想像的なものであり、この想像的なものとしての享楽はランガージュ、話すこと、コミュニケーションからはもたらされない。享楽は象徴的満足とは異なる。想像的享楽は、相互従体的なものではなく、「intra-imaginary」なものである。つまり、意味するもの《シニフィアン》と享楽とは非結合であり、論理を持っているシニフィアンは、享楽への接触からは切り離されている。象徴的連鎖における諸切断と想像的享楽の出現とは、象徴的洗練が欠落しているところに考えられる。そこから超自我は象徴的失敗から出現し、想像的享楽に形を与えるとされる。

S. Ⅳ (1956-7)『対象関係』
La relation d'objet

想像的享楽の軸 a ― a' は、象徴的洗練化への障害ないし炸裂である。

パラダイム⑵ 享楽のシニフィアンス化 significantisation/signifiantisation　S.V

転移 transference は想像的享楽と関係づけられていたが、象徴的な軸の方へ配置換えされる。享楽から欲動 pulsion を切り離し、ランガージュのタームに欲動を構造化して、メトニミー／置換／結合を可能にする想像的なものから、象徴的従体、要求、の基礎において記述される欲動へと転じていく。$\$\Diamond D$ の定式が享楽の意味化であり、大文字他者の要求であり、象徴的タームにおける**欲動**である。

そしてファンタジーは $\$\Diamond a$ の定式として、象徴的従体に節合される意味する機能におけるイメージとされる。これは象徴界とリビドー界とを結びつける象徴界である。

後退 regression 概念は想像的登記から象徴界へと配置換えされ、エゴの統合解体・破壊という想像的関係から、先立つ諸要求において使われてきたシニフィアンの回帰を通して現実化される象徴的なものとして示される。ここで、器官から識別されてきたイメージの状態に置かれていたファルスは、象徴的状態の特権的なものへ配置換えされ、「想像的享楽のシニフィアン化 signifiantisation」にドラッグされた。欲動によって構成される「無意識の意味する連鎖の意味されたもの」、つまり「**欲望**」と等価であるとなっていく。シニフィアンへ通過されてきた享楽、

S. V (1957-8)　『無意識の形成物』
Les formations de l'inconscient

抑制された享楽である。享楽から去勢への軌跡、それがシニフィアン化に達したものである。そこに、欲望シニフィエが出現し、それがシニフィアンする。

すると「満足」は「欲望の満足」として欲望のシニフィアンとされ、それを表象する個人の権威という機能になる。さらに、シニフィアンの下に走っているシニフィエとして「メトニミーの純粋満足」がある。「満足」は常に象徴的タームにおいて言われることになった。

シニフィアンによる享楽の抹消は、昇華の効果として、欲望のグラフにおける享楽から去勢への線で示され、シニフィアンは享楽を消し、意味された欲望の形式で回帰させる。享楽の吸収は象徴界へと転換される。欲望のシニフィアンのΦが出現し(のちに「享楽のシニフィアン」とされる)、ファンタジーのマテーム、欲動のマテームが、想像的タームを象徴界に再配置したものとして記述される。享楽は、欲望とファンタジーへと配分されたのだ。

欲望は無意識の要求によってシニフィエされたものであり、シニフィアンの位置に無意識的要求としての「欲動」が、そしてシニフィエの位置に「欲望」が配置された。

$$\frac{S}{s} \rightarrow \frac{(\$\lozenge D)}{d}$$

その定式が上である。

享楽は欲望以外の何ものでもなくなったが、それは同時に「死んだ欲望」である。

ファンタジーとは、生活を構成する、生きている身体、意味する構造において含まれているイメージとしての対象aの挿入によって、想像的なもの全てを保持し、リビドーが「生きている身体にリンクされるスポット」に焦点を当て、享楽のイメージは象徴界に把捉される。

象徴界における享楽は欲望と幻想《ファンタジー》に還元される。欲望と想幻に還元されると私は言い換えたい。

パラダイム⑶ 不可能な享楽 impossible Jouissance　S.Ⅶ

『精神分析の倫理』において示された「リアルな」享楽 jouissance réelle である。享楽の属性 attribution of jouissance、現実界に帰される享楽である。「**物** das Ding」によって意味されたもの。この「物」とは、真の「欲動満足」で、想像界にも象徴界にも見いだせない、象徴化されたものの外部に、現実界の秩序として、リアルな現実的享楽として配置された。

抑圧 repression への防衛の置換。抑圧とは象徴界に属し、判読の範疇に状態化され、防衛が存在の根本的方向指示として示される。そして、防衛とは抑圧状態がそのようなものとして定式化される以前に存在している。

想像界や象徴界に対立する現実界の、バリアの問題がそこにある。

象徴的バリアは、法、「それ」が言うものだが、あなたが言い得ないものである。

想像的バリアは、物の達成を美しく装った外見の形態の下で、物のディレクションにおいて横切られる以前に、述べられたもの。

S. Ⅶ (1959-60)　『精神分析の倫理』
L'éhique de la psychanalyse

この二つのバリアは、象徴化の彼岸で物の撤退によって状態づけられる。

享楽は現実界を通り抜けて、自身を表現するが、グリッドをすり抜けて叙述され、絶対的である特徴によって識別される。これはもはや「止揚へ開かれたシニフィアンによって享楽が除去される」というモデルには従わない。ハイデガーから借りた「花瓶・壺」という世界に付け加えられた対象物として創造されたもので、欠如を導入する特性であるが、満たされる可能性にある特性だ。この「物」は去勢という除去に等価である。享楽を何もない空間へと還元することである、「バレされた従体 $\cancel{S}$」に等価。しかし、満たされる可能性にあるが、その補完は決して十分ではない。

カントの道徳法にラカンは、享楽の除去、物の反対の面を観る、「物」の押し黙っている現実性、その絶対性である。ここにおいて、享楽へは構造的に接近不可能になる、侵犯による以外。英雄が、都市や法や美のバリアを横切って侵犯して、享楽が含まれている恐怖のゾーンへと突き進んでいく。

この第三のパラダイムは、シニフィアンと享楽との間の深い断絶を強調する。第一パラダイムの享楽とは想像的であることからの断絶をぐるっと回って、「享楽は現実的である」という断絶である。

そこには、意味する物の間に出現する欲望としてのリビドーと、意味するものと意味されたものの彼岸に出現する「物」としてのリビドーの対立である。そこにミレールは、快楽と享楽との間の対立が本質的である、と配置する。

快楽原理は享楽への自然なバリアとして出現し、快楽の恒常性と享楽の構成的な過剰さとの対立となり、良い秩序の側に快楽を、常に悪いものをもたらす側に享楽を、と対立させる。さらに、騙す側に、快楽、想像界、見せかけ、他の側に現実的なもの(享楽)を対立させる。――この両義性に注意！　享楽は良くも悪くもある。

無意識は、象徴化の彼岸にある享楽を含まない、それは語られ得ない、シニフィアンと享楽とは根本的に分離されている。S//J

抑圧は防衛と関係し、「徴候」が享楽への関係特徴として構造的な不協和へと戻される。この徴候とは、主体＝従体が享楽を悪しき物であると形成させる。つまり徴候は、意味するものと享楽との間にバリアを作り、享楽と主体＝従体とは基本的に不一致であるとさせている。

第二パラダイムと違って、享楽は欲望と幻想／想幻には還元されないで、享楽は象徴界と想像界の彼岸に現実界へと配置され、物の側に置かれた。

「物」とは「大文字他者」の「大文字他者」、「大文字他者」の意味するシステムに関わり、想像界から翻訳されて溢れ出した「大文字他者」である。「大文字他者」の意味する構造を持っていない、「大文字他者」を欠いた、「他者の他者」である。「物」としての享楽は、バレされた大文字他者と同等であり、大文字他者を欠落させる、大文字他者の中の欠如であり、享楽を《「大文字他者」の「大文字他者」》と作っているものだ。それが、J＝Ⱥである。

象徴化の彼岸に「物」を孤立化させる袋小路 impass、意味するものと象徴化の彼岸にあるものとの間の関係を通して考えられること、「物」の形態の下にあるもの、象徴化の彼岸にあるもの、対象として出現するもの、つまり**「対象a」**である。享楽と大文字他者との間に新たな同盟は形成できない。享楽の現実的残滓、それが第三パラダイムである。

以上、享楽は「想像界」(第一パラダイム)、象徴界(第二パラダイム)、現実界(第三パラダイム)に配置された。

パラダイム⑷ 規範的《ノーマル》な享楽 Normal Jouissance　S.XI

享楽は対象aに断片化される、対象aとは穴であり、空虚な空間である。享楽への関係モデルは、芸術、絵画、芸術対象への平和な熟視、良い感じを生むものとされる。欲動享楽のおかげで統合され、自動的な享楽は、侵犯なしに、欲動のノーマルな通道に従って到達される。ここで、シニフィアンと享楽の間の裂開は否定され、その硬い節合が強調される。それは享楽と象徴界の堅い節合である。

疎外 alienation と分離 separation が識別され、疎外は純粋に象徴的なものであり、この操作の結果、享楽への反応が分離としてなされる。疎外とは同一化と抑圧の二つの概念を結びつけるのが目的であり、同一化は主体＝従体を表象するシニフィアンであり、そのシニフィアンは

S.XI(1963-4)『精神分析の四基本概念』
Les quatre concepts fondamentaux de la psychanalyse

大文字他者において吸収され、主体＝従体の分割がなされることを言う。従体は空虚なセットとして存在し、シニフィアンとして表象される、他方、それは抑圧に出会い、意味する連鎖$S_1 \to S_2$において抑圧が二つのうちの一つを下に追いやる、その一つが従体を表象する。「分離」において、欲動機能が同一化と抑圧への反応として再翻訳される。空虚な従体であったところに、失われた対象、対象aがやってくる。分離は対象aである。分離には欲動のノーマルな機能が含まれる。主体＝従体は欠如の存在とされ、欲動の定義はギャップないし小さな穴を含む。

無意識は非連続として、開けと閉じの縁として叙述され、肛門ないし口という、性感ゾーンと等価に置かれた。象徴的無意識と欲動機能との構造的な共通性である。「身体装置における何かは、無意識としての同じ仕方で構造化される」。器の空虚の中の対象である。

リビドーはもはや意味された欲望でも「物」でもなく（侵犯によって到達される意味作用の彼方の塊的 massive 享楽）、器官としての、失われた対象、あらゆる失われた諸対象のマトリックスとしてのリビドーである。「分離」は「失われた対象としてのリビドーの回復」とされ、同一化と抑圧の節合からフォローされる「意味する欠如」への反応とされる。

失われた対象 objet perdu とは、シニフィアンから独立している、自然的喪失 natural loss である。

我々は個人化され、「セックス化された再生産＝生殖 sexed reproduction」は生活の喪失と等価である。穴は喪失であり、自然的喪失である。それは非対称的であり、意味する欠如、$\cancel{S}$は、自然的欠如に節合されている。シニフィアンの従体はシニフィアンの欠如へ還元され、空虚なセット以外の何ものでもない。享楽を経験しても何も見つからない。分離の操作とシニフィアンの欠如に反応するものとしての対象ａの導入とを出現させることは、生きている身体、セックス化された身体を直接に従置 substitute させることだ。セックス化された身体の固有性は死すべきものであり、その大文字他者セックスへの関係は個人性であり、従体身体の存在が運ぶ生活喪失の形態へと翻訳される。この生活喪失を修復し満たすべきものとしての欲動の諸対象が導入され、享楽は**対象ａ**の姿の下で発展的に配分される。対象ａは物の喪失転換であり、形がない、存在でない、自然でない、位置状態でない、意味する構造でない、とされる。享楽の要素としての対象ａであり、物の要素化からそれはもたらされた。対象ａは最初から、一方で「物」を受肉し再生産しており、他方で大文字他者と接しているゆえ、「物」と大文字他者とを媒介している、シニフィアンの他者はその構造を「物」に押し付ける。

対象ａは、享楽のシニフィアンス化を翻訳する仕方において、享楽のシニフィアンの概念を捨て、Φで示された象徴に代わって、対象ａが配置された、それは享楽の要素であり、象徴秩序において書き込まれる。享楽は対象形態における従体の意味する疎外に反応して出現する、分離である。シニフィアンは物質的であるが実体はない、ここに対象とシニフィアンとの間の差異が作られた。パラダイム４は〈対象ａ〉の配置の問題であり、他との関係の新たな構成。

パラダイム⑸ 言説的享楽 Discursive Jouissance (S.XVI) S.XVII

ここでは享楽と**意味するもの**《シニフィアン》との関係が確認されていく。言説とは疎外と分離が一つに結合されたもので、享楽への知の原初的関係がそこにはある、つまり享楽へのシニフィアンの原初的関係である。構造、シニフィアンの分節化、大文字他者、主体＝従体の弁証法、の描写をなしていたことから、第二に、生きている存在、有機的組織体《オルガニズム》、リビドーが、構造に囚われていることが示され、その次に、シニフィアン／享楽の関係が原初的で原型的であると示され、反復とは「享楽の反復 repetition of jouissance」であると強調される。

シニフィアンが他のシニフィアンのために従体を表象するとは、象徴的疎外のことであり、そこに、シニフィアンが他のシニフィアンのために享楽を表象することが導入された。

「記号は何かを誰かに表象する」(パース)に対して、記号ではなくシニフィアンが従体を他のシニフィアンのために表象すると言い換えられる。そこではシニフィアンのシステムの権威が他のシニフィアンにアタッチされていることであり、意味する大文字他者の外観の下でそれがなされる。つまり、他のシニフィアンを表象するのがシニフィアンだという、形式的には循環であり、従体に対するシニフィアンによってシニフィアンを定義する循環性においてミンチされることだ。つまり、シニフィアンはそれ自身においては考えられえない。ここに連鎖、反復の原理がある。これはシニフィアンの原初である、孤立したシニフィアンなどはないということ。

S.XVI(1968-9) *D'un autre a l'autre*

S.XVII (1969-70) *L'envers de la psychanalyse*

S_1―S_2は、言語構造がシニフィアンへ還元されたもので、この構造は無意識において現前される。ここには主体＝従体と構造との関係が問われている。主体（＝従体）とは他のシニフィアンのための一つのシニフィアンによって運ばれるもの、そこに反復がある。資本シニフィアンも同様である。つまり主体＝従体は表象されえない（資本は表象されえない）、それがS_1形式が$\$$を表象する下での言説であり、表象されえないこと節合されえないことの不可能性を表象しているのであって、そこにはシニフィアンが反復すること、この反復の原理は目的とした表象に完全に達することに失敗する、ということである。〔我々の意図は「資本」にあるゆえ、「主体」を「資本」へ入れ替えよう。商品資本は、あるシニフィアンによって表象される存在の事実を通じて出現する。シニフィアンが除去された後に残っている空虚なセットとしてS_1（資本）は書かれ、それは欠如する存在でS_1を除去すると出現する。このセットは、存在を持っていない、シニフィアンがそこに書かれていたなら出現する、つまりシニフィアンは商品資本の出現を作り出し、表象においてそれを定着させるが、資本は商品へ入れ替わっている。シニフィアンなしに現実界に資本はない。〕

意味するシステムにのり出していくには存在の本性を決定せねばならない。存在とは「享楽の存在」であり、「意味する装置は享楽である」とセミナーXVIIで示されたことだ。身体がひっそりと主体へ置換（資本がひっそりと商品へ置換）されるのも、象徴秩序の自律的で自己閉鎖的な機能がなされているからだ。象徴界の自律性が放棄され、シニフィアンは「享楽の装置 appareil de jouissance」であり、シニフィアンする連鎖において動いているものは、バレされた主体、真理、死、欲望（商品）である。つまり、意味する連鎖において動いているものは享楽である(Miller, p.53)。

そこに二つの原初的関係性がある。

第一は、除去、享楽の壊死 mortification de la jouissance であるが、それは享楽の欠如、享楽の引き下がり、という「意味するものの効果」においてまだあった。生活における自然的欠如としてのパラダイム4が、意味するものの効果としてのパラダイム5に現れることだ。

第二は、享楽の補完で、**剰余享楽としての対象a**、享楽の欠如に対する補充である。ここで、「侵犯」の概念が消され、それに対立させられて、純粋でシンプルな「意味する反復 répétition signifiante」＝享楽の反復、が設定される。享楽によって求められる反復、意味する反復、という意味連鎖が、反復ないし知として、セミナーXVIIでは論じられる。「反復は享楽のリターンに基礎をおいている」「反復は享楽へ方向づけられている」。

エントロピーは、剰余享楽が回復されるのを引き継ぐ。剰余享楽は欠如として形作られる。

享楽は、侵犯を通じてではなく、エントロピーを通じて、意味するものによって生産される浪費であるとされた。享楽の意味は、欠如の効果でありかつ補充を生産するもの（剰余享楽）、という二重の意味になった。

ここに、**知・真理**と享楽の関係が示される。真理とは享楽の妹で、ランガージュの諸効果から切り離され得ないで、バレされた享楽にリンクされる、それは「禁じられた享楽」である。真理は、享楽が除去された、壊死した場所を占める。真理とは、禁止された享楽の妹、マイナスφであり、意味する除去の効果である。（商品の真理は資本が除去され壊死した場所を占める。）

つまり、**ファルス享楽が禁止されて、剰余享楽がエントロピーの喪失として代わりに配置される**、この反復は、マイナスφと対象ａとの間のギャップであり、欠如と補充の間に描かれ、意味するものの根本形態として反復は示される。

ここから、シニフィアン、象徴秩序、大文字他者、などの全体的次元は享楽との関わりなくしては考えられなくなる。これはまた、身体から独立した意味するものの自律的論理があるのを意味することによって、身体への関係が再浮上する。

分析の終わりは、主体＝従体の享楽への関係($\$\diamond J$)であるが、それを幻想《ファンタジー》のタームで考えるのか反復のタームで考えるのか、「幻想《ファンタジー》として考えられた享楽への関係」($\$\diamond a$)と「反復として考えられた享楽への関係」($\$\diamond R$)をミレールは識別する。後者が剰余享楽に関係していく。

剰余享楽とは「物」としての享楽である。それ自身の中の物であり、象徴界や想像界から区別され、欲動の「対象ａ」として享楽は示される。口、肛門、視覚、声の対象、が欲動のリストにあげられるが、剰余享楽としての享楽は、満たされようとして、決して正確に満たされはせず、享楽を与えることは、享楽の欠如として維持される。マイナスφを満たそうとするが、決してそうなることはない。そして、反復は決して止まることはない。享楽のパン屑が、我々の生活の仕方、我々の愉しみの仕方である。

ここに、リビドーと自然の間の切断は、リビドーと文化の関係へと切り替えられ、バレされた主体＝従体$\$$と対象aとの関係への考察となった。そして、シニフィアンは享楽の原因とされ、享楽の意味となり、享楽はシニフィアンの目的とされた。意味するもの《シニフィアン》は享楽から出現するということだ。意味するもの《シニフィアン》は享楽に依存し、享楽は意味するもの《シニフィアン》なしには考えられなくなった、これが享楽と意味の関係、享楽と知の関係である。（「享楽資本」というシニフィアン）

要するに、享楽とは客観的に叙述されるものでも主観的に所有されるものでもない、ただ原初的なシニフィアンであるということだ。シニフィアンは享楽シニフィアンを表象する。

パラダイム⑹非―関係 The Non-Rapport　SXX

「物」が対象aに還元されること。

「大文字他者の大文字他者」が、〈一〉になって、大文字他者と享楽との関係が非連結されて、非関係になるということ。それは意味するものと意味されるものの非連結、男と女の非連結、であり、与えられていた関係の構造的秩序が書かれなくなることを意味する。非関係が「在る」ということの強調である。

S.XX(1972-3)　『アンコール』
Encore

かわって、「享楽〈一〉jouissance One/l'Un」が出現し、「享楽が在る」とされ、それは生きている身体であり、それが「話す」ことである。

享楽〈一〉は、第一に「身体の享楽」、第二に身体のファルス的部分として特殊化された「ファルス享楽」、第三に「話す享楽」(これは再認や理解をするものではない)、第四に享楽のパロールから出てくる「昇華的享楽」である。享楽は「享楽〈一〉jouissance Une」として「〈一〉享楽 Une jouissance」となっている。

身体の享楽とは、享楽におけるシニフィアンスの存在根拠を再認すること(SXX,p.67)。

大文字他者の享楽は性的享楽であるが、身体が異なってセックス化されており、それは「非セクシュアル asexual/asexuée」である。身体の享楽には性的関係はない。

「性的関係がない il n'y a pas de rapport sexuel」とは、大文字他者の揺れの下にやってきた享楽であり、享楽〈一〉であり、他方、性的享楽は大文字他者セックス the Other sex/l'Autre sexe の身体の享楽であり、袋小路によって、非連結 disjonction によって、非関係 non-rapport によって区別される特殊な存在である。

享楽は作用しているとき、同時に消去であり欠如であり、穴／空となっている。その六つの作用がトポロジー的に示されたのであって、平面幾何学的に一義配置されているのではない

享楽と資本　欲望と商品――「資本」シニフィアンが消される

享楽の一義的な定義が定まらないように、資本も一つの意味されたものへと固定はされないが、シニフィアンとして享楽と同じ六つのパラダイムを少なくとも規制的に有されていると考えられる(ゆえ部分的に述べてはきた)。資本が消されていく「シニフィアンの災難」である。

(1) 資本は想像的なものとして主体＝従体間／商品間の相互交通に働いているが、共同事幻と個的事幻との不均衡に作用している。想像的資本は象徴的資本とは区別される異なったもので、現実界とも区別される位置において作用する。

(2) 資本は、シニフィアンとしてシニフィエのないシニフィアンスの働きをしている。すると、資本は抹消され、欲望商品がその等価として出現し、自律性が去勢された商品想幻の世界が日常をおおう。パラダイム2は、資本の商品への転移＝配置換えを論じている。資本は消え、労働がシニフィアンに置かれ商品(想幻)がシニフィエされ、欲望の対象となる。ラカンは実によくマルクスを読んで、精神分析言説を作り上げ直しているのが分かる。

(3) 資本は意味するもの《シニフィアン》から切り離され、「物」の現実界へと配備される――資財・資金へと還元される。この「物」は象徴界を喪失し、物的「商品」の現実界であるかのように想像界が疎外構成され、これらの「界」は分断される。資本と個々人(主体＝従体)は不一致とされ、資本から切り離された労働は疎外され抑圧され、防衛される。資本とシニフィアンの断裂。

(4) 資本は、対象aとして資本の諸要素へと分解されるが、そこに実体はない、シニフィアンの物質的なものの動きである。いわば種差的資本が実体的形を持たずに、シニフィアンとして穴の中に作用している。いかなる企業であれ、必ず文化資本は作用しているが、穴の中に見えなくされてしまう。通常の自然的喪失として、対象の欠如にあるが、それが規範的な諸種の資本である。同時に生きた身体として諸個人へ領有され、中でもセックス化された性的資本が主要な要素になっているが、隠れていてこれらは見えないのも、欠如として出現しているためだ。表層では、労働身体が生産物を疎外され分離させられている姿で現れる。

(5) 資本は壊死し、引き下がらせられ、剰余資本として欠如の対象aとして補充されている。「利潤」が資本であるかのように仮象され、財が資本の真理であるかのようにみなされる。資本を与えることは、資本の欠如として維持される(賃金の姿)。だが原初的に資本はシニフィアンである。他の資本シニフィアンを表象するのが資本シニフィアンである。存在とは「資本の存在」であり、意味する装置は資本である。資本の意味は、欠如の効果でありかつ補充を生産するもの=剰余資本としての反復であるのだが、労働／商品の対象aとして資本は示されてしまう。

(6) 大文字〈一〉の資本のみにおいて資本が在るとされ、「経済資本」として語られることのみが稼働しているとされる。資本は、さまざまな「非関係」に配置されて、他と関係がない資財・

資金のことの〈一〉――それを占有する擬似的な資本家――だとされる。

こうした問題設定的な考察にあって、享楽が実定化されていくに従い、同じロジックにおいて資本が非実定化されて（シニフィアンが消されシニフィエのみに）単一の「経済資本のみだ」とされていく。享楽と資本とは反対の作用に対応されるが、シニフィアンの動きと関係は同質である。

だが、享楽も資本も実際に、同時的に見えない閾で、シニフィアンとして作用していることは確かである。これを理論へと書き込んでいく、その最初の土台が性的資本であるということだ。欲望の世界に「資本」はない、欠如として穴にある、商品のみがそこを占有して穴を補充しているゆえ、人々は商品を欲望し喜び＝快楽代補償で得ている、資本喪失の代価として。「資本／享楽」と「商品・労働／欲望」との分離が、剰余価値／剰余享楽においてなされている。

大文字他者と性的資本　享楽資本とエロス資本の配置

ラカンで繰り返される「大文字他者」とはいったい何であるのか。それを神や国家へアルチュセール的に主体化しても、ある局面は考察されうるが、そうした実態的・実体的なものではない。父親の掟に照応させられるが、その父親とは実体的・実在的な父親ではない。私は、共同的なものの疎外対象が、対的な関係対象性として関与してくるシニフィアン、と考えている。そこには、共事幻化と対事幻化の関係構成がなされているもので、単一個体的なものではない。註

註 共同的なものへ物事が「こと」としてファンタジー化された出来事に構成されること（幻想ではなく実際的な出来事として仮象される）、つまり大文字他者の大文字他者としてプラチックする。対事幻化とは、ペア的なものが実際的な出来事としてファンタスムに仮象的に構成されプラチックされること。この事幻化は商品関係への物象化ではなく、現実界の不可能における想像的代表象であり実際行為＝プラチックされているものである。象徴化されていない。

性的資本とは、共的なものを対的な対象へと配置転移する作用をなしている。国家愛や郷土愛などと言われるものがその典型であるが、天皇を性的対象にする三島由紀夫の「戀闕」などは、特異ながらその本質的な現れの典型である。

これが、家庭内関係ではどうなるか。例えば、子どもが学校へ行きたくないと登校拒否状態になったとき、親が子への愛情だ、子の将来のためだと共的なものを想定して（想像化し意味化して）、無理矢理に学校へ行かせようとする「愛」の仕方には、性的資本が中性化されてネガティブに働いている。子どもはその存在を消去されて、対象ａの穴の中の要素へと還元され、学校が真理として〈一〉機能させせられているのだ。つまり大文字他者へ合わせようと経済セックス化する性的資本の作用である。「大文字他者の大文字他者」として性的資本が疎外されている。

学校教師や医師は、生徒・患者を画一的な共対象にして、対的関係において性関係をなくすが、そこで逆に、性加害的な行動を相手になす犯罪的な露出が、対的事幻を個的事幻へ疎外させて時に生起するが（エロス的資本の自由をはき違えて）、多くの男たちはファルス抑制しているだけである。

性的資本がポジティブに働くのは、恋人関係であるのは言うまでもないが、別れる時、失恋において性的資本は歪む（共にいてもネガティブ作用は起きるが）。対関係が壊れて片想い状態の自己次元へ陥ったとき、ストーカー的な加害を生み出す。

つまり、性的資本は、大文字他者が倫理的規制として性的関係を双方の良好状態に均衡していたときポジティブであるが、大文字他者とブレて大文字他者を無くした性的資本が自己所有となったとき、対的関係は歪む。「歪む」というのは、相手に「害」「痛み」となる関係状態を言う。性的資本が対関係を喪失し、性別関係が自己的なものへと欲望実定化することを指す。

性的ワークなるサービスが、相手を想像的に満足させているが、相手によって加害を受けたりもする、その危険は対的関係が崩れたときである。その暴力の危険から完全に安全ではないが、多くは想像的性関係の擬制的満足を剰余享楽するゆえ、性的ワークは成り立つ。女だけではない、男の性的ワーク・サービスもある。性的資本は享楽と欲望との間で揺らいでいる。

性別の社会的偏向が起きるのも性的資本の作用によってであるが、性別変更には、生殖機能をなくす適合手術が必要である、というような生殖機能への還元(ファルスの形象化)は、現代の性別スキームがいかに性差別的で表層でイデオロギー的であるかの現れであろう。

異性愛主義に合致しない実際の多様なセクシュアリティの現れの個別問題は微妙で繊細なことであるが、性的資本の概念から考えて実際行為を見直し再考していくことが要されることだけは確かである。父権制文化を背後に持つ大文字他者が揺れ動いているのだ。そこでは、身体享楽のシニフィアンスの再認コードが揺れているのである。これを、もはや「欲望」理論のみから説くことはできない。大文字他者と性的資本の関係を享楽資本として解いていくことである。

享楽資本とはシニフィアンである、存在ではない。そこにおける生きている身体は「エロス資本」としてシニフィアンしている。このエロス資本 eros capital が言語的段階をへて、性的資本を媒介にして、社会空間における自己性の表象としての「エロス的資本」を働かせている。

つまり、それぞれは独立しているのではなく、他の資本シニフィアンにおいて自らをシニフィアンとして示すことができる循環的な関係にある。

エヴァンスとミレールとによるラカンの享楽に関する叙述は、いかに享楽とは定義し難いものであるかが示されているゆえ、ネガにもポジにも、また正反対にも関係づけられる。論じるテーマによって、配置関係が変えられる。だが、本質的にはトポロジー思考されていることだ。

私は、享楽をある意味、本質的な概念として言説設定し、まさに自然疎外的な身体と心的なものと環界との間に「資本」として作用するシニフィアン＝**享楽資本**であると配置する。享楽資本は、享楽の経済学ではない、享楽のシニフィアン理論である。ラカンは「享楽のエコノミー economie de la jouissance」はまだ自分たちの手に届いていないが、そこに辿りつけば「それ」は小さな利益を産む、そこにささやかなチャンスがある、と『アンコール』で述べたが(p105)、ここをより理論的に捉え開いていくためには、剰余享楽の思考をもっとクリアに組み込まねばならない。つまり、享楽にはりついてきた雑音(生殖機能、欲望、快楽、身体など)を剥ぎ取って、《享楽資本の剰余享楽》としてシニフィアンの「享楽のエコノミー」を考えていく通道を開くことだ。

享楽と欲望

享楽と欲望の関係はどうなっているのか。それは資本と商品の関係に相同する。

欲望とは、大文字他者の欲望だ、というロジックは、わかったようで実は何もわかられていない。というのも欲望はセクシュアリテ配備において主体化＝従体化されているためで、ラカンの定式をそこにあてると、大文字他者は欲望主体の中にあるかのように前提とされてしまうからだ。すると、「器官なき身体」の論述のように、欲望は外部にある、とこれもわかったかのような知識主義のロジックが入りこんでくる。形而上学の悪しき伝統の産物だ。他者の満足が依存している享楽、というのは実体のことではない。それをいかに了解していくのか。

享楽を、それなりに再確認したことをへて、明らかに欲望と享楽とは別であることを、いかに関係づけるのかが、理解不能次元を突き抜ける思考を機能させうるかどうかに関わる。

欲望を支えるのを保つ欲望のために欲望する享楽という考え方には、享楽を欲望へ限定づけ、欲望が目的とする享楽とされ、享楽は欲望を支える、と欲望優位のロジックになってしまう。

私の思考は、欲望はネガティブなもの、享楽はポジティブなもの、と仮定して、その関係を理論化する。「享楽＞欲望」であって、享楽から欲望が疎外表出され$\not{S}$、分離されると考えた方が、社会における性的資本の考察が柔軟になせる。人は、後期近代において、欲望を自分＝個人は身体的に内在させているとみなして、それを欲望する対象へ向けて自制したり抑圧したり、禁止したり、逆に時に犯罪にまで至るように過剰表示したりして、自分自身と戦っている実際世界にある。「淫らなこと」＝性欲の現れを感じたり考えたりする、という感覚をともなって、「淫ら」を想像構成し、その侵犯に欲望を作用させたりする。ここを対象的に理論化するうえで、精神分析理論が使われる、という次元を鵜呑みにはできない問題がどうしてもある。

対象ａは、欲望の原因ではなく、享楽から知への関係において失われた対象であると、ラカンは一九六八年十一月のセミナーで論じた。

資本家が、「はいご覧の通り」うまくいっていると微笑んだ時、「機知」の効果が、ディスクールの中で巧みに回避されたものの効果、沈黙のうちにやり過ごされたものの効果を果たしている。それはつまり、交換が途中に生み出した剰余価値の効果である。ここからラカンは、対象ａに新たな名前、「剰余享楽」をそこに対応させる。

使用価値に対して交換価値が代理表象された、それはディスクールにおいて、第一のシニフィアンに別の第二のシニフィアンを代理表象させることである。この二つのシニフィアンの間の断層に、「何かが消え去り、落ちる」のだ。それが、剰余価値・剰余享楽である。経済学は、剰余価値が生まれたと説く、しかし、それはシニフィアンから見て、労働から剰余価値が消え去り賃金へと転化されたものとして「落ちた」のである。代わって利潤が反対側へ提示される。

対象aとは、主体＝従体が、自らの本質を、享楽することとの欠如 manque-a-jouir として再発見したもの、その後に主体＝従体が自らを示さなければならない何らかの代理である。つまり経済表象で言うと、労働者として主体化＝従体化されていることで、自分自身である享楽を欠如していると再発見した時、自分を「賃労働」者であると事幻化代理させている。真面目で、従順で、与えられた仕事をきちんとこなす「自己」であることを「賃労働」のなかに見つけているのだが、差別的な雰囲気を持つ賃労働者ではない、自分は認められた「社員」だ、生涯雇用の安全を領有しているのだと代表象して、自分を安心させ、隷属に快楽している。

知とは、実は享楽の断念である。対象aに知が配置されているものとしての「他者」の領域(＝享楽が禁止された領域)と対象aとの曖昧な接合点に、分析的ディスクールが発見する核心がある。国家ないし社会の欲望構造は、享楽を禁止された「大文字他者」を個々の他者に「国民」ないし「社会人(間)」という知として配置して、自分をそこへ代理表象させて、自分/使用価値の享楽を欠如した労働主体＝従体として生活生存させている。これを外見で埋め合わせているのが「エロス的資本」であり、自己性を取り戻しているかのようなファンタジーを貼り付ける。

すると身体の外の代補享楽が、ファルス器官をもった男として、「大文字他者」に穴を開けている対象の点(対象aと「大文字他者」の曖昧な接合点)において、欲望の原因である「剰余享楽 plus-de-jouir」(享楽以上であり、享楽できないものでもある)を、性的パートナーに代補させる、これが性的享楽の作用になる。つまり、性的享楽とは、性関係の〈Un〉（一なるもの）を作り上げることの不可能を印されており、性的享楽のシニファンがないゆえに、享楽がファルス的なものになっていることにある。男（欠如した（前）賃労働男）という主体＝従体は、性行為で想幻の対象として女性に出会うわけだが、その目標において、快感原則によってもたらされるこの器官的限界が障害をなし、失敗させ、再びやり直させる必要性を示すことになる。つまり、暫定的な恋愛関係や結婚（離婚）関係の現実界が配置されている。

この身体の外部の代補享楽の表象が可能性へと、イローズたちのいう「セクシーさ」（パロールで示される）であり、欲望可能性と雇用可能性との連結においてなされている構造である。ディスクールから観て、剰余価値と剰余享楽は、同質のホモトピー関係にある、ただ、その発現の回路が、経済の道かセクシュアルな道かの違いになる。両者からみて、対象ａは同じである。ここは、もう少し叙述的に言わないと了解が難しいであろう。しかし叙述的な仕方は理論構成を壊していることの自覚のもとになされるべきものだ。それは、対象ａとは何か？である。イローズたちは、対象ａを「性的資本」として部分現象的に取り出し説明しただけなのだ。

対象ａと性的資本

二つ解かねばならない問題系がある。一つは「大文字他者」に穴が空いているということの意味。第二に、性のシニフィアンがないということ(「性関係はない」)の意味。
まず、「対象」の方が能動的で、主体＝従体はその効果であるという領有的な関係性。主体が対象を把握するのではない、そういう主語制思考は、理論的に意味ないだけでなく、実際に起きていない、想幻的な仮象でしかない。
《対象a》objet *a* とは、「なにかしらのもの être quelque chose」で実体ではない。何らかの「もの」として存在はしている。欲望の対象となる。
それは、éclat であり、vide であり、reste である。
éclat とは、辞書的な字義として破片、閃光、音響といった意味で、雷鳴のことでもあるが、「吸飲、排泄、眼差し、声」という身体的な四つの対象に帰着されるが、それら自体のことではない。「燦めく破片」と解しておこう。対象の姿ははっきりしない。
vide とは、何もない空、真空、空虚、無為の時間、などの意味であるが、「それについては考えることのできない対象」で、「享楽をえぐる過程」で、「主体の間近」にたどりつくもの。手品の二重底、絵画の素地という fond ＝底だともいっている。「空」としておいていいと思う。
reste は、残り、余分、余り。機能であり、残されたもの。原初的に失われた享楽の残余を再活性化する。反復において働いている喪失である。
これらは、ラカン的思考の道具となるもので、実態をシニフィエとして定めることではない。

考えられえていない何かがある、ということだ。対象aはボロメオの輪の重なる空《くう》にその後配置される。言語の主要な効果となり、現実界が空／穴 trou とされ、享楽の残余、そして穴＝欠損 défaut となる。捉えられるが、逃れてしまい、捉えるのが不可能なものとして残余している。

「大文字他者」はシニフィアンの宝庫であるが、定式化はできない。神だとか国家だとかをアルチュセール的に「大文字主体」として想定して間違いではないがそれは局部的なものでしかない。分析治療とは、主体＝従体がいかなる「大文字他者」にさし向けられているかを明らかにすることで、彼がそれと認知していないもの、彼の真の保証人となっているものを探し当てることになる。「超自我」なる概念をラカンは嫌った。

つまり、識者が、国家とは何か、資本主義とは何かを考えているとき、そこの大文字他者のシニフィアンを探究しているのだが、彼(女)は対象を客観的に探究していると思い込んでいる。ラカンのシューマLからシェーマRにおいて、私が、国家や制度を書き込んだ世界である。大文字他者はまず象徴界に配置される、個々人は、自我とその鏡像的対象＝似姿を結ぶ想像界の関係に配備されて、大文字他者からの無意識を被りながら、壁になって、自らをエスに押し込める。大文字他者は「話す私が構成される場所」、言葉の場所であり、主体＝従体は大文字他者から自分自身のメッセージを反転した形で受け取る。つまり共想幻と自己想幻との逆率が起きる。大文字他者は「シニフィアンの欲望」の場所であり、象徴界を秩序化している。欲望が欠如の刻印を受け、大文字他者も欲望し欠如をもっている。人間は「大文字他者の欲望」として転移配置され、そこに享楽の穴、空が作られている、ということだ。

つまり、性的資本とは、この大文字他者の場所に、対象aとして潜んでいたシニフィアンの穴＝空であるということだ。現実界の穴に多数のセクシュアリテが表象され、想像界でセクシュアル化された諸形態が性別的に機能し、性規範の象徴界を揺さぶっている現在、と言える。

いかなる存在でもない「対象a」は、「性化されたa a-sexué」（これは「無(否)セックス化されたもの」という意味でもある！）である。大文字他者は、「性化されたa」の形の下での主体＝従体のためにしか現れない。支えられてきた全ては、欲望の対象の形態のもとでの大文字他者の代理、「支え―代理」、つまり「性化されたa」(＝無セックス化)である。(SXX, p.115)

享楽、大文字他者、対象aの関係が、そこ＝性的資本では再考されているゆえ、それを示しながらある外見＝具体の様相＝これ、を語りえているゆえ斬新なのだ。

性関係からシニフィアンを作り上げると、いかなる痕跡からも出発できず、全てがファルスのシニフィアンに還元されしまう(ラカンは自覚していたこと)、そこへフェミニズム言説は挑戦してきた。

すると性のシニフィアンがない、ということは大文字他者を原抑圧の場所と位置付け、大文字他者はパロールそれ自体の場所と提示され、無意識はランガージュだと構造化され、享楽を除去された場所だとなり、それがいかなるものであるかが、エスが自らを「知っている」場所として大文字他者と親しむ、という知／享楽の過程において、ある対象が失われる(獲得されるのではない！)、それが大文字他者の次元の穴であり、剰余享楽として浮上させられたものになる。単純に言うと、世界は自分と同じだけのものを知っていると思い込んでいる状態である。

ここにはもう一つ、中心でありながら完全に外部である「空」、「無セックス化された a-sexuée」《もの das Ding》の界閾があるのを見落としてはならない。それは享楽の空胞 vacuole de la jouissance である。この空胞が、外密 extime な縁 bord を作り、穴の縁は欲動がとり囲む対象aを縁どり、縁の享楽が性的享楽と等価になると設定される。その欲動の昇華が芸術、宗教、科学をおりなす。ここに、資本のシニフィアンは考えられていなかった。つまり、〈もの〉が商品となる事幻領域である(実体ではない)。性の商品化／emodity は、ここに起きた物質世界である。ファルスとは主体を表象するのではない、システムの外、つまり絶対の性的享楽とみなされる。

『アンコール』のいくつかの理論的要点

ラカン理解とラカンをツールにした思考との間では、初期的で基礎的な了解がある地点段階での了解から見直され、また新たな次元を開くという螺旋的な困難さをもたらすのだが、めげずに考えを構成していくことである。

『アンコール』(S.XX)は愛の書と言われるが、セミナールでは驚くほど薄い書であるのに、実に多くの豊富な理論的次元が開かれている。すでにこれまでの考察へ盛り込んでいるが、理論生産の基盤になるゆえいくつか要点を再定しておきたいが、難しい理解困難な論述である。

●主体＝従体とシニフィアン

「シニフィアン」とは、一つの主体＝従体を、一つの別のシニフィアンへ表象する特徴を持つ。そして、シニフィアンの機能によってそれであると想定されるものが「効果」であり、それが主体＝従体である。自分がどのシニフィアンの効果であるかを意識していようといまいと、シニフィアンの連鎖の中を滑っていくglisseものが主体＝従体である。（主体＝従体は資本と商品の間を滑っている。）

ミレールは、ここを『エクリ』にまで戻って、享楽の第五パラダイムで論じたのだが、西欧的主語＝主体の言説にあるから、理解が難しくなっているだけで、述語論理から考えれば何ら論理矛盾などしていない。AであるがAではない、AではないがAである、など、述語表現思考において、我々日本語は何ら混乱することなく使用していることだ。否定表現を、「はい、そうです」と受け入れるのはその典型で、対象だけの客観状態のマターではない、表現者＝他者の存在をも受け入れて反応する。つまり、ある一つのことにおいて、シニフィアンを別のシニフィアンへと自然的に連鎖させている。逆説ではない、述語的関係の論理である〔大文字他者のあり様が違う。〕

シーニュは何かのシーニュではなく、効果のシーニュであり、シニフィアンの機能によってそれと想定されるものである。主体をシニフィアンだと誤認している者たちは、平然とpratiquesのシーニュに「実践」を訳語として当てて、「実践」に何か可能性(改造)があるかのように語る。

この主体＝効果は、S_1とS_2の間の介在効果で、各々が在り、各々が要素である、と知ることである。一つの世界において導入されていくが、それを支えているのはシニフィエ諸効果から切り離された、シニフィアンによってのみさせられている。

愛が目指すものは愛としての主体＝従体であるが、それは性的主体ではない。

「性化されたa」とは、男女への性別化ではない、「無セックス化されたもの」である。

性的主体＝従体なるものは、シニフィアンの連鎖を滑っていく過程で、意味されたもの／作られたものでしかない。このシニフィアンは「享楽の原因」(S.XX, p.27)であるが、別のシニフィアンへ表象して、身体にシニフィエを刻んでいき(性器的差異やセクシーさ)、享楽から欲望を切り離して、身体主体へ欲望を内部化させて従属していく作用をなす。「主体は享楽と大した関わりを持っていない、主体のシーニュは欲望を惹き起こすことができる」(同p.48)＝効果のシーニュである、ということから私は享楽からの欲望の切り離しを考える。

つまり、「一つの身体が享楽するjouir d'un corps」ことは、生きている身体であるが、「生きているのがどういうことであるのかわからずに」、別の実体形態である「享楽する従実体la

substance jouissante」へと表象されていく。身体が自らを享楽する「それ cela」が、「これ le」を身体化させるだけになる。「実体」とされている〈substance〉も「従実体」と訳変えしたい。
大文字他者である象徴なるものを包み込んで捕食することなどできないゆえ、一方の身体を享楽するべく、腕や何かを掴む、ささやかな抱擁をすることしかできない。（同 p.26）
抱擁は、享楽が自らの最後の原因を捉えるものであり、人は愛するとき、それは性＝sexe のことではない。（同 p.27）

●性的関係は無い Il n'y a pas de rapport sexuel

性的関係がないとは、「性的関係は書かれえない」、「性的関係をそのようなものして書くことは不可能である」、という言説上での意味である。「男—関係する—女」と書きうるかもしれないが、それは「愚かさ」でしかない。男と女によって支えられているものは、ランガージュの日常の流れでの使用に縛られたシニフィアンでしかない。女は母である限りにおいてしか捉えられない、「女は性的関係においては母であることでしか機能しない」（同 p.36）。「性関係がない」とは、定冠詞の女性がいないということである。正確には「すべて—ではない」という意味である。
つまり、享楽にとって性的関係は存在しない。享楽に、性的関係はふさわしくない。（同 p.57）
享楽は、あるべきでない享楽に中心的に従って、性的関係を持っているものがあるように、欠けていないであろう享楽に全面的に絡めとられている。これは、falloir/Il faut ＋ inf.（〜しなければならない）と faillor（危うく〜しそうになる／欠ける）の両方をひっかけている叙述で、訳し難いところなのだが、要するに、性的関係があるとしてしまうことをする享楽は、あるべきでない享楽であり、欠けていないかのような享楽であって、然るべきでない享楽が、然るべきであるかのようにしそうになる享楽とされている「享楽装置」を説いている。

享楽を空として描き出そうとする叙述であるが、享楽は空だと言ってしまうことでは示されないことの難しさである。享楽はあるのでもないのでもない「諸装置 appareils」であって、それによって現実界へ接近できるとしている。言説／ディスクールにおいて性関係は存在しない。

性的資本には「性的関係はない」のである。性的資本は、性化をユニセックス化して性別化の可能条件を作り出す。そして私なりに強引に言い換えると、「性関係がある」と事幻化（幻想 fantasy ではない）しているのが欲望である、ということになる。だが、そうなるメカニズムは簡単ではない。

●愛と性的享楽

愛は、一つの人生全体によって秩序づけられた何かにおいて想定される主体＝従体を目指しているが、性別に関係ない。「魂が魂を魂で愛する」＝「愛が愛を愛する」ことに、性別はない。

女が男において愛することができるのは、それによって、男が愛するその知に直面してだけである。何か享楽がそこにあって、それについて女が知っている何かを語ることができるのか、を語ることは不可能である。（同、p.82）すると性的享楽とはいったい何であるのか？

憎しみなくして愛を知ることはない「憎愛化 hainamoration」をラカンは示す。憎しみを知らないことは無知であり、キリスト教徒は神の憎しみのなさを愛の印だと変形させた。

証人が追求されるものは、証人の享楽をめぐる状況が判断できる手がかりであって、「享楽が白状されること」、それは「享楽が口にされるのが憚れる」からである。それが真理の要請である。しかし、「真理の全てとは語られえないもの」、つまり〈mi-dire〉＝半分しか語られない。真理は警戒している。享楽は一つの限界であって、一つの「見せかけ」に基づかない限り、問いかけも提起も追跡も練り上げもされない。愛は「見せかけ」＝「a である対象」へ向かう（p.85）。見せかけを支えるのは私たち自身ではない、私たちは見せかけですらない（p.88）。

〈必然〉は「書かれることをやめない」が、〈ファルス〉に関しては「書かれないことをやめる」、そして〈性関係〉は「書かれないことをやめない ne cesse pas de ne pas s'écrire」、不可能にある。（同、p.86-7）〈女〉は「すべて—ではない」ということで、女は真理であり、それゆえ女について「半—語り」しかできない。なのにファルスが「すべて—である」男は、〈女でない ~~La~~〉（大文字定冠詞がつく女はいない Il n'y a pas La femme）そのシニフィアンへ「対象」を向け続け、〈女でない ~~La~~〉シニフィアンがファルスへ向かう。女にとってファルスは「すべて—ではない」。

1図

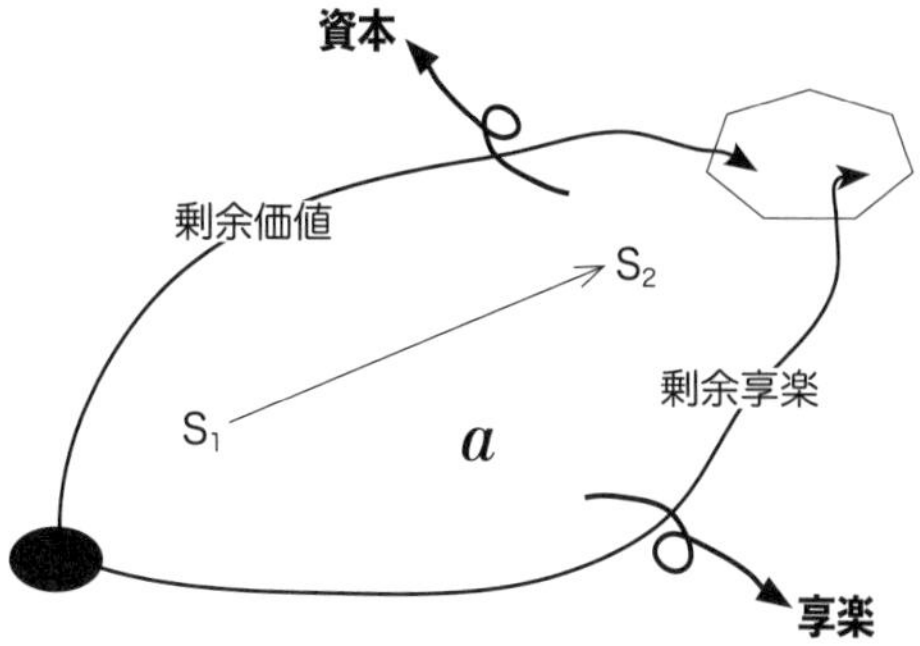

剰余享楽

連続写像 A→X を通して定義され、ホモトピーの概念は連続的に変形する連続写像の族によって定式化される。ホモトピー的な種々の不変量は位相幾何学《トポロジー》の研究における基本的な道具であるが、ラカンはこれを自分の精神分析の基本に活用する。私なりにラカンを理解しつつ活用している。

剰余価値の通路と剰余享楽の通路は、ホモトピー的に、別の経路をたどるが、出発点も到達点も同じであり、この異なる通路の間に「穴」がトポロジー的に生成する。経済的なものと心的なものへの分離は、享楽における〈疎外と分離〉のメカニズムにある（パラダイム4）。規範的享楽の場である。

剰余享楽 plus-de-jouir 註（享楽の過剰＝欠如）は、「ディスクールの下での享楽の放棄 renounciation à la jouissance sous l'effet du discours」の機能であり、対象aの機能の孤立化である（パラダイム5）(SXVI, p.19)。だが、この理解は一枚岩ではいかない。〈a〉の

註 plus-de-jouissance ではない。-jouir である。ゆえ「剰余楽」「剰余悦」などと訳す論者もいる。だが、jouir が savoir や pouvoir のように名辞的に使われるよう、その名詞形 jouissance と異なる意味で使われていない。同じ訳語を当てても理論上に差異やずれを起こすとは言い難い。ただ動きの様態を自覚しながら考えていけばいい。享楽することから流れ出す様態とその残滓だ。

意味がいかようにも解されうるからだ。享楽からの放棄、享楽への放棄、享楽における放棄、などなど。私は以下のように解していく。(剰余享楽だけで一書が書かれうる。ここではほんのイントロでしかない。)

つまり、享楽において資本享楽が押し流されて姿を消されて、労働享楽が賃金欲望としてだけ残余した状態において、資本の領有による利益の剥奪が可能になってなされるが、剰余享楽において資本はそこ(労働と資本が分節化されていないところ)にシニフィアンとしてあるのだ——と想定される、ないしファンタジーとなりうる。つまり、疎外とは「象徴的なこと」であって、その物質的現れが生産物からの疎外、労働からの疎外、自分からの疎外という労働力＝残余として表象される(＝知)。この操作の結果、享楽の反応が、資本と労働の分離がなされている構造に対応している。俗見的に言ってしまうと、「労働力」なるものは見えないし、労働と労働力の分離とは、自分にも他者にも見えない、象徴的に理論配置されたことでしかないが、労働の拘束時間としては可視化されるも、それは時間であり労働力として見えていることではない。別の言い方をすれば、存在論的なレベルのことではない、実在としての存在が疎外され分離された言説の状態で、労働が空虚と症候の場に置かれているのだ。資本は享楽とともに、対象aの場から疎外外化されて、商品と欲望が対象aの存在的なものの表象として欠如へと配備されている。労働する行為は可視的だが、そこで何がなされているかは不可視である。

だが、資本が対象aに剰余享楽として散種されてしまっている。また、感情資本において感知はされているが、知的資本が理論的に見ていることである。知は享楽の断念。

　疎外とは、フロイトのタームでは、「同一化と抑圧の結合」である。同一化とは労働主体＝従体を表象するシニフィアンで、大文字の他者（＝資本家の仮象）に吸収されながら労働主体＝従体は労働者として残余し、空虚な配置におかれ、生産を意味するものとして己を表象するが、それは同時に賃労働として抑圧＝同一化されている。ここに

　S_1（働く者《ワーカー》：力能領有資本者）→ S_2（賃金労働者《レイバー》：己資本からの分離）

の労働主体化（従体化）の連鎖に見える断裂がある。資本を剥奪された様態として表象する関係だ。S_1は「資本を領有している」シニフィアン、S_2は資本を剥奪された「生産ワーク」として表象されるシニフィアンである。シニフィアンスとしては「剰余享楽」を産む。欲動機能が、同一化と抑圧にトランスされて、空虚な主体＝従体が対象を欠落して〈対象ａ〉となる、とラカンは言説化した。マルクスのラカン的な転移であるが、それはホモトピーとしてマルクスのラカン的な読みを可能にし、かつそこに空いている穴、対象ａの客観化の必要を浮上させている。だが、労働が対象ａとなるのは労働力能・労働技術の資本がそこにあるからだ。これが見えなくなっている。ラカンを読むときベクトル（→）において何がなされているのかを読みとらねばならない。ただの移行ではない。「非–関係 non-rapport」でもある。そこにいくつもの解読がありうる。

　労働者は自らを賃労働者として同一化しそこへ抑圧する。働く力能＝資本を疎外されたワー

カー想幻にある賃労働者である。子どもは「学ぶ者」の資本を疎外され、自らを学校生徒として同一化し、教科を消費するだけの教育＝抑圧がなされる。主婦は自らを家事労働者として同一化し抑圧する、「欲動の規範機能化 normal functioning of the drive」という分離をなしているのだ。ここに、享楽構造への主体構造の超押し付けがなされ、「主体＝従体」は「欠如の存在」となっている。

さらにこれは、無意識の作用と重なる。身体装置における何かが無意識として構造化されている。無意識は開く／閉じるの「縁」、口ないし肛門、の性感ゾーンと等価であり、そこは象徴的無意識と欲動機能との構造的な共通性である。そこに失われた対象としての(＝対象を欠落した)リビドー(隠れた活力)が配置される。リビドーはもはや欲望の衝動本能ではない。あらゆる失われた諸対象のマトリックスである。ラカンは、分離とは、「失われた対象としてのリビドーの回復」としている。同一化と抑圧が分節化されたことから作用する「意味する欠如」への対応である。それが、セックスの通道において起きている欠如を獲得した「生きること」の部分、つまり「生の欠如」＝セックス化された生殖＝再生産を表象する。

そして、資本が労働から分離されたように、享楽から欲望が想幻次元において分離されている。性的資本がエロス的資本へ転化される次元がそこに対応する。

我々は、実はここにおいて、経済言説と心的言説とのホモトピー的同型の「困難さ」に直面しているのだが、それは「セックスの海峡＝困難を通じて生産される存在」の無意識の位置に、生きることの欠如が、いかなる場面においても作用していることにおいて、主体＝従体の炸裂と自然的欠如とが分節化されているためである。意味するもの《シニフィアン》がそこですり抜けて想像界が揺れ動いているからだ。しかも、実際的な実在への理解と理論次元での了解との隔たりの困難さに直面しているためである。享楽を喪失している知が彷徨う。知の理論生産は彷徨いである。だから、たじろいではならない。知が正しさの実行だ、などという大学人の妄念に惑わされずに。

意味する主体＝従体はシニフィアンを欠いている存在へ還元され、主体＝従体は空なるセット以外に実体＝従存 substance を何も持たず、享楽を経験するが何も見出すことはできない、ただ生きている身体＝「セックス化された身体」を主体＝従体のために所属・従属させられている。この生の喪失＝欠如を修復し満たすために、欲動の諸対象が導入される。享楽の要素としての対象ａである。その実在を代表象するのが、給与＝賃金、その欲望であり、剰余価値の一部であり、剰余享楽として残余しているもの(a)である。性的関係が現実界で動いているのだ。

ラカン論者はマルクスに疎い、だがマルクス論者はラカンにまったく無知どころか読むこともできない、かつてアルチュセールの弟子でありラカン代弁者＝代表者となったミレールだけが、そこを言説化できているのだが、Ｓ・ジジェクに至るとただの還元論になってしまう。Ｂ・フィンクなどただのシニフィエ機能論だ。わかろうとするためにそうなってしまうのだが、私も危うい。

だが躊躇せずに以下のように、まず配置する。

剰余価値の通路がある、それとは経路が異なる剰余享楽の通路がある。その出発点と到達点は同じだ。両者はホモトピー的関係だが写像は相似ではない。この双方の通路が作り出す穴がある(内と外ではない)。そこに対象aは配置される。この対象aを心的に包んでいるのが無意識である。経済的には、賃金へ表象される想像界であるが、賃労働が届かない「利潤」である。享楽は、この穴の中で欲動機能によって動いている。性的資本は、この穴においてS_1からS_2のシニフィアン連鎖の介在効果として、生の欠落を存在させる規範的享楽の働きである。労働資本においては労働疎外だけではない、賃金が欲望対象として疎外される。享楽と欲望の分離によって、資本は労働と分節化され分離され、欠如の資本として貨幣化される。対象aは、利子産み資本にまで疎外分離される。他方、主体=従体は欠如主体(=欠如に従う従体)へと疎外される。マネーへの欲望が、あらゆる人々をおおう想像界となり、現実界は所有的貨幣に汚染された快楽・欲望世界となる。だが、剰余価値も剰余享楽も欠如である、流れ出たものの残滓である。

マルクスの再生産図式は、この剰余価値の通路の表象である。だがそこには、剰余享楽の通路が認識されていないため、穴は、疎外論から物象化論という脈絡のない論理へと構成された。初期と後期との違いではない、理論的な非在=穴である。マルクスとまったく切り離された次元で、フロイトは無意識構造に格闘していたのだ。ラカンがそこを明るみに出したが、しかし、構造上の穴がある、〈資本シニフィアン〉の連鎖と断裂の可能/不可能の動きだ。

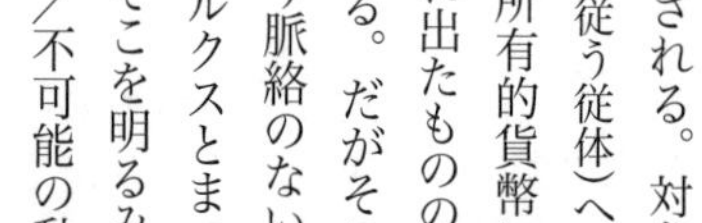

言説の配置場所 z

剰余享楽は、言説の四つの場所(外見 /享楽、真理 /剰余享楽) として配置されている。S.XIX

S_1からS_2へのシニフィアンス(シニフィエされない)において剰余享楽がなされるセックス化された通道が、根源的に作用しているのである註。欲望化された性的資本と賃金労働化された労働資本が、想像界を象徴界へと移動させて、産業社会国家を実定し、現実界を支配していく。ラカンが、実はその双方を領有的に了解していた。だが、労働疎外と主体のバレとは、次元もロジックも違う。主体のバレは、資本のバレ、商品のバレ、を表示もしていると考えること。

この穴から外化されたのが、「享楽」と「資本」である。ラカンには資本概念がない。

ここで可能パワーとなるもの、それが「享楽資本」である。性的資本へ同一化され抑圧された「欲望と快楽の構造」から、享楽資本のシニフィアンを見つけ出し実際行為させることだ。

享楽資本は、感情、情感、情緒といった〈emotion〉において残余している。

これが見取り図である(本書、211頁)。性的資本のエコノミーと対応させて考えねばならない。

ここで、いかなる交差が言説においてなされているのか。同様のことを考えている論者がいる。Pierre Bruno, *Lacan, passeur de Marx: l'invention du symptôme*(érès, 2010)/ *Lacan and Marx: The Invention of the Symptom*(Routledge, 2020)である。ロジックは素朴叙述的であるゆえ、フランス語の原書を厳密に読む必要はないし、まにうけけられないものでもあるが、参照には値する。資本家のディスクールに関する論述が、それだ。

〈剰余〉なるものをいかに考えるかである。「剰余」とは余分ではなく、欠如効果であるのだ！

註: signification（意味作用）とはシニフィエをなすが、sinifiance（シニフィアンス）はシニフィエをなさない。$S_1 \rightarrow S_2$は、その双方が作用していると考えるべき。シニフィカシオンは関係だが、シニフィアンスは非関係である。

資本主義のディスクール（資本家のディスクール）：第五の言説

ミラノ会議で、ラカンは資本家のディスクールを新たに示した*。四つの言説を交差的に入れ替えて、「資本主義の言説」を上図Xのように示した。資本家なる人格のことより経済世界のことと解した方がいいゆえ、「資本主義のディスクール」とする。「主人の言説」(下図)で、①左の項の$\$$とS_1とが入れ替わり、②ベクトルは$\$ \to S_1$として上から下へ反転させられ、③上の agent→autre の矢が消え対角線状に矢が配置された。連鎖の順はキープされ閉じている。

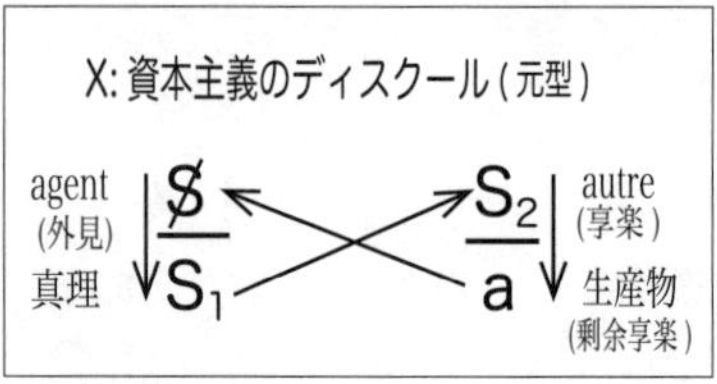

分裂した$\$$(様々な矛盾や問題の外見)は、S_1を通じてS_2の他なる疎外されたもの(隷属的存在)へ至る。真理=S_1は資本家の真理として顕になっている。S_2において自分は社員(or オーナー)であると享楽している(学校では「生徒」という他なる場所である)。S_1には、賃労働者が「資本」を有せず、労働力しか持っていないと「意味する」ものが内在した領有法則=真理が配備されている。S_2を介して生産物=剰余価値が享楽の流れ去った剰余享楽aの場所に作られる。$S_1 \to S_2$は権威／制度(規範)に従属するパワー関係である(x)。$a \to \$$は、主人言説では不能の非関係であったのに資本主義言説では関係づけられる。物象化の転倒状態が外見で常態表象されていく。疎外された賃労働社員S_2(or 経営者)として生産物=商品aを作る($S_2 \to a$)。自分のものとならな

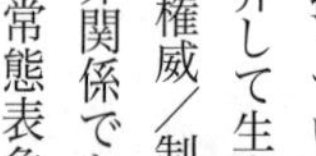

主人の言説

* ‘1972-05-12Du discours psychanalytique’ https://ecole-lacanienne.net/wp-content/uploads/2016/04/1972-05-12.pdf で見ることができる。

い(or 儲けのためだけの)商品を作っているゆえ、それは労働(資本)から切り離された「分裂した$\$$」＝外見となる(a→$\$$)。これは資本主義として分析的に見れることでしかない「外見」＝現実である。<agent/autre>の水準同士($\$/S_2$)は「外見／享楽」の場所でもあり、真理／生産物＝剰余享楽(S_1/a)の繋がりは失くされ、aは$\$$へと向かい従体を壊乱する。主人言説の主要なシニフィアンS_1はヒステリー言説の場所にある$\$$に転じられ、その外見＝代行が主要なシニフィアンS_1を真理の場所でブランド作用させる。人格配置でなく、非関係に包囲されて消費世界へと燃やされる。

享楽においてどうなっているか。分裂した主体$\$$は「享楽における欠如」である。「対象a」を通じて分裂させられている主体から主なるもの(＝資本剥奪されている者)が真理S_1(主体分裂の否定と疎外不満)とされ、意味されるS_2(＝生産ワーク)の享楽へ関係作用する。この他なる享楽S_2から剰余享楽(a)が産出される。a→$\$$において、あたかも欠如／空は無い、満足なき欲望が示される。

ともに、$S_1 \to S_2$は、主人(主なるもの)―奴隷(隷属するもの)の関係構成である。つまり、「資本家→労働者」の関係、「教師→生徒」の関係、「夫(男)→妻(女)」という主従の人格関係の基盤であるが、その関係作用であって人格ではない。これがS_1(真理とされるもの)→S_2においてシニフィアン作用構成される。S_1が不快を解消するかのように真理作用してS_2を働かさせる。S_1(主なるファルスであり真理である)が隠れたシニフィアンとしてS_2(賃労働者＝生産ワークに疎外認知されていない他者性)に信じられ疎外を隠すように関わり、享楽から生産物(a／商品)を産む。日常の

言説の配置場所 x

1971年のセミナーでは左下は、produit となっている。(p.4)

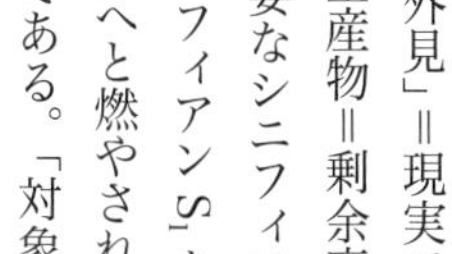

色々変わるのだが、基本は4つの場所、四つの要素、5つの矢、の固定的な構造である。

意識において、S_1は本源的真理を隠した資本主義の終わりなき消費市場真理システムである。マルクスはそこに対して剰余価値が、ラカンは対象aが構造化されるメカニズムの生成根源を、隠れたシニフィアン関係として抽出した。剰余享楽とはフロイトのLustgewinn＝快楽の利益である(Bruno, P.138)。余剰とは利益を得ることだが、譲渡して熱望することになる。剰余価値を望む享楽、つまり欠如しているゆえ熱望する。それは労働者であるより、豊かな消費者であるのを願う。生きるために食べるのではなくより美味しいものを食べるために働く。労働して商品を買うのではなく、快楽商品をより多く買うために労働する。象徴的去勢の拒否、それが資本主義言説の基盤である。このとき実は享楽は流され欲望(の開発)へと転じられているが、消費要求とみなされ考えられなくなっている。

ブリュノは、分裂した主体$\$$はプロレタリアート、S_2は生産者としてのワーカーとし、S_2におけるワーカーはストライキをするが、S_1における資本家(主人)はそうしない、と人格化に分けてしてしまう。そうではない。記号は、人格ではなく、人格をそうさせる関係構成を意味するのだ。$\$$は資本家をも規制している作用である。$S_1 \rightarrow S_2$において資本と労働とが分離させられていること(人格分離ではない)をブリュノはまったく見ていない。だから、論理が主体の位置でこんがらかっていくだけでない、労働が実定化されたまま、$\$$とS_2、$\$$とS_1との間の矛盾をストライキすることが「徴候だ」とただの労働闘争へと配置してしまう。ディスクールの問題が、主体の闘争実践の問題へとすり変えられてしまう。S_1は、ファルスでもあるのが、見えなくなる。ラカンも知を剥奪されたプロレタリアートと言ってはいるが。註

オリジナルな資本主義のディスクールの四項目は左頁上図のように説明できる。分裂した欲望主体$\$$が　S_1へ作用し、そのS_1(資本／真理＝ファルス)が享楽という他なるもの　S_2(生産ワーク

註：S_1は「市場」で、他者に辿り着けない$\$$は、市場を通してS_2の知に至る。その科学と技術が対象＝商品を産むがそれは対象aであって、消費を含んで不可能にあり、決して欲望を満たすことができない$\$$へ至る、という理解もある。主人言説では外見のシニフィアンが他者／享楽へ言及するが、資本家言説では不満がシビアに関わり、ヒステリーの$\$$が配置される。ヒステリーは他者としてのS_1に解答を求めるが、」資本家言説の$\$$は市場の真理(商品・サービスの獲得)へ要求の保障を求める。だが決して望んだ満足は得られない。商品は摩滅するだけだからS_2で再生産される。

Y: 資本主義のディスクールの構成（山本）

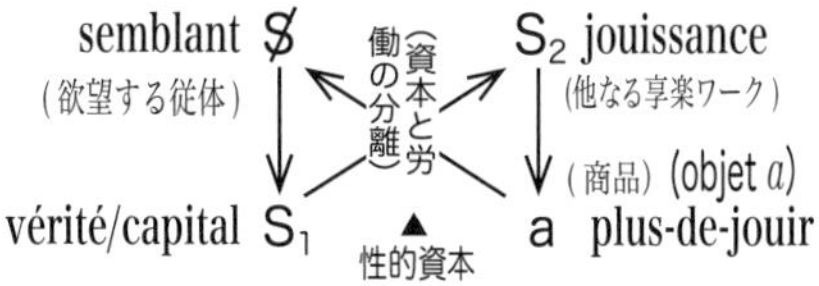

の様態／労働）へ作用して、そして剰余享楽／生産物（a）＝商品を作り出す。そしてこの剰余享楽が＄へ欲望の構成へと作用している。という循環だ註。ブリュノの解釈とは全くズレる。

消費するほど、享楽と消費の間のギャップは大きくなる、消費は享楽をえることであるが、資本主義経済は享楽における欠如を生産していく。なのに享楽は快楽の欲望へと転じられているゆえ満足があるだろうと仮構される。享楽における欠如に喉の渇きを覚えるゆえ、疎外労働の要求へと余儀なく参加していくことだが、しかし享楽ゆえ、それは「搾取」とは感取されないことの意味がブリュノからは語られないのも、欲望への構造化（大文字他者によって従体が欲望されている）が把捉されていないからだ。$\$/S_1/S_2/a$ のそれぞれの構成内容は入れ替わる＝滑っていく、それを彼は人格固定してしまう。マルクスもラカンも読みえていない。

ブリュノの指摘は一面を語る表層でしかない。だが私が解いたような構造関係が資本主義言説には配置されていることが、ディスクールの社会なるものへの効果である。でないと、制限のない享楽が解放だ、というような粗野な考えを招くだけである。対象aは消えてはいかない。剰余享楽が主体＝従体を分裂＄させてファルス真理を隠す真理S_1を働かす。S_1とaの間の不能▲に「性的資本」が非-関係として潜伏している。

性的資本やエロス的資本が働かないことには、剰余価値生産はありえない！

言説の理論では主体人格（主人、大学人、ヒステリー患者、分析者）が設定されているが、そ

註：この $S_2 \rightarrow a \rightarrow \$$ の経路は、剰余享楽を通じても「資本と労働とが分離される」という経済関係が、主体分裂的かつ心的にも構成されるのを暗黙に示している。S_2 は「他」として労働でもあるからだ。労働→生産物→疎外である。$\$ \rightarrow S_1 \rightarrow S_2$ の回路も、資本と労働が分離される過程である。つまり、双方の回路から資本と労働の分離がなされる。それを交叉点に書き込んでおいた。領有法則を利潤の占有と見ているだけでは済まされない。

こに代表象されていることであって人格のあり方ではなく、どんな言説構成と関係作用がなされているかが問題なのだ。まして四つの項は或る固定的な実体ではない。資本家のディスクールが資本主義の言説を構成している、そのとき主人の関係構成が反転させられ、ヒステリーの主なるシニフィアン$が重ねられている。つまり資本主義は、これらの言説全体の反転から構成されている（本書、287頁参照）。いろんな場面で物事は隠されており、それ自体として見えてこないで、外見（$と$S_2$）だけが見える。$S_1$は真理として作用はしているがその真理（分離された資本）は、日常の意識では消費市場の実際の消費想幻・事幻となっていて何も掴まれていない。

ここで、ラカン論者の多くが落ち込んでいる罠がある。それは享楽が何か充満された実体であるかのように資本と同一化され、資本も財産・資財のように実体化されたものだけだと思われ、それが労働や欲望を抑圧しているかのような近代概念に退化した論理で考えられ説明されたりしていることだ。抑圧は他のシニフィアンを落とすことだ。享楽も資本も悪しきものであるかのように思考的「無意識」がランガージュされるから、いやはや驚く。欲望が死滅されている、とまで言う論者もでてくる始末だ。欲望はなくなりはしない、ワークもなくなりはしない。だが、賃労働はなくなりうる、「主体化された欲望」はなくなりうる、それと混同されてしまう粗野な大学人言説にラカン理論が押し込まれてしまう。虚偽ではない、大学人言説として成り立っているがゆえ、その社交世界では容認され真理として生産され交換されている。私はその罠には落ちない。ラカンが既存のフロイト派と対立して相容れないように、別な言説真理のパワー関係の場は構築されうるのだ。

享楽も資本もシニフィアンであって、実体ではない、空であり穴であり、そこで作用＝シニフィアンスしているのであり、それは決まった定められたシニフィエを持たないのである。「能力・力能」

資本主義のシニフィエの外見

Z: 資本主義＜社会＞の隠れたディスクール（山本）

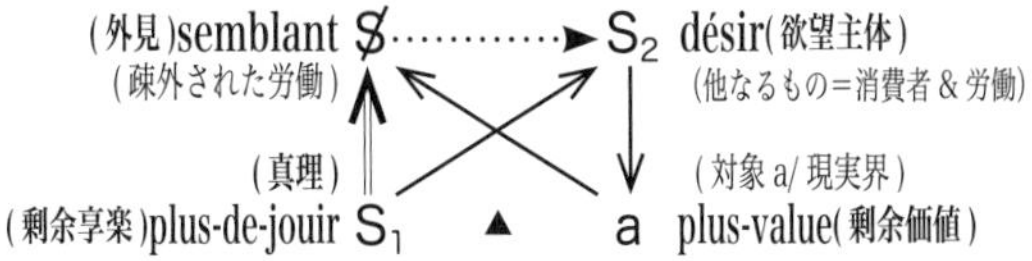

それ自体は視覚されまい、だが成績や資格として「外見」され、隠れたものを浮立たせれば上図のように関係構成されている。資本家のディスクールの四項目の構成内容は転じられる。左のベクトルが下から上へ戻り、またありえない $\$ \rightarrow S_2$ がベクトル自体として戻されたが見えない作用である。生産物aは剰余価値になり、剰余享楽は真理＝シニフィアンの場所へ配置される。このからくりは終章にて示す註。これは実は「社会」の構図である、私の作図だ。実際世界を見る＝知ることであり、ラカンへのブリュノ解釈に従うことではない。

分裂した従体（疎外されたワーク）はその外見が意味されたものとして他なるもの＝（享楽が転じられた）欲望を指示する。その欲望はまた同時に、隠れた真理 S_1 から示されたシニフィエとしての転移された享楽でもあるのだが欲望である。この両者による欲動享楽の心的作用から剰余価値を産物として生み出す行為がなされうる。この剰余価値は物的なものであると同時にエモーショナルなものでもある、商品の外見の底に隠れているものだ。それは主体分裂＝従体の外見を生み出す。$S_2 \rightarrow a \rightarrow \$$ は、大学人のディスクール・ベクトルである。S_1 を見ていないものゆえ、享楽は実体的に充満していると前提にしているかあるいは見られていない。享楽は意味されたものと混同されており、かつ対象＝他者になりうると想定してしまう。資本主義の言説を行使しているだけであって、解析しているのではない。$\$ \rightarrow S_2$ という、どの言説にもない仮構

註 経済的な表象を図示したのであって、心的な剰余享楽や欲望や「疎外」「分離」は隠される。欲望主体＝従体は S_2 の位置へずれ、生産ワークやマネジメントの「他なるもの」としての様態であるが消費者として表象転移されている(生産者と消費者は同一)。それは、S_1 と $\$$ の双方から規制されている。

資本主義<社会>の性的資本関係（山本）

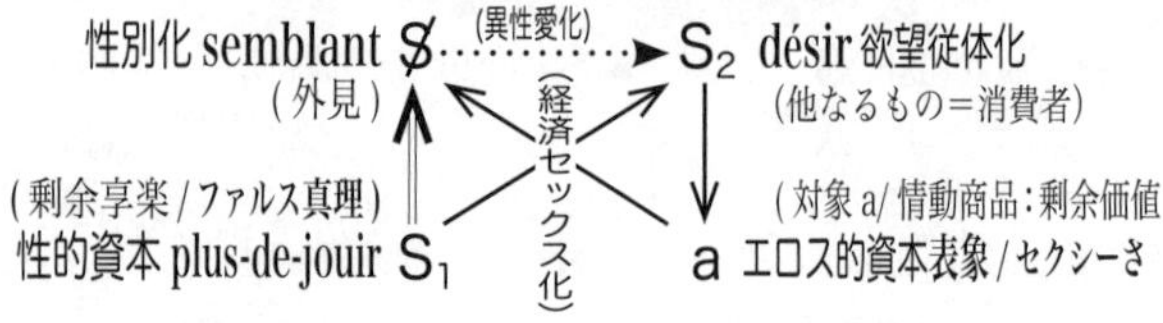

的関係が問題解決マネジメントとされている、それはつまり欲望の転倒構造化である。

この巧妙な関係作用に、論じられていない資本制社会での性的資本の働きが隠れている。〈享楽〉は、これらすべてに働いているベクトルと考えるべきだ。

性的資本から解くと、$\$$は男女の分裂＝性別化、それをシニフィエしているS_1は剰余享楽としての性的資本（隠れているシニフィアン）。$\$$から「欲望S_2」が他者の欲望へと転移作用していく、ここ$\$ \to S_2$は完全に隠れ（異性愛の規範化という事幻化）、剰余享楽S_1の性的資本から欲望S_2が生み出されるかのように作用し、対象aのバラバラのセクシュアルな現実界（エロス的資本を含む）を生み出す。剰余価値も情動商品へと組み込まれている。この対象aが、性別化された主体＝従体の分裂$\$$を個別多様に生み出す。$S_1 \to S_2$、$a \to \$$には「経済セックス化」が〈資本と労働の分離〉として作用している。資本制社会の言説は、XYZの三つの重なり合いからなっているのだ。

主体分裂が享楽を作り出している、という享楽を悪しきものと配置する転倒がそこに構成される。外見が偽装させている世界でしかない。それが「資本主義〈社会〉」のディスクールである。つまり、〈社会〉は、本質的にありえない「事幻」化$\$ \to S_2$を構成してしまい、しかもそこに規範化を作用させる。分裂した主体であることが享楽だと「(欲望)従体化」させるのだ。〔車が一台も通っていない、わずか数メートルの道路における赤信号で立ち止まって、スマホを見ている姿である。真面目に規則を守っているが無意味。津波が数分後に襲ってくるのに、安全に怪我なく避難させる場所を探すべく、校庭に生徒

＊ <社会>の実定化は、287頁図に示すように、四つの言説が資本主義言説のように左項の反転ベクトルによって、その四つの構造化からなされる総合的な構成になる。資本主義言説はそのモデルになったものと言える。これば「国家資本論」「政治資本論」「社会資本論」においてそれぞれ論じられよう。私の言う、事幻化・想幻化の編制である。その導入図は、拙書「ミシェル・フーコーの統治性と国家論」appendixで示した。

たちを整列待機させている実際光景である。全員が死亡する。爆発するのに汚染廃棄できないのに電気の供給が欠落していると原発を維持し続けている実際世界である。〕

「見かけ」が享楽であるとするそこに、逆生産性が構造化される。真理 S_1 が、$\$$を意味規制しているのだ。見かけ=外観は、生存的な作用さえ働かせることを見失ってはならない、ゆえ人々は見かけ=外観=agent（代行為者）に固執する（快楽）。これは物象化を超え事幻化している。

こうした基本にたって、この見取り図にボロメオの輪のRSIが構成されることを考えねばならない。つまり先の1図(263頁)の穴の機制である。仕事場であれ家庭の場であれ、何処の場であれ、

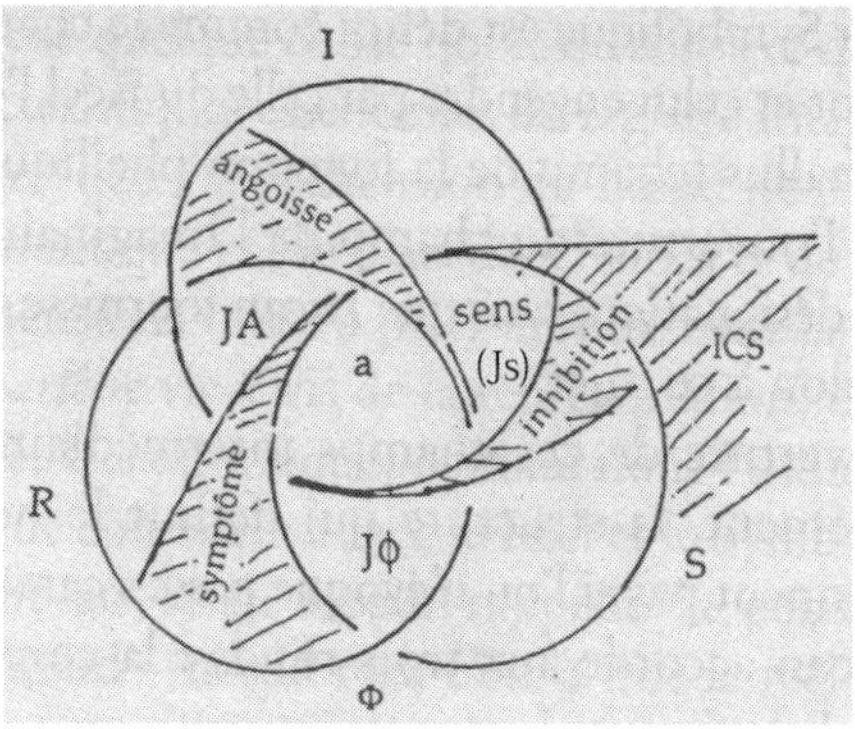

主体=従体にかぶさっている規制世界である。（それぞれの界はリングとして穴を実定化しているのだが、この図では円になっているため穴が視覚化されていないことに注意。内外ではない、穴を描いた線の円と読解すること。）

aを取り囲んでいるのが三つの享楽である。sensにこの図では享楽Jが記述されていないが、先の享楽パラダイム1のJの意味作用として〈Js〉と私はしておきたい、意味への心的作用があるからだ。註

享楽の大他者（JA）、享楽のファルス（Jφ）、享楽の意味（sens/Js）が、対象aを囲んでいる。そこに、禁止（象徴界から）・徴候（現実界から）・不安（想像界から）が介入するないし派生する。資本は「話すことdire」に囲まれている。

註 象徴界にはそれ自体としての意味はない、想像界が加わって意味がある。意味の享楽からは意味が流れ去る、そこに剰余意味、つまり意味作用 signification が意味とは区別されて形成される、意味以上のものになるか、意味が消される。話す世界から現実界を追い出して象徴界が作られ、現実界を回避する想幻に意味を失って安楽する言説に依存していく。言説の中には大他者の欠如を埋める要素などない、ゆえ国家が想幻され、欲望が支える。等々。

仕事場で、働くことにおいて禁止されていること、働くことにおいて生まれるさまざまな(損傷的な)徴候、そして働いていることにおける不安。労働力として死に体にあろうとも、生きている主体＝従体として欠落していることに、対象aが、感情や知性を含めてそこに介入している。イローズたちは、そこを性的資本において浮き上がらせたのである。

対象aという、対象欠如の何かが、性的資本を動かしている。それは〈剰余享楽〉である。その性的資本は、ジェンダーをセックス化し、セクシュアリティからセックスを離床させ、享楽から引き離した欲望を主体化＝従体化させている働きをしている、という意味になる。労働が労働力化され疎外搾取された、という素朴なマルクス主義的論理では、労働の実態は掴めない[註]。また、フロイト主義的に何もかもが性だと還元する粗野な思考も意味がない。

私は、ここで、**性的資本とは、享楽を欲望へ転じる意味作用《シニフィカシオン》と、享楽を資本化する意味生成《シニフィアンス》との双方の働きをなすもの**と定義する。それが剰余享楽によって作用／生成されている。これは、労働主体にも性主体にも関わる欠如主体の従体性に関わっている。ポジティブにもネガティブにも働く。シニフィアンの災難だ。しかし、性的資本は享楽ではない、だが享楽の原因であるシニフィアンと言えるであろうか？という問題設定は無意味ではない。それは欲動と性的資本の相互作用から、言説の移動を現実界の働きに観ることになろうか?!

いや、はっきりと画定しよう。剰余享楽が「性的資本」となって生成表象される、そこに欲

註 アングロ・サクソン系のラカン論稿に多く見られる粗野な認識は、資本主義は生産コストより販売価格を高くして剰余価値を産む、それをプロレタリアートに配分しないで搾取している、そこにリビドー享楽の欠如がなされ、不安と孤立に労働者たちがいる、資本主義言説はその堕落した状態を示している循環図だ。そこへの批判から「社会的絆 social bonds」を右上の項＝知に置いて、カップルに、人間存在へ主体的に取り戻せ、とされる。シニフィエの近代思考であり、粗末なマルクス理解でしかない。価格差から利益が出るとする粗末な経済思考から脱する理論が資本論で記述されていることだ。

動作用がなされている。この性的資本は「主体＝従体 sujet」でも「対象・客体 objet」でもなく、S_1, S_2, S_3・・・S_n・・・・と滑っているシニフィアンである、と。剰余享楽を働かす享楽資本が、欲動作用において動いており、それが性的資本をも生み作用するように動いている。イローズたちが、そのシニフィエを明らかにしたが、彼女たちはシニフィアンをつかんでいない。

私は、「資本」をシニフィアンだと言い続けて、その理論生産・言説生産を、言説 discours の「書かれたものの効果 l'effet de l'écrit」としてなしている。いかに、ディスク disque が回転 tourne し続けようと、分析の諸切断や分離分節化を横切っていく概念空間の配置である。

しかし、シニフィアンは永遠ではないし、何ものでもないものであるが、諸シニフィアン以外の何ものでもないものの創造 la creation de rien d'autre que de signifiants としての資本シニフィアンである。大学人言説で歪められ、通常の認識から消されてしまった場所の発掘である。

これらを平面図で記述してきたが、本来は私が国家資本論でなしたように、トーラス、クロスキャップの位相構造で示さねばならない。その煩雑さを回避しているのをお許し願いたい。

愛とシニフィアンと性的享楽

身体によって象徴される〈大文字他者〉の享楽は、「愛のシーニュ」ではない (p.39)。享楽、〈他者〉、シーニュ、愛、という四つの点の関係は？　これは情緒資本の章へ持ち越される。

Brousse は享楽を、sexual jouissance に止まらず、剰余享楽はもちろんのこと、
organ jouissance/clitorial jouissance/phallic jouissance
feminine jouissance /hetero jouissance/real jouissance
jouissance of meaning/jouissance of the imaginary body/supplementary jouissance
と「享楽の様式 mode of jouissance」において多用している。これらは、器官から性差、意味、想像界・現実界などの局面での欲動作用の場でもある。本格的な理論思考はここから始まるのだが、機をあらためたい。また、さまざまな資本シニフィアンを論じていくにあたって登場して来るのも、実際世界で無効として〈void〉されて隠れているためだ。イメージが消され、名が消され、場所・時間・一者が消されている。だが、主客の差異が棄却されている、という西欧的思考からそこを考えるのではなく、主客非分離の述語制シニフィアンの穴において考えていくべきことになる、とだけ言っておきたい。「愛」を考えるときに開かれるものでもある。

愛において目指されているものは主体である、とラカンは言うが、愛は主体=従体のマターではないとほのめかしてもいる。愛は非分離な非自己と非自己の間のペア想幻のことである。そこでは女は対象aの形で剰余享楽を男に贈る、ここにおける性的享楽と愛との関係はどうなるのか?!

「すべての愛は、**書かれないことをやめる** *cesse de pas de s'écrire* によってしか存続しないのに、**書かれることをやめない** *ne cesse pas de s'écrire* へと否定を移す傾向をもって、やまないものであり、やむことはこの先もない。」(S.XX, p.132)　決定不可能を語るラカンを不能と誤認してはならない。

結節にかえて

性的資本と感情資本主義／感情専制主義

性的なものをめぐって、私は「性的資本」の概念が一つの再道具だてretoolingとして活用しうると、この範疇を汎用化してきたが、これを普遍的概念、普遍的な道具だてにすることではない。あくまでこの概念道具を使って、考えられえていないものを浮上させることである。

装置や配備の概念は、固定しがちな様態を示す。しかし、資本概念には、〈動き〉がある、まだ実定化されないシニフィエされないシニフィアンの動きとして使用できる道具である。しかも身近な感知しうる道具である。既存の諸概念の転移がポジティブに可能になり、批判状態がはっきりと見えてくる。理論概念は批判性と可能性を合わせ持っていなければ意味がない。

性的資本とは、享楽と意味するもの＝シニフィアンとの間に構成されている「反復」であり、この言説としての性的資本は、享楽と知／言語との関係において、永遠に満たされないものであるが、反復が止まることがないものである。そしてそこにおいて、「性関係はない」、「性にシニフィアンはない」、という「非―関係」が入り込んでいる。非関係は、関係とその作用を照らし出してくれる。オスが自動的に女との関係で男になるとは限らないのだ。

セクシュアリティ配備が近代産業社会において歴史的には編制されているゆえ異性愛的世界になっているが、さまざまな局面で秘されながら作用しているシニフィアンがあるのだ。

「エロス的資本」として、最初にハキムがあげた項目は、「美」「魅力」「社会的優雅さ」「活気」、身体の「ディスプレイ」であり、それらがセクシュアルなものに関係している現れであって、第六にセクシュアリティが示された。身体スキルが社会的スキルとして機能しているものだ。また、イローズたちも、ネオリベラルな「雇用可能性」を最終的に強調している。それは、男女にともに関与しており、そこから性的な差異が派生はする。

つまりその表象は、セクシュアルなものは意味されたこと《シニフィエ》であって、それを意味するもの《シニフィアン》としての作用に働かせているのは「資本」シニフィアンである。強いて言えば、「享楽」シニフィアンであるが、この享楽も資本と同様に、疎外され、剰余享楽として残余しているだけで、そこにおける対象aが、さまざまな外見を「エロス的資本」「性的資本」として出現させているということだ。そこには「自己を高めている」だけではすまされない作用が動いている。

つまり、性的資本に溢れているように描かれた後期近代の世界では、性的資本は欠如していると示されたのを意味する。性別化された性的差異が男／ファルス支配・ファルス欠如となる。セクシュアルなものによって充満されているのではない。ここを誤認してはならない。同様に、商品に溢れているように見えるが、商品が欠如しているゆえそうなっている。また賃労働者だらけになっているが、賃労働が欠如しているからである。この欠如は、足らないからではない、溢れているゆえの欠如である、それが後期近代の実状態であるが、世界総体を見ればそうではないことも容易に感知されよう。国連の広告で、食料不足にある人たち八億二千万人の行列は地球十周分であると、「欠如」を溢れていると映像化して宣伝している。欠如は過剰なのである。

享楽について可能な限りの再考を要点的になしたのも、性的なものを実体化して、シニフィエ世界でしか考えない大学人言説からでは、資本はもちろん、その種別的表象である「性的資本」が考えられないからである。意味されたシニフィエのトピックをいくら並べようとも対象が炸裂・壊乱している状態はおしゃべりのテーマにはなるが、それらが派生する根拠は明らかにならない。他の諸資本も経済資本の下に隠されてしまっているからだ。

ここは、ラカンの「資本家のディスクール」への誤認や「享楽社会」としての誤認へと大学人言説化されてしまっているため、またイローズたちの無意識のランガージュに陥ってしまっているため、論じなおしたことである。母性神話の問い直しが、事業継承の女性たちによって論議され始めたりしているが、それはファミリー・ビジネスの根幹に性的資本が隠れて作用していることを示しており、さらにそこにおいては賃労働、欲望主体化、女セクシュアリティ、などの剰余享楽界がクリティカルに問い返されないと問題の根源からのマネジメントは開かれない難しさにある。企業体の八〇％以上はファミリー・ビジネスである、その性的資本に対する知的資本／情緒資本のバランスがソーシャルに覆いをかけられて暗黙知に置かれたままになっている。この界閾への知的資本、文化資本を明証にしないと企業停滞は不可避に起きる。現実自体を見ていないで、仮象を現実と誤認したままであるからだ。マネー／資産の相続だけの問題ではない。プライベートなもののパブリックな表出・表現には、性的資本が確実に作用している。

ソーシャルな企業組織経営の仕方は、そこを覆い隠してしまうだけのため、根源の軸が揺れてしまう。ソーシャル・マターは自分のことを自分のこととして考慮しない仕方である。

「享楽」は社会世界へ配置はできないが、「欲望」は商品と相同して「社会」空間へ配置される。国家も社会も享楽はされないが、欲望構造へ編制されている。ミレールのフライング的踏み出しは、そこへ関わる。ジジェクなどは論外である。「ラカン—マルクス」は、ブリュノのような表層次元にはない。これらは資本主義概念が、商品世界概念と資本概念との識別もなく、つまりは、享楽と欲望の概念の根元的な識別もなく、マルクス主義次元に止まったままであるからだ。資本が悪であるように享楽も悪であると相似化され、労働や性行動・快楽が搾取・抑圧されている(ないし開放されている)、という転倒した認識が固持され、そこから資本主義は悪で社会主義は善だみたいな妄念がまたもや「大学人」によって、自分は資本主義社会の賃労働者として安穏と暮らしながら復回してくる、そんな知的市場状況を生み出している。「マルキスト」と名乗ることがかっこいいと思い込んでいるメガネ・アホだ。大卒レベル思考だから多数が読む。

ラカンの論理思考の形式およびその理論プラチックが、まったく近代思考のまま解読され解説されていることに(穴や空さえ実体化されてしまう)、知の停滞の典型を見るが、それはまたマルクスの表層理解と合体して、大学人言説による知的不能化を蔓延させている。マルクスがリカードのみならず当時の論述を片っ端から批判していったような作業が要されるのかもしれないが、不毛だ。ただラカン自体、マルクス自体を現実を観ることとともに読めばいい。

面白いことに、ラカン邦訳は全滅状態であるが、きれいにわかったかのように訳されたもの＝誤訳より、何を言っているかわからない誤訳の方が、「欠如」がくっきりと浮き出すゆえ、意味がある――という、ラカン的状態がある。ラカンは、原書で読んだだけではわからない。懸命なる誤読から物事が分かってくる言説である。ミレール自身も、もう未完のセミネールを完成させるのは不可能であろうが、それはラカン自体ではなくミレール生産のラカンであり、非常に高度である。英語もスペイン語も日本語もすべて、誤訳が出されて、たいへん役立ち、原書の理解が自分なりの格闘から進められる。これは「誤訳」の剰余享楽だ。業績や自己満足への欲望ではない。わかったとされていることは、わかられていないことだ。フィンクなど的外れも甚だしい。ラカンは一義的決定できないし、真反対のことを言うし、わからないから面白いし、役にたつ。私は、ラカンを享楽するが、ラカン自身による記述には、すでに見られたように享楽はない。性は「対幻想だ」などと言っても何も初まらないのは、次元が異なる想幻間の理論関係は何事も把捉されていないからだし、そもそも幻想とはいったい何であるのかさえはっきりしていない。（想像界の想像的関係が象徴界や現実界に関係して総体的に配備される想幻界）。

資本主義のディスクールの図式に、性関係はどこにもない。だが、語られずに描かれている。しかし、すでに示したようにブリュノによる解読は不十分である。それは、$\$\to S_2$という、あり得ない意味化（つまり事幻化）を理解もなく<cut>と暗黙に配置して（シニフィアンの作用をわかっていないということ）、$\$\to S_1$の反転（＝資本家的転移）を元へ戻してしまっているとき、外見／見てくれの疎外・分離を勘違いへと誤認させているからだ。これが、抑圧や支配の考えを固定化させたままのものにつながる根拠である。S_2と$\$$ないしaとを混同しているのだ。意味連鎖の

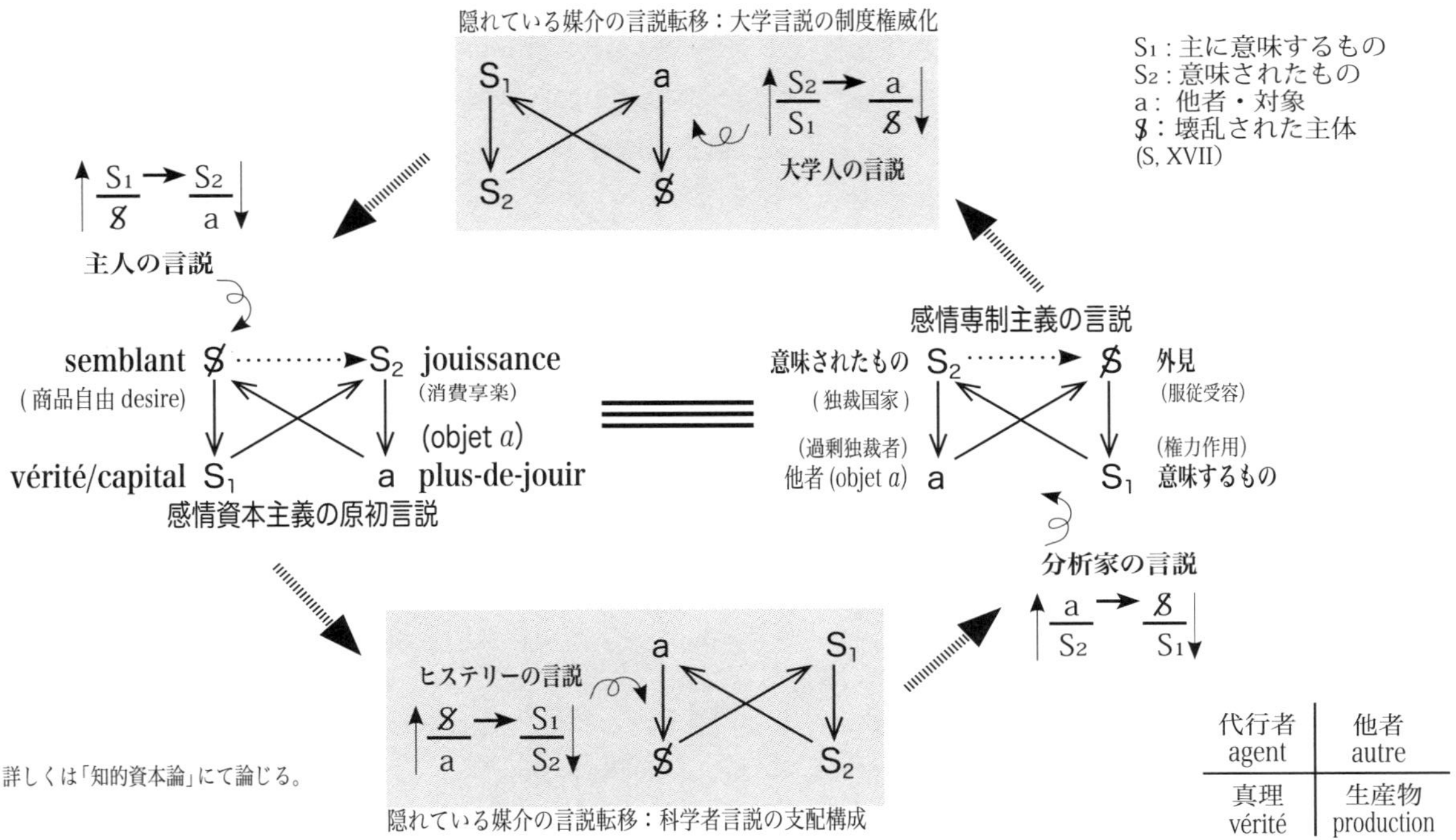
隠れている媒介の言説転移：大学言説の制度権威化
S1 a S2 $
S2 → a / S1 $
大学人の言説
S1：主に意味するもの
S2：意味されたもの
a：他者・対象
$：壊乱された主体
(S, XVII)
S1 → S2 / $ a
主人の言説
semblant $ S2 jouissance
(商品自由 desire)
(消費享楽)
(objet a)
vérité/capital S1 a plus-de-jouir
感情資本主義の原初言説
感情専制主義の言説
意味されたもの S2 $ 外見
(独裁国家)
(服従受容)
(過剰独裁者)
(権力作用)
他者 (objet a) a S1 意味するもの
分析家の言説
a → $ / S2 S1
ヒステリーの言説
$ → S1 / a S2
a S1 $ S2
隠れている媒介の言説転移：科学者言説の支配構成
代行者 agent
他者 autre
真理 vérité
生産物 production

＊詳しくは「知的資本論」にて論じる。

遡及作用を何もわかっていない。資本家のディスクールにおいて、誰も搾取・支配されていると感じていない(というより、自分が得ている利益の方が大きいと多数は感じ快楽している)。許せない「搾取だ」などと言っているのは、外在された知識だけの知識としてよそごとのように、享楽を除去した「知識」が語られているものでしかない。欠如は永久にうめられないままであるからだ。

感情資本主義は、単純な編制ではないゆえ機能しており、相同的に「感情専制主義」と世界共存している。正確には、まるで男女のファルス規準からの性別化のように、鏡像的に反転した相同である。それは、四つの言説の転移が循環している構造になっている(前頁図)。＊

例えば問題となった中古車販売店でなされていた幹部から部下への罵詈などは「感情資本主義」のなかで機能している感情専制主義そのものである。いわゆる、日本で論じられている「感情労働」の世界は感情専制主義の現象である。どこかの芸能事務所など、性加害そのものであったが、「知っていたが何もできなかった」という傍観者たちの不能化態度にみられるよう、感情資本主義が感情専制主義であることの現れである。知ってて問わないで、受容する。

感情専制主義の国家的統治は、ロシアと中国の幅に、度合いの差として出現して機能している。その間に、北朝鮮やミャンマーやイランなどがある。専制国家的な中国は、感情資本主義を内在させており、まだ個人化の不平や不満が露出可能にあるが、ロシアはそれではプーチン支配が成立しなくなるため、押さえ込み、都合の悪いオルガルキー資本家を排除・殺害までしている。戦争兵士を虫ケラのように殺していながらロシアのためだと、自分の権力関係を維持

＊4つの言説＋1については、第3冊『知的資本論』にて詳細に論じられよう。

することしかしない。感情専制主義は、主人の言説を復回させている構図になるが、転移の元は分析家言説であるため、知的に作用する巧妙さになる。自分のしている悪は全て他者＝敵のしていることだとされる。自由世界のあちこちに点のように表出している。

この問題は、エモーションを対象にして考えねばならない。エモーション emotion と享楽との関係として、「情緒資本論」において解明されていくことになるが、基本を押さえておこう。

感情専制主義＝感情資本主義の言説世界

感情専制主義は、社会主義国統治をへていることで、資本主義批判という知性を経由している。それは、分析家言説の左側を反転させたものになる、つまり非常に知的な転倒である。私が考えた図をみられたい（次頁）。ミレールは、よく上下やベクトルを反転させて考察している。

「意味されているもの」（既成秩序になっていることごと）S_2 が、agent になって作用因になり（既存権力への全面的服従が享楽）、それは対象aを「真理」として隠し（真理であるものがなんであるのかわからなくされている真理）、それはつまり、他者を不在化させ $\$$（バラバラのはっきりしない何かであるものへ余剰化＝欠如化する）、そこをへて、「国民の外見」を主体がバレされた状態で大文字統治された「他者性」において個性を圧殺して示す（$S_2 \to a \to \$$）。剰余享楽の残余＝過剰なaをへているものであるため、完全な転倒という外見を構成できる。それが物事において作用していく「意味するも

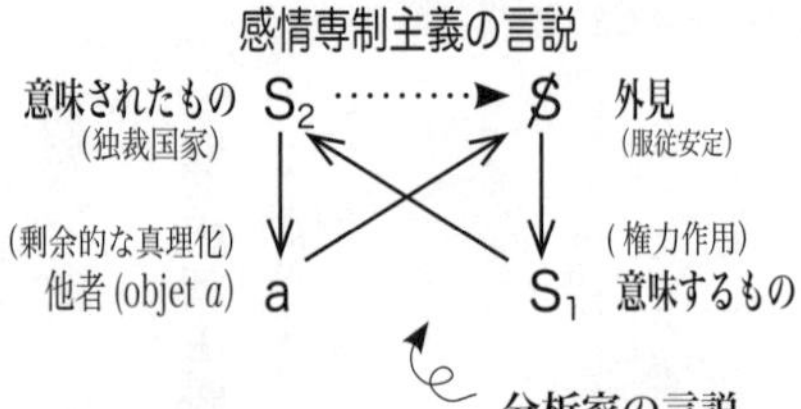

分析家の言説

agent/外見	他者/享楽
真理	生産物/剰余享楽

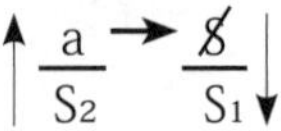

の」S_1を規範規則＝法律として生み出している($a \to \$ \to S_1$)。この意味するものは例えば「ロシアを正当化するもの」として歴史や権力を働かす。外見に他なるものとして重なって現れる$\$$に細心の注意をはらい、S_1の正当性を作り出し、S_2の体制を強化する。S_2と$\$$は鏡像的関係になっており、aとS_1も鏡像的関係になっている。註ゆえ、非常に、論理的な構成を専制独裁的になすことが可能になっている(プーチンのロジック及びそこに従属するロシア人のロジック)。〈$\$ \to S_1 \to S_2$〉において、体制が強固に構成され、不動であるかのように専制的統治技術が可能＝権力作用になる。しかも真正原理があるかのように構成してしまう。この循環が感情資本主義と重なって機能している。秩序に叛くものを殺害・暗殺しても、当然で妥当である論理が成立し、外見$\$$で「やむなきこと」であると他者性にバレされている。従って、政権を脅かすものは処罰するという意味することS_1が、法的にも成立可能になっていく。大学言説の右上のS_2の位置がそこへ重ねられている。分析言説と大学言説の転倒した配置にあるのだ。若者は、感情資本主義の言説位置でウェッブを通じたりしなが

註 左側の項目の入れ替えと矢の反転は、それぞれの言説において考えられ得ることであり、言説の「社会的」表象構造となっているのがわかる。287頁の図で示したように、ヒステリー言説は科学言説として、その科学が社会で支配的になる構造を示し、大学言説はアカデミズムへ排他的権威として権力作用する構造が浮き出してくる。4つの言説は8つの言説として循環構成されている。つまり左の矢の反転は〈社会〉規制作用によって構成されたものと見てよい。

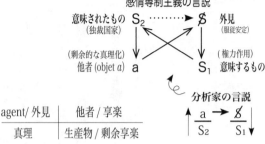

ら感知し、国外亡命を図ることができるが、転覆する行動には出れないで、公然と弾圧されてしまう。

感情資本主義においては、対象aとして、なんであるかわからない状態として生み出されて、自由であるかのようになっているゆえ、法的拘束は専制的に構成できないだけであるが、個人自由はとりあえず、バレされた欲望主体として示されている。USAでの銃の乱射事件として多々出現する転倒した自由に顕著。レギュレーションの域が放置されている不能的自由だが、法的に取り締まられる。

性的資本が、感情専制主義においてどのようであるのか、それは本質的に感情資本主義と変わらない諸関係にあるが、独裁的自己形成に関わっていると推察される。ソ連崩壊後、多くの女性たちがセクシュアルなワークによるマネー獲得のため、レバノン、日本、スイスなどの夜の仕事へ流出した出来事があり、専制国家へ戻っていくにつれ、その数は急減したのも事実である。プーチンが愛人を豪邸に住まわせている事実も世界が知ることである。中国では、日本の浴衣を着て街を歩いていた若い女性が「騒乱挑発罪」で逮捕されたというニュースが流れた。エロス的資本が禁止されるケースだ。だが、安直にいかにもわかったかのように論じられることではない。ナチス／ファシズムのセクシュアリティはいかなるものであるか――これを映画から論じるのは軽薄であろう。

ただ、感情資本主義において、剰余享楽はさまざまな形で露出していくが、感情専制主義においては隠されて専横的なS̸に表象されているが潜在しているということはできよう。あからさまに露出することは専制主義では抑圧されるが、潜在的に無いことではない。自由と抑圧とが反転鏡像関係している。そして、言説の編制・表現は循環している。そこから脱することはいかに可能か？＊ 構造論批判の要になることだが、性的資本のセクシュアリティ配置が新

＊ 資本主義言説において資本主義のネガティブな物事を列記しながらその非社会的な状態とし配置して批判論述する仕方（英文論稿に多い）には、暗黙に感情専制主義の言説を混同させているのだが、感情資本主義水準の大学言説で、感情資本主義と感情専制主義の鏡像的対応をもって解析できていないからだ。可能条件への提示がただ不可能の再生産を提示するだけになる。ラカン理論をもっと活用的に開いていかねばならない。資本主義言説はそのモデルだ。

たな世界を作り出さない限りあり得ないという問題提起をしていくことしかまだできない。

理論的思考として、「シニフィエとしての資本」(経済資本、国家資本、規範資本など)が固着しているため、その概念スキームはあまりに強固で、享楽までをも侵食してしまっている。ラカン研究者から、「欲望が死滅させられている」などの社会批判を耳にしたとき、欲望が開放であるかのようなあまりのことに驚愕してしまったが、自分を観察してみればいい、どこで欲望が死滅などしているのか、ファルス欲望が自己抑制されているだけであろう。労働が類的に存在させられたように欲望も類的に存在させられているとき、存在論的なものは対象aのなかに放逐されてしまっている。充足されない欠如のままで語られずに人々は匿名で吐きだしているだけであろう。自我論のままわかられなくなっているのが、感情資本主義の効果である。マルクス知らずのマルクス主義者と同じように、ラカン知らずのラカン研究者が輩出されている。「主体」「実践」概念訳語のままではラカンを理解していない。知的頽落は必然のように派生する。

資本と享楽とが押し流されてしまって、実際には機能しているのに認識不可能になっている「知」の世界の理論的な配置換えは容易ではない。ここは知的資本の本質的な課題になる。認識転換はなぜ不可能であるのか。知は享楽の断念であるからだ。ゆえ多くは知ろうとしない。

「資本享楽」「享楽資本」をそこで描き出しても、可能条件として理解はされまい、であるから、深いシニフィアンの考察者たちは、来るべき希望の世界を描き語ることをしてこなかったし、これは変わるまい。〈絶対無の場所〉は、描かれない。相対的な想像的無の場所が、企画はされる。マルクス／エンゲルスが描いてしまった共産主義は、何ら希望ではない。約束の地は、飼育への道でしかないことも歴史的に明らかになってしまった。

そこに、ウクライナ戦争やあちこちでの紛争が未だ絶えず、原子爆弾は原子力発電所とともに製造可能なまま持続され、後者は爆発しても廃棄出来ない廃棄物を生産しながら、海へ放出しながらまだ存続しており、気候変動は激しさをますばかりの状態である。そこにはヒステリー言説＝科学者言説が機能させられている。感情専制主義が、暗黙に電気不足や平和不足を正当化に使って闊歩していることの現れだ。平和のための戦争は、制度の枠をはみ出し、実際の人殺し戦争として露出している。国家の国土化のあるかぎりここは解決されえない。「社会」問題があるから社会資本は作用し、場所資本は破壊される。

ここでは、性的資本の自分技術が生活においても統治技術の根源においてもたいせつである、という指摘で止めておきたい。考えねばならぬことは、ここを機にまだまだたくさんある。

性的資本と自己性の転倒

エロス的資本／性的資本が、エモーションに大きく関わることは指摘されていた。それは、自己性 selfhood との関わりを意味する。

現在、クリエイティブな仕事は、しんどいとされているらしい。「創造的な仕事をしたいとは思わない」し、「その仕事の食い扶持は少ない」し、「何より必要な能力を大半の人間は持っていない」、というのだ。「みんなは創造的な仕事に従事するのを望んでいる」、「働いて自己実現することこそ何より大切だ」、そんなのは「社会の上澄みにいるエリートの幻想に過ぎなかった」というのである。「自分で会社を選ぶのは面倒だから、ＡＩに会社を選んで欲しいというのが本音だ」と。(「読書人」二〇二三年九月二二日号での「ＡＩを通して見える「人間」の姿」での岡嶋裕史の発言)

平然と実際現実がこのように語られることに驚愕。創造性への取り組みがあるかないかではない。自らの資本喪失が「自由」で気楽だとされていること＝錯誤への驚きである。テレビでのビズリーチのＣＭで、「市場での自分の価値を知りたい」ということ(自分の商品化)も、自由でアクティブであるかのように語られている。広告人たちの無知不能だでは済まされまい。想像界の想幻化に囚われたままで、物事を観ている思考ではない、ねじれたままの思考だ。自分たちを取り巻いている現実界に近づくのを回避し、身をかわしながら想幻にすがっている。「我考えない、ゆえ我なし」である。

商品が受動的に供されて生活が成り立っている「商品への依存とその受容」の結果がもたらしている効果である。さらに自分が商品として扱われることが自由であるのは、「商品へのアクセス」が自由であり、商品の多様な選択があることが自由だというように、商品世界の事幻化の浸透でしかないことだからであって、自己性の問題ではないことが、自己性の自由であるかのように語られ論じられることの転倒である。創造性なるものは完全に外部にある、自分に関わりないものだとされている。それは自己の資本喪失をなしている社会の領有法則における他律規範の支配効果である。創造性の外在化は、自分の自律性の不在化である。創造することは、専門家的不能であることとしてしか理解されていない、専門性の欠如という余剰の効果である。自己性の不能は、性的資本の前言語段階から言語段階への移行の時点で、近代家族構造の母親との関係においてすでに規定されてしまっている。性別化の効果がそうさせている。自己性 selfhood、自律性 autonomy、自己技術 self-technology の関係の更なる考察は、「自分技術」へと転移される「情緒資本論」の章にて展開されよう。

女に対する仕方にすべてが現れるとマルクスが述べたことがある。それは、「女は存在しない」ということに対する自分技術の現れにおいて、「すべてがなされうる」ことの限界にその自覚が不在であり、認識もされていない界閾があるということだ。「なされていない」全てがある。自分技術は性的資本によって規整化されている。自分技術は存在論的にも命題形式的にも、剰余享楽へと放り出されているゆえ、いかに限界があろうと未熟であろうと、自分の自分に対する関係づけとして「主体論」などを超えた次元で述語的になされていくことから自分自身へとはっきりしていくことであろう。従体でしかない主体「実践」において解決などはされない。

別章でいずれ詳細に述べるが、性的資本の構造化に関わる性別化の論理を最後に再確認しておく。上は存在論的命題であり、下は普遍的命題である。S.XIX, STAFERLA 版よりまとめた。

男は、$\exists x \ \overline{\Phi x}$「ファルス機能に対して「ノー」と拒絶するXがある」という「必然」にあり、$\forall x \ \Phi x$ において「すべてのXはファルス機能に服従している」（ファルスが全て）という「可

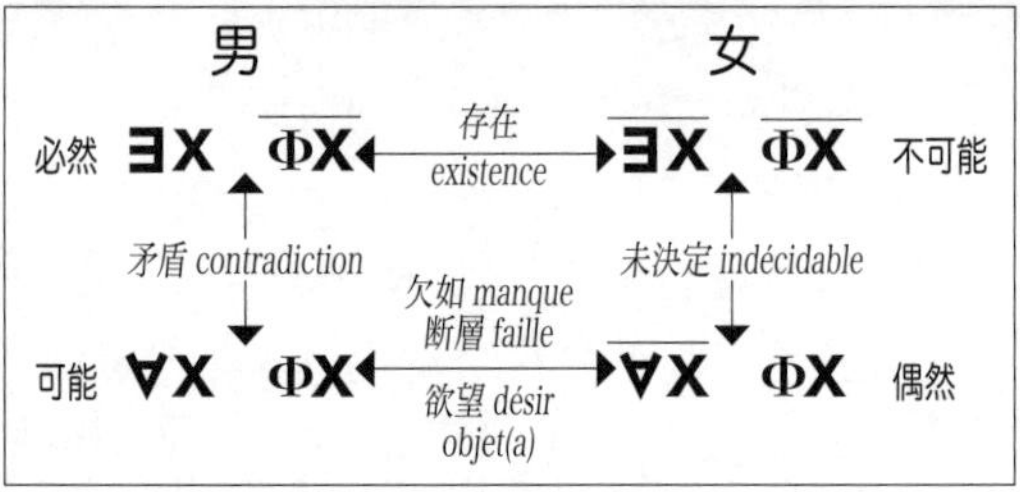

能」にある。この二つの定式は矛盾関係にある。

女は $\overline{\exists x}\ \overline{\Phi x}$「ファルス機能に対して「ノー」と拒絶するXはない」という不可能にあり、$\overline{\forall x}\ \Phi x$ において「すべてのXがファルス機能に服従しているわけではない」という「偶然」にある。この二つの定式は未決定にある。

男と女の間の普遍命題には、断層・欠落があり、そこに「欲望」「対象a」が配置される。性的資本からこのロジックを検証し、本来なら述語制の視座から組み替えるべきことにあるのだが、それはいずれ考察せねばならない。

そして国家的統治は、性的資本として男女の性的差異/性別化をなして、ファルス体制を構成することにおいて、古代的なものからすでに配備されていたと言えるのだが、近代国家の産業〈社会〉経済の編制において主語制様式の欲望構造化（共想幻と個想幻の一致）に画定された、という問題構成も浮上している。

資本主義のディスクールは経済的資本主義論を書き換えるぐらいの意味をもっているゆえ、感情資本主義と感情専制主義の情況論とともにもっと本格的に論じられるべきであるが、ここでは問題提起にとどめた。剰余価値生産は剰余享楽とともにさらに「経済資本論」にて論じられる。現実界に潜んでいる不可能なものをまずは現出させた本章である。「資本」論はまだはじまったばかりだ。「何事も最初が困難である」（マルクス）。

あとがき的註

本書は、ほとんど引用的叙述であるが、ただ引用ではなく紙一重で新たな思考次元を開くべく転移作用させせて、かつ原書上／間での飛び越えがあちこちでなされているゆえ―かなり乱暴に見えようが説明しろと言えばいくらでもできる、新書ゆえ要点叙述しかしていない―、逐次引用の箇所を業績主義的論述のように示していない、煩雑になるだけだ。自身でそれぞれの原書を読まれたい。いつも言っているが邦訳だけからの理解は考えない誤認を累積させるだけだ。日本の知的劣化はそこが根源であるが、それは想像する以上に低次元の拡散であり、知的資本の壊滅的状態にある。ここを脱する創造的かつ想像的な力技を恣意的であるかのように排除さえする権力作用を、大学人言説は出版商業主義と結託してなしている。自らの不能性を保存するための社交的もたれあいだ。私は一切、そうしたものに迎合しないゆえ孤立しているが、自分の自分への関係において何らの損害はない。

本章の「性的資本」論において、具体個別の困難な課題への言及が回避されていることが知られようが、そこへ慎重に対応するのは個別ケースのことで一般化は不敬や間違いとなるだけである。基本手がかりとなるものを開削した。その資本シニフィアン論の〈初まり〉である。考察の旅程は長い。放棄せずにどこまでやれるか。本章も総体的に論じようとすれば膨大になる。そこは制限するほかなかったが、「知の新書」の創造拘束的な192ページはそれでも大幅にはみ出してしまった。また価格が上がってしまうことにご容赦願いたい。小部数の宿命だが、大卒知性レベルでの市場に付き合うわけにはいかない矜持をお許し願いたい。私の考察は、一〇年、二〇年後に実際的にわかられてくるようだが、もうそんな悠長なことでは現実に対応できなくなる。本書を機に、自身での探究や考察をなされることを切に望む。けっして難しくはない、自分の足元を見て限界へおそれず向かっていけばいいだけだ。世界ははるか先へいってしまっている。日本知性を世界線へ高めていくことだ。

資本のシニフィアンとシニフィエ

「シニフィアン」に関する転倒理解がなされている。それは、ソシュールとラカンにおいて反転しているためと、時間推移の因果関係にはないということからもたらされている。

ソシュールは、言葉をシニフィアンとして下に置き、像をシニフィエとして上に置く。しかし、ラカンは反転させ、像を下に置き言葉を上に配置する。つまり、S|sにおいてソシュールの像シニフィエは下に置かれて、それがシニフィアンすると配置される。トイレの像が同じドアで示され、「婦人／殿方」とシニフィエされることで識別される。これは、$S_1 \rightarrow S_2$の関係になる。シニフィエS_1がシニフィエする・・・$S_1 \rightarrow S_2 \rightarrow S_3$・・・この基本的な識別と複層性がわかられているようでわかられていないから、ブリュノのようなシニフィエ優位の解釈が生まれる。さらに横棒で遮られていること。シニフィアンとシニフィエは恣意的であるゆえ像と言葉としてはどちらでも相互関係しているとしていいのだが、シニフィアンの事態つまり相互関係のシニフィカシオン signification は、像の問題にはないということ、物事の意味連鎖とその遡及的関係の仕方が理論上の基礎になる。さらに、シニフィアンス signifiance はシニフィエを持たない。これらは、〈もの〉と語の関係を考える上での基本である。「シニフィアンに固有の諸結合と、シニフィエの生成 génese における諸結合の機能の広さ」(E, p.497) が考察されるべきことになる。

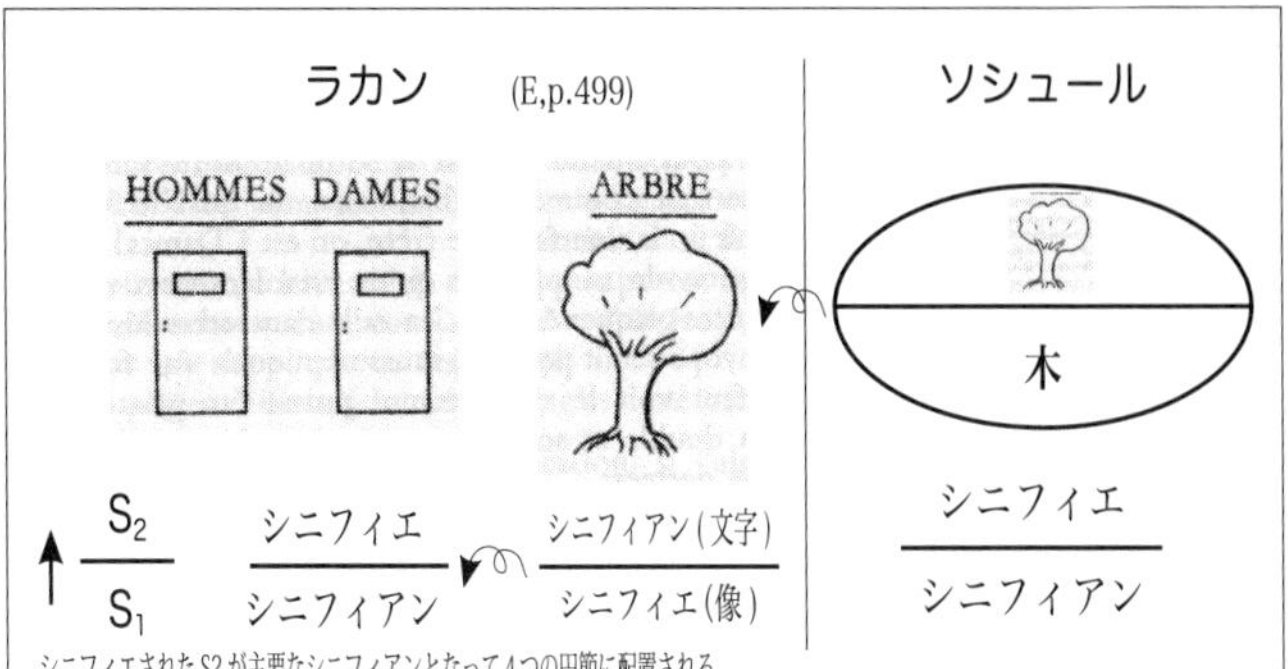

シニフィエされたS2が主要なシニフィアンとなって4つの円節に配置される

A
$$\frac{\text{経済資本}}{\text{性的資本ー経済資本}} = \frac{\text{性的資本}}{\text{経済資本}}$$

B
$$\frac{\text{知 savoir}}{\text{真理 vérité—知}} = \frac{\text{真理}}{\text{知}}$$

ラカンにとって理論的に重要なのは横棒であって、その亀裂、次元を飛び越えることなど、の作用が考えられるべきことである。いくつもの定式がそこから論述された。すべて難解である。一義的に画定されえないからだ。例えば私はイローズたちの性的資本に対してAのようなシニフィアンの作用を働かせているのだが、それは性的資本に内在している経済的なものをはぎとって、意味された享楽の位置に配置換えして、意味する経済資本から意味された性的資本を見る。そこに派生する物事を考えたということだ。Bがラカンの定式である。左項と右項では、知／真理の位置が逆になる※。思考はかかる転移をなして、知から真理生産を探る。これは他の諸資本においてもなされていく操作である。Aの左項の経済資本は雇用可能性や身体剰余や性的経済ワークの知であるが、右項の経済資本は経済セックスの知になる。などなど。「シニフィアンは愚かである」、「シニフィアンは災難である」ことを忘れてはならない。

※「知 savoir」と「真理 vérité」とは別物である。その配置も作用も異なる。214頁の図を参照。「真理」と「真実 vrai」も違う。大卒思考は、とくにマスメディアにおいて、この三つをまったく混同している。吉本隆明全集編集者による『心的現象論・本論』(著者本人が生前に刊行)の斥棄(とこちら制作物の無断使用)、私への冒涜はその典型である。粗末な知性は感情専制主義を横暴にふりまく。

appendix 2

性的資本のマッピング

性的資本の資本シニフィアンを見出しかつ転移配置してきた。それは性的資本の心的作用が社会配置されていることへの考察であった。理論水準が基本五層になっている（左頁図）。〈性的なもの〉はあまりに多様な事象に関わっているが、そこから性的資本としての主要な領域を考察対象にしぼりあげてきた。性的資本は、情動化のみならず知的な構成をなしている。※

性的資本はある社会相を表象しかつ社会を作り上げているが、諸個人がもっとも身近に「知ることなく」パフォーム(doing sex/doing gender)しているものである。各層は分離しているのではなく相互関係し相互変容さえする複雑さにあるが、単純要素化して明白な指標となるようにマッピングした。図を手がかりに、本書でまとめたそれぞれの図示とともに本書を再読されたい。

性的資本はシニフィアンであり、そのシニフィエは多様な生成を結合的に構成しうる。性のエコノミーは、性的資本によるワーク構成の事幻化と心的構成の想幻化に構造化されている。そのもっとも大きな作用は、男女への性別化のヘテロセクシュアルな社会的固定(＝見かけ)である。そして、その見かけ／外見は、身体的魅力と社交的魅力として学歴や知的資本よりも大きな判断評価を社会的になすものとなり、そこに後期近代において自由があるかのように表象している。だが賃労働の編制は資本を分離し、資本喪失を個々人の主体化＝従体化においてなしており、その規制は制度規範を伴って社会空間を画一・均質化して、国家資本秩序を安定させ

※「性的資本」とは厳密に定義された論理階級＝分類ではなく、すべての関与的特徴を示すシニフィアンである。性的なものを生成するシニフィアンであり、性的なものを他の諸ファクターへ関係づけるシニフィアン作用しているものである。統計的な網の目の了解しやすい親近性にはないが、すべての諸個人へ親近的に作用している。だが性的資本は、性に届くことができない非関係の性的なシニフィアンである。言語資本と論理的類似がある。

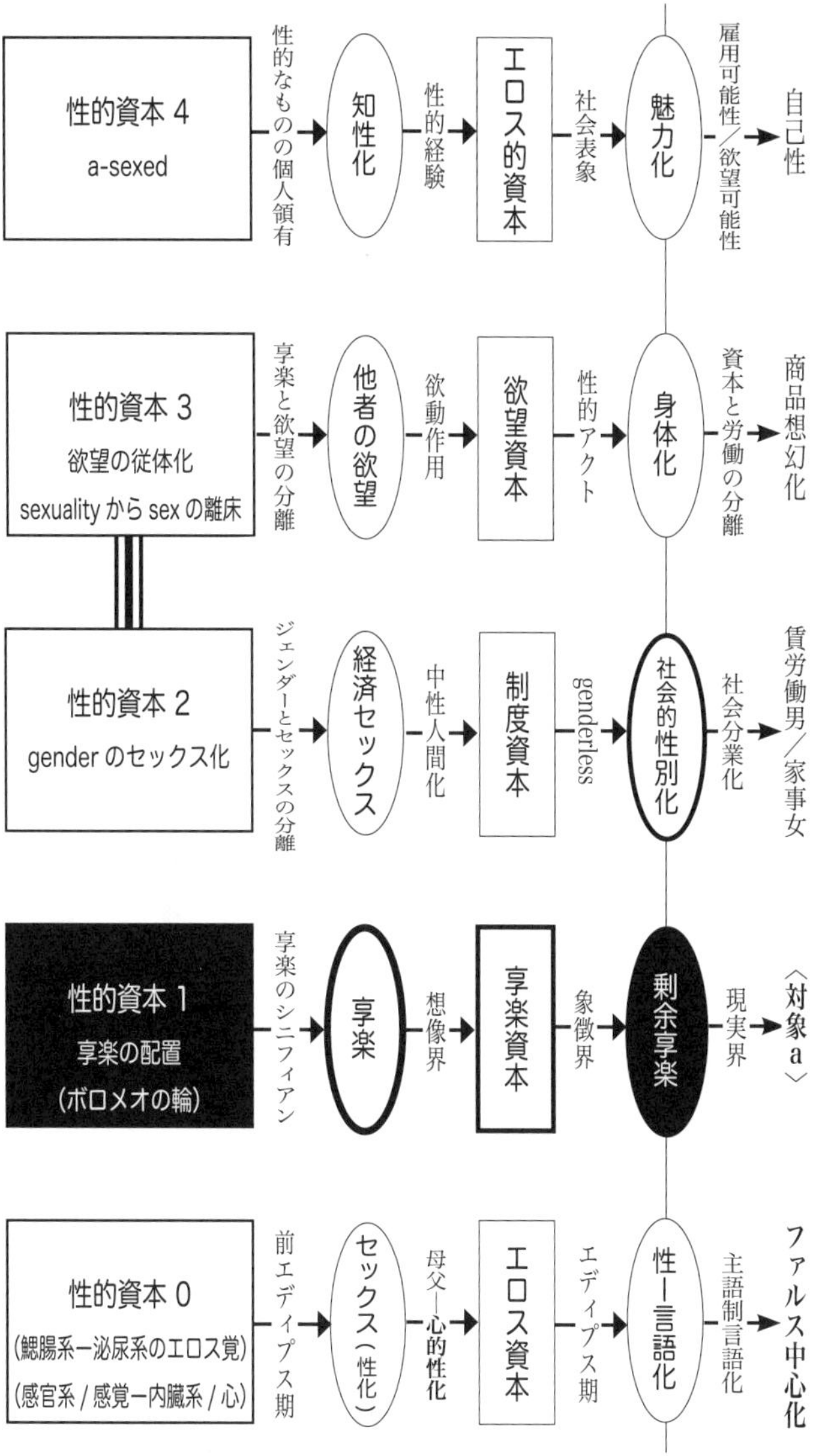
性的資本 4
a-sexed
性的なものの個人領有
知性化
性的経験
エロス的資本
社会表象
魅力化
雇用可能性／欲望可能性
自己性
性的資本 3
欲望の従体化
sexuality から sex の離床
享楽と欲望の分離
他者の欲望
欲動作用
欲望資本
性的アクト
身体化
資本と労働の分離
商品想幻化
性的資本 2
gender のセックス化
ジェンダーとセックスの分離
経済セックス
中性人間化
制度資本
genderless
社会的性別化
社会分業化
賃労働男／家事女
性的資本 1
享楽の配置
(ボロメオの輪)
享楽のシニフィアン
享楽
想像界
享楽資本
象徴界
剰余享楽
現実界
〈対象a〉
性的資本 0
(鰓腸系ー泌尿系のエロス覚)
(感官系 / 感覚ー内臓系 / 心)
前エディプス期
セックス（性化）
母父ー心的性化
エロス資本
エディプス期
性ー言語化
主語制言語化
ファルス中心化

ているかのように機能している。産業〈社会〉経済の商品・労働集中システムは、性的資本によるセックス化の産業的ジェンダー体制なしにはありえない。そこは剰余享楽が散種された構造となって、欲望を身体化させて、性関係があるかのように構成している。これが対幻想の根拠である対想幻であり、ヘテロセクシュアル＝異性愛の体制における対関係を働かせて、社会秩序を維持しているのだ。異性愛は剰余享楽の派生界である。本質は歴史的規制なしにはありえない。

今や、若い世代は婚姻関係なしの親密性を営んでいるが、愛の喪失、親密性の希薄化ないし瓦解さえ生み出されている情況でもある。イローズは、*The End of Love: A Sociology of Negative Relations* (Polity, 2018) や *Why Love Hurts: A Sociological Explanation* (Polity, 2012) を論述して婚姻市場に出現した愛の変容、失望、消費自由としての性的自由の不確実性、情動の揺れを詳細に論じた。感情資本主義の相である。その後に性的資本論を簡潔に書き上げた。性の場所が変じていることを明証化したのだ。

本書では、社会現象に多彩に出現している性的なものの変貌を論じるよりも、性的なものを考える上での基礎的な理論視座とツールを論じたのも、本質的な視座なしに諸現象をいくら語ろうとも手がかりは掴めないからだ。それは資本の動きをまず領有することである。しかし、個々の問題対象はもっと精緻に論じていかねばならないのだが、それは実にはてしない考察になる。ルービンやウィッティグやイリガライらはもう古典的なものであるが、ここではクリステヴァを論じていないのも、言語資本の章で論ずべきことの方が重要であるためだ。性的資本の根源は言語資本の問題に関係する。そこが帰結点になろう。性的資本を述語制言語様式において新たに考え直す通道はいずれ開きたい。私が重視しているのは、ジャクリン・ローズやジュリエット・ミッチェル、さらにサラ・コフマン、そしてミシェル・ル・ドフなどだが、フェミニズム論ではない。いずれ論じる。先は長い。パリで、ル・ドフにはインタビューしたが、こなすには相当の労力がいると、その物静かな姿勢にとても共鳴したままでいる。いつも自分の論述の限界に嘆息しているが、学ぶことには尽きる限界がない。ラカンなど前にしてははてしない無力さに襲われても、例えわからなくともただ了解の限界へ挑戦しつづけていくのみである。

現在の消費的繁栄と経済的滞留とのギャップがますます広がるのも、本源的な性的資本のラディカルな転移がなされていないからだ。知的資本のお粗末さからきている。脱する通道を少しでもつけていくしかないが、放り出したくなる衝動がないわけではない情動を抱えながらその落ち着く場所を少しでも探し当てたい。次には膨大な emotion 論がまちうけている。

先日ある大きなパーティに参加したのだが、日本の女性たちがドレスをもう鮮やかに着こなしているのに驚いた。他方、男のブラックタイは一種のチンドン屋のままだ。女性はセクシーさの文化を性的資本として作りえているが、男たちは文化を作れていない。キモノを捨てて、灰色の西洋スーツを猿真似で着たままの経済生活をしているだけだからだ。規範従属で自分技術がない。エロス的資本の様態がはっきりと見えた機会であった。述語制の棄却はほんとに貧相にある。早く気づかないと。

剰余享楽の領有法則は、享楽と欲望の分離をなす欲動作用による性的資本の産出から、感情資本主義／感情専制主義としての性別化＝異性愛のジェンダー／セックス化を構造化している。

山本 哲士（やまもと てつじ）

1948年生まれ。信州大学教授、東京芸術大学客員教授をへて、文化科学高等研究院ジェネラル・ディレクター。教育学博士。政治社会学、ホスピタリティ環境学など専門分割領域にとらわれない超領域的専門研究の研究生産と文化生産を切り開いてきた。大学を超える研究生産機関として文化科学高等研究院を1990年に設立、海外の研究者たちと交通し、国際セミナー／会議をなす。さらにその超領域的学問の実際活用をなす文化生産ビジネス機関としてJapan Hospitality Academy を設立（2005年創設、2013年に改組）、そして2016年にweb intelligence universityの動画配信知的システムを、2017年「文化資本学会」を創設し、2019年「一般財団法人・日本国際高等学術会議」を設立し、さらに「新資本経済学会」を設立。著書、編集・監修、雑誌の書籍生産物は、200点を超える（『聖諦の月あかり』参照）。

＊山本哲士の理論体系 http://japanhospitality.com/yamamoto/
＊ web intelligence university　web-uni.com
＊日本国際高等学術会議・文化資本学会
https://www.japanculturalcapital-gakkai.com
＊文化科学高等研究院出版局　ehescjapan.com

知の新書 C01　Act2: 発売 読書人

山本哲士
性的資本論
欲望／剰余享楽／ジェンダー

発行日　2024年1月31日　初版一刷発行
発行　㈱文化科学高等研究院出版局
東京都港区高輪4-10-31　品川PR-530号
郵便番号　108-0074
TEL 03-3580-7784　FAX 050-3383-4106
ホームページ　https://www.ehescjapan.com
https://www.ehescbook.store

発売　読書人

印刷・製本　中央精版印刷

ISBN　978-4-924671-81-2
C0090

Ecole des Hautes Etudes en Sciences Culturelles(EHESC)